今注本二十四史

晋 陳壽 撰　宋 裴松之 注

楊耀坤 揭克倫 校注

三國志

九　蜀書【二】

中國社會科學出版社

三國志 卷三九

蜀書九

董劉馬陳董呂傳第九

　　董和字幼宰，南郡枝江人也，[1]其先本巴郡江州人。[2]漢末，和率宗族西遷，益州牧劉璋以爲牛鞞、<small>音髀</small>江原長、成都令。[3]蜀土富實，[4]時俗奢侈，貨殖之家，侯服玉食，婚姻葬送，傾家竭產。和躬率以儉，惡衣蔬食，防遏踰僭，爲之軌制，所在皆移風變善，畏而不犯。然縣界豪彊憚和嚴法，說璋轉和爲巴東屬國都尉。[5]吏民老弱相攜乞留和者數千人，璋聽留二年，還遷益州太守，[6]其清約如前。與蠻夷從事，務推誠心，南土愛而信之。
　　先主定蜀，徵和爲掌軍中郎將，[7]與軍師將軍諸葛亮並署左將軍、大司馬府事，[8]獻可替否，共爲歡交。自和居官食祿，外牧殊域，內幹機衡，二十餘年，死之日家無儋石之（財）〔貯〕。[9]亮後爲丞相，教與羣下曰："夫參署者，集衆思廣忠益也。若遠小嫌，難相違覆，[10]曠闕損矣。[11]違覆而得中，猶棄弊蹻而獲珠玉。然人心苦不能盡，惟徐元直處茲不惑，[12]又董幼宰參署七年，事有不至，至于十反，來相啓告。苟能慕元直之十一，幼宰之殷勤，有忠於國，則亮可少過矣。"又曰："昔初交州平，[13]屢聞得失，後交元直，勤見啓誨，前參事於幼宰，每言則盡，後從事於偉度，數有諫止；雖姿性鄙暗，不能悉納，然與此四子終始好合，亦足以明其不疑於直言也。"其追思和如此。

〔偉度者，[14]姓胡，名濟，義陽人。[15]爲亮主簿，[16]有忠藎之效，[17]故見褒述。亮卒，爲中典軍，[18]統諸軍，封成陽亭侯，[19]遷中監軍、前將軍，[20]督漢中，[21]假節領兗州刺史，[22]至右驃騎將軍。[23]濟弟博，歷長水校尉、尚書。[24]〕

［1］南郡：治所江陵縣，在今湖北荊州市荊州區。　枝江：縣名。治所在今湖北枝江縣東北。

［2］巴郡：治所江州縣，在今重慶渝中區。

［3］益州：漢末州牧刺史治所成都縣，在今四川成都市舊東、西城區。　牛鞞：縣名。治所在今四川簡陽市簡城鎮絳河北岸。　江原：縣名。治所在今四川崇州市東南江原鎮東。

［4］蜀：地區名。指今四川成都平原一帶。秦滅蜀前爲蜀國地。

［5］巴東屬國：建安六年（201）劉璋分巴郡置，治所涪陵縣，在今重慶彭水縣。建安末又改爲涪陵郡。　都尉：官名。西漢時郡置都尉，輔佐郡守並掌本郡軍事。東漢廢除，僅在邊郡或關塞之地置都尉及屬國都尉，並漸漸分縣治民，職如太守。

［6］益州：郡名。治所滇池縣，在今雲南晉寧縣東北晉

城鎮。

　　〔7〕掌軍中郎將：官名。建安末劉備置，即以董和任之。

　　〔8〕軍師將軍：官名。東漢初曾置。漢末劉備又置，諸葛亮爲之，權勢極重。　署左將軍、大司馬府事：即總領左將軍、大司馬軍府事。建安初劉備爲左將軍，建安十六年劉璋又推劉備行大司馬。此署左將軍、大司馬府事，亦即總領劉備之軍府事。

　　〔9〕儋（dān）石："儋"同"甔"，是小口大腹的陶容器，可容一石，故稱儋石。　貯：各本皆作"財"。趙幼文《校箋》謂《群書治要》卷二七引"財"字作"貯"，《册府元龜》卷四〇六引作"儲"，蕭常《續後漢書》同。疑"財""貯"形近致誤。今從趙説改。

　　〔10〕違（huí）覆：謂反復研究。違，通"回"。

　　〔11〕損矣：趙幼文《校箋》謂蕭常《續後漢書》"損"字作"多"。

　　〔12〕徐元直：徐庶字元直。

　　〔13〕州平：指崔州平。

　　〔14〕偉度者：自"偉"字以下七十字，各本皆作裴松之注文。盧弼《集解》謂趙一清曰："此注脱書名。"吳金華《〈三國志集解〉箋記》則謂此七十字當出陳壽手筆，是《董和傳》的"附傳"。易培基《三國志補注》就指出本文在《通志》中"列作正文"。按吳説有理，蕭常《續後漢書・董和傳》亦將胡濟列爲"附傳"，且字數還比《通志》多，更象直抄於此。郝經《續後漢書・董和傳》雖缺，但其目録《董和傳》亦附有胡濟。且從七十字的行文看，亦像陳壽之文。故從吳説將七十字移爲正文。

　　〔15〕義陽：郡名。魏置，治所安昌縣，在今湖北棗陽市東南。

　　〔16〕主簿：官名。漢代，中央各官府及州郡縣府皆置，職責爲典領文書，辦理事務。

　　〔17〕忠藎：忠誠。按，百衲本"藎"字作"盡"，殿本、

盧弼《集解》本、校點本作"藎"。今從殿本等。《詩·大雅·文王》："王之藎臣，無念爾祖。"毛公傳："藎，進也。"鄭玄箋："今王之進用臣。"按，此藎臣本謂進用之臣，後世引申爲忠誠之臣。

　　[18] 中典軍：官名。蜀漢置。統諸軍。

　　[19] 亭侯：爵名。漢制，列侯大者食縣邑，小者食鄉、亭。東漢後期遂以食鄉、亭者稱爲鄉侯、亭侯。

　　[20] 中監軍：官名。蜀漢置。統兵，位在前、後、左、右護軍之上。地位頗重。　前將軍：官名。東漢時，位如上卿，與後、左、右將軍掌京師兵衛與邊防屯警。魏晉亦置，第三品。權位漸低，略高於一般雜號將軍，不典禁兵，不與朝政，僅領兵征戰。蜀漢亦置。

　　[21] 漢中：郡名。治所南鄭縣，在今陝西漢中市東。

　　[22] 假節：漢末三國時期，皇帝賜予臣下的一種權力。至晉代，此種權力明確爲因軍事可殺犯軍令者。　兗州：曹魏刺史治所廩丘縣，在今山東鄄城縣西北。按，是時兗州屬魏，此乃遙領。

　　[23] 右驃騎將軍：官名。東漢時驃騎將軍位比三公，地位尊崇。魏晉沿置，居諸名號將軍之首，僅作爲軍府名號，加授大臣、重要州郡長官，無具體職掌。蜀漢景耀二年（259）增置右驃騎將軍。

　　[24] 長水校尉：官名。秩比二千石，掌京師宿衛兵。　尚書：官名。東漢有六曹尚書，即三公曹、民曹、客曹、二千石曹、吏曹、中都官曹等，秩皆六百石，皆稱尚書，不加曹號。（本《晉書·職官志》）

　　劉巴字子初，零陵烝陽人也。[1]少知名，〔一〕荆州牧劉表連辟，[2]及舉茂才，[3]皆不就。表卒，曹公征荆州。先主奔江南，荊、楚羣士從之如雲，而巴北詣曹公。[4]曹公辟爲掾，[5]使招納長沙、零陵、桂陽。[二][6]會先主略有三郡，巴不得反使，遂遠適交阯，[三][7]先主深以爲恨。

〔一〕《零陵先賢傳》曰：巴祖父曜，蒼梧太守。[8]父祥，江夏太守、盪寇將軍。[9]時孫堅舉兵討董卓，以南陽太守張咨不給軍糧，[10]殺之。祥與同心，南陽士民由此怨祥，舉兵攻之，與戰，敗亡。劉表亦素不善祥，拘巴，欲殺之，[11]數遣祥故所親信人密詐謂巴曰：「劉牧欲相危害，可相隨逃之。」如此再三，巴輒不應。具以報表，[12]表乃不殺巴。年十八，郡署户曹史、主記、主簿。[13]劉先（主）欲遣周不疑就巴學，[14]巴答曰：「昔游荆北，時涉師門，記問之學，不足紀名，內無楊朱守靜之術，[15]外無墨翟務時之風，[16]猶天之南箕，[17]虛而不用。賜書乃欲令賢甥摧鷟鳳之艷，遊燕雀之宇，將何以啓明之哉？愧於『有若無，實若虛』，何以堪之！」

〔二〕《零陵先賢傳》曰：曹公敗於烏林，[18]還北時，欲遣桓階，階辭不如巴。巴謂曹公曰：「劉備據荆州，不可也。」公曰：「備如相圖，孤以六軍繼之也。」

〔三〕《零陵先賢傳》云：巴往零陵，事不成，欲游交州，[19]道還京師。時諸葛亮在臨烝，[20]巴與亮書曰：「乘危歷險，到值思義之民，[21]自與之衆，承天之心，順物之性，非余身謀所能勸動。若道窮數盡，將託命於滄海，不復顧荆州矣。」亮追謂曰：[22]「劉公雄才蓋世，據有荆土，莫不歸德，天人去就，已可知矣。足下欲何之？」[23]巴曰：「受命而來，不成當還，此其宜也。[24]足下何言邪！」

[1] 零陵：郡名。治所泉陵縣，在今湖南永州市。　　烝陽：侯

國名。治所在今湖南邵東縣東南。

　　[2] 荆州：劉表爲牧，治所襄陽縣，在今湖北襄陽市襄州區。

　　[3] 茂才：即秀才，東漢人避光武帝劉秀諱改，爲漢代薦舉人材科目之一。東漢之州牧刺史歲舉一人。三國沿之，或稱秀才。

　　[4] 巴北詣：趙幼文《校箋》謂蕭常及郝經之《續後漢書》"巴"下俱有"獨"字。

　　[5] 掾：官名。屬官之統稱。漢代三公府及其他重要官府皆置掾，分曹治事，掾爲曹長。

　　[6] 長沙：郡名。治所臨湘縣，在今湖南長沙市。　桂陽：郡名。治所郴縣，在今湖南郴州市。

　　[7] 交阯：郡名。治所龍編縣，在今越南河内東天德江北岸。

　　[8] 蒼梧：郡名。治所廣信縣，在今廣西梧州市。

　　[9] 江夏：郡名。東漢時治所西陵縣，在今湖北新州縣西。盪寇將軍：官名。東漢末置，爲雜號將軍，主統兵出征。

　　[10] 南陽：郡名。治所宛縣，在今河南南陽市。

　　[11] 欲殺之：殿本《考證》李清植云："按本傳下文云'荆州牧劉表連辟，及舉茂才，皆不就'，則表初未必有欲殺巴之事也。《零陵先賢傳》蓋傳訛之談。"

　　[12] 具：殿本作"且"，百衲本、盧弼《集解》本、校點本作"具"。今從百衲本等。

　　[13] 户曹史：官名。郡府屬官，掌民户、獄訟、祠祀等。主記：官名。郡府主記室之省稱，郡府屬吏，主録書記，催期會。

　　[14] 劉先：各本皆作"劉先主"。本書卷六《劉表傳》裴松之注引《零陵先賢傳》叙有劉先之事，又叙有劉先甥周不疑之事，則此當作"劉先"無疑。校點本即據《劉表傳》注删"主"字。今從之。

　　[15] 楊朱：又稱楊子，戰國思想家。發揮了老子攝生的觀點，主張養生、貴己，摒棄一切。其説散見於《孟子》《莊子》《荀子》《韓非子》中。《列子》中的《楊朱篇》，係晋人僞託。

[16] 墨翟：即墨子，春秋戰國之際思想家。墨家學派創始人。主張兼愛、節用、節葬、非攻、尚賢、尚同等。現存《墨子》五十三篇。

[17] 南箕：星宿名。有星四顆，形似簸箕。箕宿與斗宿相對，當它們並在南方時，箕宿在南，斗宿在北，故有南箕北斗之稱。

[18] 烏林：地名。在今湖北洪湖市鄔林磯。

[19] 游：吳金華《校詁》謂"游"通"由"。《通鑑》卷六七叙此事即作："巴事不成，欲由交州道還京師。" 交州：建安八年（203）置，刺史治所龍編縣，同年又移治所於廣信縣，在今廣西梧州市；建安十年又移治所於番禺縣，在今廣東廣州市。

[20] 臨烝：縣名。治所在今湖南衡陽市。

[21] 到值：趙幼文《校箋》謂郝經《續後漢書》"到"字作"則"。

[22] 追謂：趙幼文《校箋》謂郝經《續後漢書》"謂"字作"答"。

[23] 欲何之：趙幼文《校箋》謂郝經《續後漢書》"欲"上有"更"字。

[24] 宜也：趙幼文《校箋》謂郝經《續後漢書》"宜"字作"義"。

巴復從交阯至蜀。〔一〕俄而先主定益州，巴辭謝罪負，先主不責。〔二〕而諸葛孔明數稱薦之，[1]先主辟爲左將軍西曹掾。〔三〕[2]建安二十四年，[3]先主爲漢中王，巴爲尚書，後代法正爲尚書令。[4]躬履清儉，不治產業，又自以歸附非素，懼見猜嫌，恭默守靜，退無私交，非公事不言。〔四〕先主稱尊號，昭告于皇天上帝后土神祇，凡諸文誥策命，皆巴所作也。章武二年卒。[5]卒後，魏尚書僕射陳羣與丞相諸葛亮書，[6]問巴消息，稱

曰劉君子初，甚敬重焉。[五]

〔一〕《零陵先賢傳》曰：巴入交阯，更姓爲張。與交阯太守士燮計議不合，乃由牂牁道去，[7]爲益州郡所拘留。太守欲殺之。主簿曰："此非常人，不可殺也。"主簿請自送至州，見益州牧劉璋，璋父焉昔爲巴父祥所舉孝廉，[8]見巴驚喜，每大事輒以咨訪。

臣松之案：劉焉在漢靈帝時已經宗正、太常，[9]出爲益州牧，祥始以孫堅作長沙時爲江夏太守，不得舉焉爲孝廉，明也。

〔二〕《零陵先賢傳》曰：璋遣法正迎劉備，巴諫曰："備，雄人也，入必爲害，不可内也。"既入，巴復諫曰："若使備討張魯，是放虎於山林也。"璋不聽。巴閉門稱疾。備攻成都，令軍中曰："其有害巴者，誅及三族。"及得巴，甚喜。

〔三〕《零陵先賢傳》曰：張飛嘗就巴宿，巴不與語，飛遂忿悲。諸葛亮謂巴曰："張飛雖實武人，敬慕足下。主公今方收合文武，以定大事；足下雖天素高亮，[10]宜少降意也。"巴曰："大丈夫處世，當交四海英雄，如何與兵子共語乎？"備聞之，怒曰："孤欲定天下，而子初專亂之。其欲還北，假道於此，豈欲成孤事邪？"備又曰："子初才智絶人，如孤，可任用之，非孤者難獨任也。"亮亦曰："運籌策於帷幄之中，吾不如子初遠矣！若提枹鼓，[11]會軍門，使百姓喜勇，當與人議之耳。"初攻劉璋，備與士衆約："若事定，府庫百物，孤無預焉。"及拔成都，士衆皆捨干戈，赴諸藏競取寶物。[12]軍用不足，備甚憂之。巴曰："易耳，但當鑄直百錢，平諸物價，[13]令吏爲官市。"備從之，數月之間，府庫充實。

〔四〕《零陵先賢傳》曰：是時中夏人情未一，聞備在蜀，四方延頸。而備鋭意欲即真，巴以爲如此示天下不廣，且欲緩之。與主簿雍茂諫備，[14]備以他事殺茂，由是遠人不復至矣。

〔五〕《零陵先賢傳》曰：輔吳將軍張昭嘗對孫權論巴褊

陋，[15]不當拒張飛太甚。權曰："若令子初隨世沈浮，容悦玄德，[16]交非其人，何足稱爲高士乎？"

[1] 諸葛孔明：潘眉《考證》云："史例宜稱名，此非是。"趙幼文《校箋》謂蕭常及郝經之《續後漢書》均作"諸葛亮"，或所見本如是，此疑後人所妄改也。

[2] 左將軍西曹掾：官名。左將軍府之屬官。按，諸公府之例，掌府吏署用事。

[3] 建安：漢獻帝劉協年號（196—220）。

[4] 尚書令：官名。蜀漢時仍爲尚書臺長官，秩千石。掌奏、下尚書曹文書衆事，選用署置官吏；總典臺中綱紀法度，無所不統。後又總統國事，權力增大。

[5] 章武：蜀漢昭烈帝劉備年號（221—223）。

[6] 尚書僕射（yè）：官名。魏晋時爲尚書省次官，秩六百石，第三品。或單置，或並置左、右。左、右並置時，左僕射居右僕射上。輔助尚書令執行政務，參議大政，諫諍得失，監察糾彈百官，可封還詔旨，常受命主管官吏選舉。

[7] 牂（zāng）柯（kē）：郡名。治所且蘭縣，在今貴州凱里市西北。

[8] 孝廉：漢代選拔官吏的主要科目。孝指孝子，廉指廉潔之士。原本爲二科，後混同爲一科，也不再限於孝子和廉吏。東漢後期定制爲不滿四十歲者不得察舉；被舉者先詣公府課試，以觀其能。郡國每年要向中央推舉一至二人。

[9] 宗正：官名。漢代列卿之一，秩中二千石，由宗室擔任。掌皇族親屬事務，登記宗室王國譜牒，以別嫡庶。凡宗室親貴有罪，須先報宗正，方得處治。　太常：官名。東漢時仍爲列卿之首，秩中二千石，掌禮儀祭祀，選試博士等。

[10] 天素：天性。《淮南子·俶真訓》："平易者道之素。"高誘注："素，性也。"

［11］枹（fú）：同"桴"。鼓槌。

［12］諸藏：趙幼文《校箋》謂《太平御覽》卷八三五引"藏"上有"庫"字。按，《太平御覽》引題曰《蜀志》。

［13］直百錢：梁章鉅《旁證》云："洪遵《錢志》云：蜀直百錢，建安十九年劉備鑄。舊譜云徑七分，重四銖；又直百五銖錢徑一寸一分，重八銖，文曰五銖直百。"1981年7月至1982年3月在四川崇慶縣五道渠發掘的蜀漢墓，其中即有蜀漢鑄造的"直百"錢和"直百五銖"錢。（見《文物》1984年第8期《四川崇慶縣五道渠蜀漢墓》）在1984年6月安徽馬鞍山市郊發掘的東吳朱然墓中，也有"直百五銖"錢。（見《文物》1986年第3期發掘簡報）可見蜀漢錢已流通於孫吳境內。　物價：殿本、盧弼《集解》本、校點本"價"作"賈"，百衲本作"價"，蕭常及郝經之《續後漢書》亦作"價"。按，二字同，今從百衲本。

［14］諫備：殿本《考證》李清植曰："按本傳下文'凡諸文誥策命皆巴所作'，則先主之稱尊號，巴未必以爲非也。《零陵先賢傳》蓋剿敵國謗誹之辭，亦不足信。"

［15］褊陋：趙幼文《校箋》謂郝經《續後漢書》"陋"字作"隘"。

［16］玄德：各本皆作"玄德"。玄德乃劉備字，而張昭與孫權是在評論劉巴與張飛之關係，孫答語亦謂如容悅於張飛，則劉巴"交非其人，何足稱爲高士乎？"疑"玄"乃"益"之誤。張飛字益德。

馬良字季常，襄陽宜城人也。[1]兄弟五人，並有才名，鄉里爲之諺曰："馬氏五常，白眉最良。"良眉中有白毛，故以稱之。先主領荊州，辟爲從事。[2]及先主入蜀，諸葛亮亦從後往，[3]良留荊州，與亮書曰："聞雒城已拔，[4]此天祚也。尊兄應期贊世，配業光國，魄兆見矣。[一][5]夫變用雅慮,審貴垂明,於以簡才,宜適其時。若乃和光悅遠,邁德天壤,使時閑於聽,[6]世服於道,齊高妙之音,正鄭、衞之聲,[7]並利於事,無相奪倫,此乃管絃之至,牙、曠之調也。[8]雖非鍾期,[9]敢不擊節!"先主辟良爲左將軍掾。[10]

〔一〕臣松之以爲良蓋與亮結爲兄弟,或相與有親;亮年長,良故呼亮爲尊兄耳。

[1] 襄陽:郡名。建安十三年(208)置,治所即襄陽縣。宜城:縣名。治所在今湖北宜城縣南。

[2] 從事:官名。漢代州牧刺史的佐吏,有別駕從事史、治中從事史、兵曹從事史、部從事史等,均可簡稱爲從事。

[3] 後往:百衲本無"後"字,殿本、盧弼《集解》本、校點本有,郝經《續後漢書》亦有,蕭常《續後漢書》則作"繼往"。今從殿本等。

[4] 雒:縣名。治所在今四川廣漢市北。

[5] 魄兆:徵兆,先兆。《國語·晉語三》:"公子重耳其入乎,其魄兆於民矣。"韋昭注:"魄,形也。兆,見也。"魄兆後來也指徵兆,先兆。 見矣:百衲本"見"字作"遠",殿本、盧弼《集解》本、校點本作"見",郝經《續後漢書》亦作"見"。今從殿本等。

[6] 聽:趙幼文《校箋》謂郝經《續後漢書》作"德"。

[7] 鄭衞之聲:春秋戰國時鄭、衞兩國的音樂,因其不同於雅樂,被斥爲亂世之音。《禮記·樂記》:"鄭、衞之音,亂世之音也。"

[8] 牙:指伯牙。春秋時人,傳說精於琴藝。《荀子·勸學》:"伯牙鼓琴而六馬仰秣。" 曠:指師曠。春秋晉國樂師。《孟子·

離婁上》："師曠之聰，不以六律，不能正五音。"

[9] 鍾期：即鍾子期。春秋楚國人，精於音律。《吕氏春秋·孝行覽·本味》："伯牙鼓琴，鍾子期聽之，方鼓琴而志在太山，鍾子期曰：'善哉乎，鼓琴！巍巍乎，若太山！'少選之間而志在流水，鍾子期又曰：'善哉乎，鼓琴！湯湯乎，若流水！'鍾子期死，伯牙破琴絶弦，終身不復鼓琴。"

[10] 左將軍掾：官名。左將軍府之屬吏。不知曹名。

後遣使吳，良謂亮曰："今銜國命，協穆二家，幸爲良介於孫將軍。"[1]亮曰："君試自爲文。"良即爲草曰："寡君遣掾馬良通聘繼好，以紹昆吾、豕韋之勳。"[2]奇人吉士，[3]荆楚之令，鮮於造次之華，[4]而有克終之美，願降心存納，以慰將命。"權敬待之。

先主稱尊號，以良爲侍中。[5]及東征吳，遣良入武陵招納五溪蠻夷，[6]蠻夷渠帥皆受印號，咸如意指。[7]會先主敗績於夷陵，[8]良亦遇害。先主拜良子秉爲騎都尉。[9]

良弟謖，字幼常，以荆州從事隨先主入蜀，除緜竹、成都令、越嶲太守。[10]才器過人，好論軍計，丞相諸葛亮深加器異，先主臨薨謂亮曰："馬謖言過其實，不可大用，君其察之！"亮猶謂不然，[11]以謖爲參軍，[12]每引見談論，自晝達夜。〔一〕

〔一〕《襄陽記》曰：建興三年，[13]亮征南中，[14]謖送之數十里。亮曰："雖共謀之歷年，今可更惠良規。"謖對曰："南中恃其險遠，[15]不服久矣，雖今日破之，明日復反耳。今公方傾國北伐以事彊賊，彼知官勢内虛，[16]其叛亦速。若殄盡遺類以除後患，既非仁者之情，且又不可倉卒也。夫用兵之道，攻心爲上，攻城爲下，心戰爲上，兵戰爲下，願公服其心而已。"亮納其策，赦孟獲以服南方。故終亮之世，南方不敢復反。

　　[1] 孫將軍：指孫權。建安十四年（209）劉備上表孫權行車騎將軍。

　　[2] 昆吾：夏商間部落名。己姓，初封於濮陽（今河南濮陽市）。夏衰，昆吾爲夏伯，遷於舊許（今河南許昌市）。　豕韋：亦夏商部落名。彭姓，地在今河南滑縣。《國語·鄭語》："佐制物於前代者，昆吾爲夏伯矣，大彭、豕韋爲商伯矣。"

　　[3] 奇人：百衲本作"奇人"，殿本、盧弼《集解》本、校點本作"其人"。趙幼文《校箋》謂《册府元龜》卷六五八引作"奇人"，郝經《續後漢書》《通志》同。今從百衲本。

　　[4] 造次：謂善辯。《漢書》卷六九上《王莽傳上》："雖有鬼谷不及造次。"顏師古注："鬼谷先生，蘇秦之師，善談説。"

　　[5] 侍中：官名。秩比二千石。職掌門下衆事，侍從左右，顧問應對。漢靈帝時置侍中寺，不再隸屬少府。獻帝時定員六人，與給事黃門侍郎出入禁中，近侍帷幄，省尚書事。

　　[6] 武陵：郡名。治所臨沅縣，在今湖南常德市。　五溪蠻夷：《水經·沅水注》："武陵有五溪，謂雄溪、樠溪、無溪、酉溪、辰溪其一焉，夾溪悉是蠻左所居，故謂此蠻五溪蠻也。"

　　[7] 指：殿本作"旨"，百衲本、盧弼《集解》本、校點本作"指"。今從百衲本等。

　　[8] 夷陵：縣名。治所在今湖北宜昌市東南。

　　[9] 騎都尉：官名。屬光祿勳，秩比二千石，掌羽林騎兵。

　　[10] 緜竹：縣名。治所在今四川德陽市北黃許鎮。　越嶲：郡名。治所邛都縣，在今四川西昌市高槻鄉。

　　[11] 謂：殿本無此字，百衲本、盧弼《集解》本、校點本

有。今從百衲本等。

〔12〕參軍：官名。此爲丞相府參軍，是丞相府的重要僚屬。

〔13〕建興：蜀漢後主劉禪年號（223—237）。

〔14〕南中：地區名。相當於今四川南部及雲南、貴州地區。

〔15〕險遠：殿本、盧弼《集解》本作"險阻"，百衲本、校點本作"險遠"。今從百衲本等。

〔16〕官勢：胡三省云："官勢，猶言'國勢'也。"（《通鑑》卷七〇魏文帝黃初六年注）

建興六年，亮出軍向祁山，[1]時有宿將魏延、吳壹等，論者皆言以爲宜令爲先鋒，而亮違衆拔謖，統大衆在前，與魏將張郃戰于街亭，[2]爲郃所破，士卒離散。亮進無所據，退軍還漢中。謖下獄物故，[3]亮爲之流涕。良死時年三十六，謖年三十九。〔一〕

〔一〕《襄陽記》曰：謖臨終與亮書曰："明公視謖猶子，謖視明公猶父，願深惟殛鯀興禹之義，[4]使平生之交不虧於此，謖雖死無恨於黃壤也。"[5]于時十萬之衆爲之垂涕。[6]亮自臨祭，待其遺孤若平生。蔣琬後詣漢中，謂亮曰："昔楚殺得臣，[7]然後文公喜可知也。[8]天下未定而戮智計之士，豈不惜乎！"亮流涕曰："孫武所以能制勝於天下者，用法明也。是以楊干亂法，[9]魏絳戮其僕。四海分裂，兵交方始，若復廢法，何用討賊邪！"

習鑿齒曰：諸葛亮之不能兼上國也，豈不宜哉！夫晉人規林父之後濟，[10]故廢法而收功；楚成闇得臣之益己，故殺之以重敗。今蜀僻陋一方，才少上國，[11]而殺其俊傑，退收駑下之用，明法勝才，不師三敗之道，將以成業，不亦難乎！且先主誡謖之不可大用，豈不謂其非才也？亮受誡而不獲奉承，明謖之難廢也。爲天下宰匠，欲大收物之力，而不量才節任，隨器付業；知之大過，則違明主之誡，[12]裁之失中，即殺有益之人，難乎其可與言智者也。

　　[1] 祁山：山名。在今甘肅禮縣東。

　　[2] 街亭：地名。在今甘肅秦安縣東北九十里隴城鎮。

　　[3] 物故：死亡。潘眉《考證》謂《王平傳》云"丞相亮誅馬謖"，《諸葛亮傳》云"戮謖以謝衆"，謖見殺明矣，"物故"之稱似乖史例。

　　[4] 鯀（gǔn）：禹之父。堯時受命治水無成，被舜誅殺。（見《史記》卷一《五帝紀》）

　　[5] 黃壤：趙幼文《校箋》謂《太平御覽》卷四〇七、卷六四三引"壤"字俱作"泉"。按，郝經《續後漢書》亦作"壤"。

　　[6] 垂涕：殿本、盧弼《集解》本作"垂泣"，百衲本、校點本作"垂涕"，郝經《續後漢書》亦同。今從百衲本等。

　　[7] 得臣：字子玉，春秋時曾爲楚令尹。《史記》卷四〇《楚世家》謂楚成王三十九年（前633）"夏，伐宋，宋告急於晉，晉救宋，成王罷歸。將軍子玉請戰，成王曰：'重耳（晉文公）亡居外久，卒得反國，天之所開，不可當。'子玉固請，乃與之少師而去。晉果敗子玉於城濮。成王怒，誅子玉"。

　　[8] 文公：指晉文公。《左傳·宣公十二年》：晉士貞子曰："城濮之役，晉師三日穀，文公猶有憂色。左右曰：'有喜而憂，如有憂而喜乎？'公曰：'得臣猶在，憂未歇也。困獸猶鬭，況國相乎？'及楚殺子玉，公喜而後可知也。"

　　[9] 楊干：《左傳》作"揚干"，春秋時晉悼公之弟。《左傳·襄公三年》謂魯襄公會見單頃公及諸侯，在雞澤（在今河北邯鄲市東北）會盟。會盟前，晉悼公之弟揚干所乘之車在曲梁（雞澤東北）擾亂了晉兵車行列，晉中軍司馬魏絳按軍法殺戮了揚干之僕。

　　[10] 林父：即荀林父，春秋時晉國大夫。《左傳·宣公十二年》謂晉楚邲之戰中，荀林父爲晉中軍統率，慘遭失敗。晉軍歸國

後，荀林父請予處死，晋景公欲許之。士貞子諫曰："今天或者大警晋也，而又殺林父以重楚勝，其無乃久不競乎？林父之事君也，進思盡忠，退思補過，社稷之衛也，若之何殺之？夫其敗也，如日月之食焉，何損於明？"晋景公便命荀林父復其位。

［11］上國：指魏國。

［12］誠：殿本作"議"，百衲本、盧弼《集解》本、校點本作"誠"，郝經《續後漢書》苟宗道注引亦同。今從百衲本等。

陳震字孝起，南陽人也。先主領荆州牧，辟爲從事，部諸郡，[1]隨先主入蜀。蜀既定，爲蜀郡北部都尉，[2]因易郡名，爲汶山太守，轉在犍爲。[3]建興三年，入拜尚書，遷尚書令，奉命使吳。七年，孫權稱尊號，以震爲衛尉，[4]賀權踐阼，諸葛亮與兄瑾書曰："孝起忠純之性，老而益篤，及其贊述東西，[5]歡樂和合，有可貴者。"震入吳界，移關候曰：[6]"東之與西，驛使往來，冠蓋相望，申盟初好，[7]日新其事。東尊應保聖祚，告燎受符，[8]剖判土宇，天下響應，各有所歸。於此時也，以同心討賊，則何寇不滅哉！西朝君臣，引領欣賴。震以不才，得充下使，奉聘敍好，踐界踴躍，入則如歸。獻子適魯，[9]犯其山諱，《春秋》譏之。望必啓告，使行人睦焉。[10]即日張旟誥衆，各自約誓。順流漂疾，國典異制，懼或有違，幸必斟誨，示其所宜。"震到武昌，[11]孫權與震升壇歃盟，[12]交分天下：以徐、豫、幽、青屬吳，[13]并、凉、冀、兗屬蜀，[14]其司州之土，[15]以函谷關爲界。[16]震還，封城陽亭侯。九年，都護李平坐誣罔廢；[17]諸葛亮與長史蔣琬、侍中董允書曰：[18]"孝起前臨至吳，爲吾説正方腹中有鱗甲，[19]鄉黨以爲不可近。吾以爲鱗甲者但不當犯之耳，不圖復有蘇、張之事出於不意。[20]可使孝起知之。"十三年（震）卒。[21]子濟嗣。

[1] 部諸郡：漢代諸州置有部郡從事，每郡一人，掌督促文書，察舉非法，秩百石，刺史自行辟除。

[2] 蜀郡北部都尉：官名。職如太守，治所綿虒道，在今四川汶川縣西南綿虒鎮。其轄境原爲漢武帝時之汶山郡，宣帝時并入蜀郡而置北部都尉。靈帝時又復置汶山郡，後再改爲蜀郡北部都尉。劉備入蜀後，又復爲汶山郡，治所不變。

[3] 犍爲：郡名。治所武陽縣，在今四川彭山縣東北江口。

[4] 衛尉：官名。漢代秩中二千石，掌宫門警衛。

[5] 東西：指吳、蜀二國。東，指吳。西，指蜀漢。

[6] 移：給文書。 關候：守關之吏。

[7] 初好：趙幼文《校箋》謂《北堂書鈔》卷四〇、《初學記》卷二〇引"初"字俱作"載"。

[8] 告燎：焚柴祭告上天。

[9] 獻子：指范獻子，春秋時晋國大夫。《國語·晋語九》："范獻子聘於魯，問具山、敖山，魯人以其鄉對。獻子曰：'不爲具、敖乎？'對曰：'先君獻、武之諱也（魯獻公名具，魯武公名敖）。'獻子歸，遍戒其所知曰：'人不可以不學。吾適魯而名其二諱，爲笑焉，唯不學也。'"

[10] 行人：使者。

[11] 武昌：縣名。治所在今湖北鄂州市。

[12] 歃盟：趙幼文《校箋》謂《太平御覽》卷二〇一引"盟"字作"血"。

[13] 徐：州名。魏刺史治所彭城縣，在今江蘇徐州市。　豫：

州名。魏明帝時刺史治所項縣，在今河南沈丘縣。　幽：州名。刺史治所薊縣，在今北京城西南。　青：州名。刺史治所臨菑縣，在今山東淄博市臨淄區。

[14] 并：州名。刺史治所晉陽縣，在今山西太原市西南古城營西古城。　涼：州名。魏刺史治所姑臧縣，在今甘肅武威市。冀：州名。魏刺史治所信都縣，在今河北冀縣。

[15] 司州：魏通稱司隸校尉部爲司州，治所洛陽縣，在今河南洛陽市東北白馬寺東。

[16] 函谷關：戰國至漢初，在今河南靈寶市東北王垛村。漢武帝元鼎三年（前114）徙置於今河南新安縣東北。

[17] 都護：官名。漢獻帝建安中孫權置，後又別置左、右都護，蜀漢則分置中、左、右都護。皆掌軍事。　李平：即李嚴。

[18] 長史：官名。此指諸葛亮丞相府長史。爲丞相府幕僚之長，協助丞相署理相府諸曹，監領府事。

[19] 正方：李平字正方。

[20] 蘇張：指戰國時蘇秦、張儀。皆縱橫家，以離間詭詐取得諸侯信任。

[21] 卒：各本"卒"前皆有"震"字。吳金華《〈三國志集解〉箋記》謂蕭常與郝經之《續後漢書》均無"震"字。今從吳説刪。

　　董允字休昭，掌軍中郎將和之子也。先主立太子，允以選爲舍人，[1]徙洗馬。[2]後主襲位，遷黃門侍郎。[3]丞相亮將北征，住漢中，慮後主富於春秋，朱紫難别，[4]以允秉心公亮，欲任以宮省之事。上疏曰："侍中郭攸之、費禕、侍郎董允等，先帝簡拔以遺陛下，至於斟酌規益，進盡忠言，則其任也。愚以爲宮中之事，事無大小，悉以咨之，必能裨補闕漏，有所廣益。若無興德之言，則戮允等以彰其慢。"亮尋請褘爲參軍，允遷爲侍中，領虎賁中郎將，[5]統宿衛親兵。攸之性素和順，備員而已。[一]獻納之任，允皆專之矣。允處事爲防制，甚盡匡救之理。後主常欲采擇以充後宮，允以爲古者天子后妃之數不過十二，今嬪嬙已具，[6]不宜增益，終執不聽。後主益嚴憚之。尚書令蔣琬領益州刺史，上疏以讓費褘及允，[7]又表"允內侍歷年，翼贊王室，宜賜爵土以褒勳勞"。允固辭不受。後主漸長大，愛宦人黃皓。皓便辟佞慧，[8]欲自容入。[9]允常上則正色匡主，下則數責於皓。皓畏允，不敢爲非。終允之世，皓位不過黃門丞。[10]

〔一〕《楚國先賢傳》曰：攸之，南陽人，以器業知名於時。

[1] 舍人：官名。指太子舍人。太子屬官，東漢隸太子少傅，秩二百石。掌宿衛。

[2] 洗（xiǎn）馬：官名。亦作"先馬"。太子屬官，東漢隸太子少傅，秩比六百石。掌賓贊受事，太子出行則爲前導。

[3] 黃門侍郎：官名。即給事黃門侍郎。

[4] 富於春秋：謂年紀輕。 朱紫：喻好壞、善惡。

[5] 虎賁中郎將：官名。秩比二千石，掌虎賁宿衛。

[6] 嬪嬙（qiáng）：古代天子諸侯之姬妾。

[7] 上疏：盧弼《集解》本作"上書"，百衲本、殿本、校點本作"上疏"。今從百衲本等。

[8] 便辟：百衲本、殿本、盧弼《集解》本作"便僻"，校點本作"便辟"。蕭常《續後漢書》亦作"便辟"。今從校點本。便辟，諂媚逢迎。 佞慧：善於阿諛奉承而又狡黠。

[9]容入：吳金華《校詁》云："能取悅於人而被接納，謂之'容入'，此乃漢魏常語。"

[10]黃門丞：官名。黃門令之副，佐令管理宮中宦者，秩三百石。宦者爲之。

允嘗與尚書令費禕、中典軍胡濟等共期游宴，嚴駕已辦，而郎中襄陽董恢詣允脩敬。[1]恢年少官微，見允停出，[2]逡巡求去，允不許，曰："本所以出者，欲與同好游談也，今君已自屈，方展闊積，舍此之談，就彼之宴，非所謂也。"乃命解驂，禕等罷駕不行。其守正下士，凡此類也。〔一〕延熙六年，[3]加輔國將軍。[4]七年，以侍中守尚書令，爲大將軍費禕副貳。[5]九年，卒。〔二〕

〔一〕《襄陽記》曰：董恢字休緒，襄陽人。入蜀，以宣信中郎副費禕使吳。[6]孫權嘗大醉問禕曰："楊儀、魏延，牧豎小人也。雖嘗有鳴吠之益於時務，然既已任之，勢不得輕，若一朝無諸葛亮，必爲禍亂矣。諸君憒憒，[7]曾不知防慮於此，豈所謂貽厥孫謀乎？"[8]禕愕然四顧視，不能即答。恢目禕曰："可速言儀、延之不協起於私忿耳，而無黥、韓難御之心也。[9]今方掃除彊賊，[10]混一函夏，[11]功以才成，業由才廣，若捨此不任，防其後患，是猶備有風波而逆廢舟楫，非長計也。"權大笑樂。諸葛亮聞之，以爲知言。還未滿三日，辟爲丞相府屬，[12]遷巴郡太守。

臣松之案：《漢晉春秋》亦載此語，不云董恢所教，辭亦小異，此二書俱出習氏而不同若此。本傳云"恢年少官微"，若已爲丞相府屬，出作巴郡，則官不微矣。以此疑習氏之言爲不審的也。

〔二〕《華陽國志》曰：時蜀人以諸葛亮、蔣琬、費禕及允爲四相,一號四英也。

[1] 嚴駕已辦:百衲本、殿本"辦"字作"辨",盧弼《集解》本、校點本作"辦"。蕭常《續後漢書》全句作"已命駕"。今從《集解》本等。　郎中:官名。東漢時秩比三百石。分隸五官、左、右三署中郎將,名義上備宿衛,實爲後備官吏人才。　脩敬:表示敬意。

[2] 停出:正值外出。

[3] 延熙:蜀漢後主劉禪年號(238—257)。

[4] 輔國將軍:官名。名號將軍,漢獻帝建安元年(196)置。三國沿置。

[5] 大將軍:官名。東漢時常兼録尚書事,與太傅、太尉等共同主持政務。三國時權任稍減,蜀漢爲最高軍事長官。

[6] 宣信中郎:趙幼文《校箋》謂《册府元龜》卷六五九引"郎"下有"將"字。按,此爲蜀漢新置之官,即以董恢爲之。

[7] 憒(kuì)憒:糊塗。

[8] 貽厥孫(xùn)謀:語見《詩·大雅·文王有聲》。謂留下好謀略。

[9] 黥韓:指黥布、韓信。皆漢高祖劉邦之將,而二人皆難駕御,終被誅殺。(見《史記》卷九一《黥布列傳》、卷九二《淮陰侯列傳》)

[10] 今方:盧弼《集解》本作"方今",百衲本、殿本、校點本作"今方"。今從百衲本等。　掃除:百衲本"掃"字作"歸",殿本、盧弼《集解》本、校點本作"掃",蕭常《續後漢書》及宋本《册府元龜》卷六五九引亦作"掃"。今從殿本等。

[11] 函夏:殿本、盧弼《集解》本、校點本作"區夏",百衲本作"函夏",蕭常《續後漢書》及宋本《册府元龜》卷六五九引亦作"函夏"。今從百衲本。按,函夏與區夏義同,皆指諸夏、全國。《漢書》卷八七上《揚雄傳上》"以函夏之大漢兮",顔師古

注引服虔曰:"函夏,函諸夏也。"

[12]丞相府屬:官名。丞相府之屬吏。丞相府設有諸曹,掾爲曹長,屬爲副貳。

陳祗代允爲侍中,與黃皓互相表裏,皓始預政事。祗死後,皓從黃門令爲中常侍、奉車都尉,[1]操弄威柄,終至覆國。蜀人無不追思允。及鄧艾至蜀,聞皓姦險,收閉,將殺之,而皓厚賂艾左右,得免。

祗字奉宗,汝南人,[2]許靖兄之外孫也。少孤,長於靖家。弱冠知名,稍遷至選曹郎,[3]矜厲有威容。多技藝,挾數術,費禕甚異之,故超繼允内侍。呂乂卒,祗又以侍中、守尚書令,加鎮軍將軍,[4]大將軍姜維雖班在祗上,常率衆在外,希親朝政。祗上承主指,下接閹豎,深見信愛,權重於維。景耀元年卒,[5]後主痛惜,發言流涕,乃下詔曰:"祗統職一紀,柔嘉惟則,幹肅有章,和義利物,庶績允明。命不融遠,朕用悼焉。夫存有令問,則亡加美諡,諡曰忠侯。"賜子粲爵關内侯,[6]拔次子裕爲黃門侍郎。自祗之有寵,後主追怨允日深,謂爲自輕,[7]由祗媚兹一人,皓搆閒浸潤故耳。允孫宏,晉巴西太守。[一][8]

〔一〕臣松之以爲陳羣子泰,陸遜子抗,傳皆以子繫父,不別載姓,及王肅、杜恕、張承、顧劭之流,莫不皆然,惟董允獨否,未詳其意。[9]當以允名位優重,事跡踰父故邪?夏侯玄、陳表並有騂角之美,[10]而亦如泰者,《魏書》總名此卷云《諸夏侯曹傳》,故不復稍加品藻。陳武與表俱至偏將軍,[11]以位不相過故也。

　　[1] 黃門令：官名。宦者充任。東漢名義上隸少府，主宮中諸宦者，秩六百石。東漢中葉以後多以中常侍兼任，或典禁軍，權勢尤盛。　中常侍：官名。東漢後期以宦官充任，秩比二千石。掌侍從皇帝左右，顧問應對，贊導宮內諸事。權力極大。蜀漢沿置，仍用宦者，爲親近之職，干預朝政。　奉車都尉：百衲本作"奉車騎都尉"，殿本、盧弼《集解》本、校點本作"奉車都尉"，蕭常《續後漢書·黃皓傳》亦謂皓爲奉車都尉。今從殿本等。奉車都尉，官名。東漢時秩比二千石，掌皇帝車輿，入侍左右。三國因之，地位漸低。蜀漢參用宦者。

　　[2] 汝南：郡名。治所平輿縣，在今河南平輿縣北。

　　[3] 選曹郎：官名。蜀漢所置尚書臺郎官，主銓選官吏事務。

　　[4] 鎮軍將軍：官名。建安末劉備置。曹魏定爲三品。

　　[5] 景耀：蜀漢後主劉禪年號（258—263）。

　　[6] 關內侯：爵名。漢制二十級爵之第十九級，次於列侯，祇有封户收取租稅而無封地。

　　[7] 謂爲自輕：胡三省云："謂允爲輕己也。"（《通鑑》卷七四魏邵陵厲公正始六年注）

　　[8] 巴西：郡名。治所閬中縣，在今四川閬中市。

　　[9] 未詳其意：沈家本《瑣言》云："允既與父和同傳，自當并於和傳之後，中間不應隔以劉巴等三人；如謂允位望重於一時，應立專傳，似不便與父和同在一卷，此似可議，裴氏回互之辭未必是也。何義門以爲允事關蜀存亡，故與和傳別出，其説誠爲有見，惟既別出，即不當同卷也。"

　　[10] 騂（xīng）角之美：謂夏侯玄、陳表超過其父。《論語·雍也》："子謂仲弓，曰：'犁牛之子騂且角，雖欲勿用，山川其舍諸？'"楊伯峻注："騂，赤色。周朝以赤色爲貴，所以祭祀的時候也用赤色的牲畜"；"角，意思是兩角長得周正"。"據《史記·仲

尼弟子列傳》說，仲弓的父親是賤人，仲弓卻是'可使南面'的人才，因此孔子說了這番話。古代供祭祀的犧牲不用耕牛，而且認爲耕牛之子也不配作犧牲。孔子的意思是，耕牛所産之子如果夠得上作犧牲的條件，山川之神一定會接受這種祭享。那麽，仲弓這樣的人才，爲什麽因爲他父親'下賤'而捨棄不用呢？

[11] 偏將軍：官名。雜號將軍中地位較低者。

　　呂乂字季陽，南陽人也。父常，送故將（軍）劉焉入蜀，[1]值王路隔塞，遂不得還。乂少孤，好讀書鼓琴。初，先主定益州，置鹽府校尉，[2]較鹽鐵之利，後校尉王連請乂及南陽杜祺、南鄉劉幹等並爲典曹都尉。[3]乂遷新都、緜竹令，[4]乃心隱卹，百姓稱之，爲一州諸城之首。遷巴西太守。丞相諸葛亮連年出軍，調發諸郡，多不相救，乂募取兵五千人詣亮，慰喻檢制，無逃竄者。徙爲漢中太守，兼領督農，[5]供繼軍糧。[6]亮卒，累遷廣漢、蜀郡太守。[7]蜀郡一都之會，[8]戶口衆多，又亮卒之後，士伍亡命，[9]更相重冒，姦巧非一。乂到官，爲之防禁，開喻勸導，數年之中，漏脱自出者萬餘口。後入爲尚書，代董允爲尚書令，衆事無留，門無停賓。乂歷職内外，治身儉約，謙靖少言，[10]爲政簡而不煩，號爲清能；然持法刻深，好用文俗吏，故居大官，名聲損於郡縣。[11]延熙十四年卒。子辰，景耀中爲成都令。辰弟雅，謁者。[12]雅清厲有文才，著《格論》十五篇。[13]

　　杜祺歷郡守、監軍、大將軍司馬，[14]劉幹官至巴西太守，皆與乂親善，亦有當時之稱，而儉素守法，不及於义。

[1]故將：各本皆作"故將軍"。盧弼《集解》引朱邦衡曰："'軍'字當衍，焉爲南陽太守，义之郡將也。"校點本從朱説刪"軍"字。今從之。

[2]鹽府校尉：官名。亦稱司鹽校尉。建安末劉備置，主鹽政，兼理鹽鐵之利，領鹽府。

[3]南鄉：郡名。治所南鄉縣，在今河南淅川縣西南舊縣東南原丹江南岸。　典曹都尉：官名。鹽府校尉之屬吏，有數員。

[4]新都：縣名。治所在今四川成都市新都區東。

[5]督農：官名。蜀漢置。掌督供軍糧。

[6]供繼軍糧：趙幼文《校箋》謂句下蕭常《續後漢書》有"未嘗乏絶"四字。

[7]廣漢：郡名。治所雒縣，在今四川廣漢市北。　蜀郡：治所成都縣，在今四川成都市舊東、西城區。

[8]一都之會：趙幼文《校箋》謂蕭常《續後漢書》作"一大都會"。

[9]士伍：士兵。蜀漢亦施行士家制，士家集中居住，因有兵籍，其子孫世代爲兵，社會地位低下，故常有逃亡者。

[10]謙靖：趙幼文《校箋》謂《北堂書鈔》卷五九、《太平御覽》卷二一〇引"靖"字俱作"静"。按，《北堂書鈔》補注引實作"靖"。

[11]郡縣：趙幼文《校箋》謂《太平御覽》引"縣"下有"時"字。

[12]謁者：官名。秩比六百石，掌賓禮司儀、上章報問、奉命出使等。

[13]格論：盧弼《集解》本作"恪論"，百衲本、殿本、校點本作"格論"。今從百衲本等。姚振宗《三國藝文志》謂吕雅

《格論》十五篇。姚氏又據本書《霍峻傳》裴松之注引《襄陽記》，謂呂雅爲晉人。

[14] 監軍：官名。三國時期，諸軍出征，多置監軍監視將帥，權勢頗重。　大將軍司馬：官名。大將軍府之高級幕僚。掌參贊軍務，管理府内武職，位次於長史。

評曰：董和蹈羔羊之素，[1]劉巴履清尚之節，馬良貞實，稱爲令士，陳震忠恪，老而益篤，董允匡主，義形於色，皆蜀臣之良矣。呂乂臨郡則垂稱，處朝則被損，亦黄、薛之流亞矣。[2]

[1] 羔羊之素：謂有節儉正直之品德。《詩·召南·羔羊序》云："召南之國，化文王之政，在位皆節儉正直，德如羔羊也。"
[2] 黄：指黄霸。西漢淮陽陽夏（今河南太康縣）人。漢宣帝時曾兩度爲潁川太守，治績甚顯著，爲天下第一。後爲御史大夫，又代丙吉爲丞相。但"霸材長於治民，及爲丞相，總綱紀號令，風采不及丙（吉）、魏（相）、于定國，功名損於治郡"。（《漢書》卷八九《黄霸傳》）　薛：指薛宣。西漢東海郯（今山東郯城縣北）人。漢成帝時曾先後爲臨淮、陳留二郡太守，甚有治績。後爲御史大夫，又代張禹爲丞相。"然官屬譏其煩碎無大體，不稱賢也。"（《漢書》卷八三《薛宣傳》）

三國志 卷四〇

蜀書十

劉彭廖李劉魏楊傳第十

劉封者，本羅侯寇氏之子，[1]長沙劉氏之甥也。[2]先主至荊州，[3]以未有繼嗣，養封爲子。及先主入蜀，[4]自葭萌還攻劉璋，[5]時封年二十餘，有武藝，氣力過人，將兵俱與諸葛亮、張飛等泝流西上，所在戰克。益州既定，[6]以封爲副軍中郎將。[7]

初，劉璋遣扶風孟達副法正，[8]各將兵二千人，使迎先主，先主因令達并領其衆，[9]留屯江陵。[10]蜀平後，以達爲宜都太守。[11]建安二十四年，[12]命達從秭歸北攻房陵，[13]房陵太守蒯祺爲達兵所害。達將進攻上庸，[14]先主陰恐達難獨任，乃遣封自漢中乘沔水下統達軍，[15]與達會上庸。上庸太守申耽舉衆降，遣妻子及宗族詣成都。先主加耽征北將軍，[16]領上庸太守、員鄉侯如故，[17]以耽弟儀爲建信將軍、西城太守，[18]遷封爲副軍將軍。[19]自關羽圍樊城、襄陽，[20]連呼封、達,令發兵自助。封、達辭以山郡初附,未可動搖,不承羽命。會羽覆敗,先主恨之。又封與達忿爭不和,封尋奪達鼓吹。[21]達既懼罪,又忿恚封,遂表辭先主,率所領降魏。〔一〕魏文帝善達之姿才容觀,[22]以爲散騎常侍、建武將軍,[23]封平陽亭侯。[24]合房陵、上庸、西城三郡〔爲新城郡,[25]以〕達領新城太守。[26]遣征南將軍夏侯尚、右將軍徐晃與達共襲封。[27]達與封書曰:

> 古人有言:"疏不閒親,新不加舊。"此謂上明下直,讒慝不行也。若乃權君譎主,賢父慈親,猶有忠臣蹈功以罹禍,孝子抱仁以陷難,種、商、白起、孝己、伯奇,[28]皆其類也。其所以然,非骨肉好離,親親樂患也。或有恩移愛易,亦有讒閒其閒,雖忠臣不能移之於君,孝子不能變之於父者也。勢利所加,改親爲讎,況非親親乎!故申生、衛伋、禦寇、楚建稟受形之氣,[29]當嗣立之正,而猶如此。今足下與漢中王,[30]道路之人耳,親非骨肉而據勢權,[31]義非君臣而處上位,征則有偏任之威,居則有副軍之號,遠近所聞也。自立阿斗爲太子已來,[32]有識之人相爲寒心。如使申生從子輿之言,[33]必爲太伯;[34]衛伋聽其弟之謀,無彰父之譏也。且小白出奔,[35]入而爲霸;重耳踰垣,[36]卒以克復。自古有之,非獨今也。

> 夫智貴免禍,明尚夙達,僕揆漢中王慮定於內,疑生於外矣;慮定則心固,疑生則心懼,亂

禍之興作，未曾不由廢立之間也。[37]私怨人情，不能不見，恐左右必有以聞於漢中王矣。然則疑成怨聞，其發若踐機耳。今足下在遠，尚可假息一時；若大軍遂進，足下失據而還，竊相爲危之。昔微子去殷，[38]智果別族，違難背禍，猶皆如斯。〔二〕今足下棄父母而爲人後，非禮也；知禍將至而留之，非智也；見正不從而疑之，非義也。自號爲丈夫，爲此三者，何所貴乎？以足下之才，棄身來東，繼嗣羅侯，不爲背親也；北面事君，以正綱紀，不爲棄舊也；怒不致亂，以免危亡，不爲徒行也。加陛下新受禪命，虛心側席，以德懷遠，若足下翻然内向，非但與僕爲倫，受三百户封，繼統羅國而已，當更剖符大邦，[39]爲始封之君。陛下大軍，金鼓以震，當轉都宛、鄧；[40]若二敵不平，軍無還期。足下宜因此時早定良計。《易》有"利見大人"，[41]《詩》有"自求多福"，[42]行矣。今足下勉之，[43]無使狐突閉門不出。[44]

封不從達言。

〔一〕《魏略》載達辭先主表曰："伏惟殿下將建伊、吕之業，[45]追桓、文之功，[46]大事草創，假勢吳、楚，[47]是以有爲之士深覩歸趣。臣委質已來，[48]愆戾山積，臣猶自知，況於君乎！今王朝以興，英俊鱗集，臣内無輔佐之器，外無將領之才，列次功臣，誠自愧也。臣聞范蠡識微，浮於五湖；[49]咎犯謝罪，[50]逡巡於河上。夫際會之間，請命乞身。何則？欲絜去就之分也。[51]

況臣卑鄙，無元功巨勳，自繫於時，竊慕前賢，早思遠恥。昔申生至孝見疑於親，子胥至忠見誅於君，[52]蒙恬拓境而被大刑，[53]樂毅破齊而遭讒佞，[54]臣每讀其書，未嘗不慷慨流涕，而親當其事，益以傷絕。何者？荊州覆敗，大臣失節，百無一還。惟臣尋事，自致房陵、上庸，而復乞身，自放於外。伏想殿下聖恩感悟，愍臣之心，悼臣之舉。臣誠小人，不能始終，知而爲之，敢謂非罪！臣每聞交絕無惡聲，去臣無怨辭，臣過奉教於君子，願君王勉之也。"

〔二〕《國語》曰：智宣子將以瑤爲後，[55]智果曰：[56]"不如宵也。"[57]宣子曰："宵也很。"[58]對曰："宵也很在面，[59]瑤之賢於人者五，其不逮者一也。美鬚長大則賢，[60]射御足力則賢，技藝畢給則賢，[61]巧文辯惠則賢，彊毅果敢則賢，如是而甚不仁；以其五賢陵人，[62]而不仁行之，[63]其誰能待之！[64]若果立瑤也，智宗必滅。"不聽。智果別族于太史（氏）爲輔氏，[65]及智氏亡，[66]惟輔果在焉。

[1] 羅侯：侯國名。沈家本《瑣言》云："案范史《寇恂傳》，恂封雍奴侯，其後有徙封者莫可考矣。《郡國志》長沙郡屬縣羅，不言是侯國，則羅國之封在永和五年後也。"東漢羅縣治所在今湖南汨羅市北。

[2] 長沙：郡名。治所臨湘縣，在今湖南長沙市。

[3] 荊州：東漢末劉表爲刺史遷治所於襄陽縣，在今湖北襄陽市。

[4] 蜀：地區名。指今四川成都平原一帶。秦滅蜀前爲蜀國地。

[5] 葭萌：縣名。治所在今四川廣元市西南。

[6] 益州：漢末州牧刺史治所成都縣，在今四川成都市舊東、西城區。

〔7〕副軍中郎將：官名。建安末劉備置，即以劉封任之。

〔8〕扶風：即右扶風。東漢末治所槐里縣，在今陝西興平市東南。

〔9〕其衆：殿本、盧弼《集解》本作"兵衆"，百衲本、校點本作"其衆"。今從百衲本等。

〔10〕江陵：縣名。治所在今湖北荆州市荆州區。

〔11〕宜都：郡名。治所夷道縣，在今湖北枝城市。

〔12〕建安：漢獻帝劉協年號（196—220）。

〔13〕秭歸：縣名。治所在今湖北秭歸縣。 房陵：郡名。治所房陵縣，在今湖北房縣。

〔14〕上庸：郡名。治所上庸縣，在今湖北竹山縣西南。

〔15〕漢中：郡名。治所南鄭縣，在今陝西漢中市東。 沔水：即漢水。

〔16〕征北將軍：官名。漢獻帝興平中置。曹操執政後，列爲四征將軍之一，地位提高，秩二千石。

〔17〕鄉侯：爵名。漢制，列侯大者食縣邑，小者食鄉、亭。東漢後期遂以食鄉、亭者稱爲鄉侯、亭侯。

〔18〕建信將軍：官名。建安末劉備置，即以申儀任之。 西城：郡名。治所西城縣，在今陝西安康市西北漢水北岸。

〔19〕副軍將軍：官名。建安末劉備置，即以劉封任之。

〔20〕樊城：城名。在襄陽縣北，與襄陽隔漢水相對。襄陽縣在今湖北襄陽市樊城區。

〔21〕鼓吹：軍樂隊。東漢邊將及萬人將軍始有鼓吹，位不及者僅得假之。

〔22〕姿才容觀：本書卷一四《劉曄傳》謂孟達"有容止才觀，文帝甚器愛之"。

〔23〕散騎常侍：官名。秩比二千石，第三品。典章表詔命手筆之事，與侍中、黃門侍郎等共平尚書奏事。 建武將軍：官名。東漢末曹操置，魏沿置，第四品。

［24］亭侯：爵名。漢制，列侯大者食縣邑，小者食鄉、亭。東漢後期遂以食鄉、亭者稱爲鄉侯、亭侯。

［25］爲新城郡：各本皆無此四字，校點本據《通鑑》卷六九增。今從之。新城郡治所即房陵縣。

［26］以達領新城太守：各本皆無"以"字，校點本據《通鑑》卷六九增。今從之。

［27］征南將軍：官名。秩二千石，第二品。黃初中位次三公。領兵屯新野，統荆、豫二州刺史。資深者爲大將軍。（詳洪飴孫《三國職官表》）　右將軍：官名。東漢時位如上卿，與前、後、左將軍掌京師兵衛與邊防屯警。魏晉亦置，第三品。權位漸低，略高於一般雜號將軍，不典禁兵，不與朝政，僅領兵征戰。

［28］種：指春秋越國大夫文種。越王勾踐被吳王夫差打敗，困於會稽，因采文種之計，派人賄賂吳太宰嚭，得免亡國。勾踐回國後，舉國政以授文種，君臣奮發圖強，以期復仇。經二十二年，終於滅吳。越滅吳後，大夫范蠡離去，至齊，與文種書曰："蜚鳥盡，良弓藏；狡兔死，走狗烹。越王爲人長頸鳥喙，可與共患難，不可與共樂。子何不去？"文種見書，稱病不朝。有人讒毁文種將作亂，勾踐乃賜文種劍曰："子教寡人伐吳七術，寡人用其三而敗吳，其四在子，子爲我從先王試之。"文種遂自殺。（見《史記》卷四一《越王勾踐世家》）　商：指商鞅。戰國衛國人。入秦進説秦孝公，得到重用，實施兩次變法，奠定了秦國富強的基礎。因功封於商，號商君。孝公死後，被貴族誣陷，車裂而死。（見《史記》卷六八《商君列傳》）　白起：戰國秦將。秦昭王時，屢率兵擊敗韓、趙、魏、楚之軍，奪得不少土地，因功封武安君。後被相國應侯（范雎）妒忌，意見不合，被逼自殺。（見《史記》卷七三《白起列傳》）　孝己：傳説爲殷高宗武丁之子，甚有孝道，因遭後母讒毁，被放逐而死。（見《莊子·外物》成玄英疏）　伯奇：傳説爲周宣王大臣尹吉甫長子。母死，後母欲立己子伯封，乃讒譖伯奇，吉甫怒，放逐伯奇於野。伯奇自傷無罪而被放逐，乃作琴曲

《履霜操》以述懷。吉甫感悟,遂求伯奇。(見《初學記》卷二引蔡邕《琴操·履霜操》)

[29] 申生:春秋時晉獻公之太子,賢德善良。因母齊姜早死,獻公寵愛驪姬及其子奚齊,欲廢申生而立奚齊;加之驪姬陷害,申生被迫自殺。(見《史記》卷三九《晉世家》) 衛伋:春秋時衛宣公之太子,爲宣公夫人夷姜所生。太子傅爲伋取齊女,未入室,宣公見齊女美而自取之,更爲太子取他女。宣公得齊女,生子壽及朔。及太子伋母死,宣公正夫人與朔共讒毀太子伋;宣公又自以奪太子妻,欲廢太子。遂使太子伋出使齊,並與之白旄,命盜於國界上殺持白旄者。太子異母弟壽知之,謂太子曰:"界盜見太子白旄,即殺太子,太子可毋行。"太子曰:"逆父命求生,不可。"遂行。壽見太子不止,乃盜其白旄先驅至界,被盜所殺。及太子伋至,謂盜曰:"所當殺乃我也。"盜又殺太子伋,以報宣公。(見《史記》卷五七《衛康叔世家》) 禦寇:春秋時陳宣公之太子。《史記》卷三六《陳杞世家》云:"宣公後有嬖姬生子款,欲立之,乃殺其太子禦寇。" 楚建:春秋時楚平王之太子。平王二年(前527),使費無忌入秦爲太子建取妻。秦女美,尚未至楚,費無忌先歸告平王曰:"秦女好,可自娶,爲太子更求。"平王遂自取秦女。費無忌又讒毀太子建,平王因欲誅太子。太子建聞之,逃奔於宋。(見《史記》卷四〇《楚世家》)

[30] 漢中王:指劉備。

[31] 骨肉:殿本、盧弼《集解》本、校點本作"骨血",百衲本作"骨肉",郝經《續後漢書·劉封傳》亦作"骨肉"。又上文已有"非骨肉好離"之語,此應與之呼應。今從百衲本。

[32] 阿斗:即劉禪。禪初名斗,字升之。見本書卷三《明帝紀》太和二年裴松之注引《魏略》注。

[33] 子輿:春秋時晉國大夫士蒍字子輿。晉獻公有意廢太子申生,使之居曲沃(今山西聞喜縣東北,晉祖先宗廟所在地),又使之爲下軍統帥。士蒍已看出太子不得立,謂申生曰:"太子不得

立矣。分之都城，而位以卿，先爲之極，又安得立！不如逃之，無使罪至。爲吳太伯，不亦可乎？猶有令名。"申生不從。（見《史記》卷三九《晋世家》）

[34] 太伯：指吳太伯，周太王之長子。太王有子太伯、仲雍、季歷，季歷又有子昌（後之周文王），太王愛昌，欲傳位季歷而及昌。太伯、仲雍因逃至南方，開創了吳國。（見《史記》卷三一《吳太伯世家》）

[35] 小白：春秋時齊襄公之弟。襄公誅殺不當，淫於婦人，數欺大臣，群弟恐禍及，逃奔於外。公子小白逃奔莒。齊襄公被殺後，公子小白回國，得立爲國君，是爲齊桓公。桓公重用管仲，齊因富强，成爲春秋第一霸主。（見《史記》卷三二《齊太公世家》）

[36] 重耳：春秋時晋獻公之子。獻公十三年（前664），因驪姬之故，被派往蒲城。驪姬譖害太子申生後，又讒毁重耳。重耳懼，還保蒲城。獻公怒，使宦者履鞮（亦稱寺人披）殺重耳。重耳逾垣，宦者逐斬其衣袪。重耳逃奔國外，流亡十九年，終于回國爲君，是爲晋文公。（見《史記》卷三九《晋世家》）

[37] 未曾：趙幼文《校箋》謂郝經《續後漢書》"曾"字作"嘗"。

[38] 微子：殷紂王之庶兄。紂王無道，微子數諫，紂不聽。紂親戚箕子、比干亦諫，紂皆不聽。箕子因佯狂爲奴，比干被殺挖心。微子曰："父子有骨肉，而臣主以義屬。故父有過，子三諫不聽，則隨而號之；人臣三諫不聽，則其義可以去矣。"遂逃去。（見《史記》卷三八《宋微子世家》）

[39] 剖符大邦：謂封更大的侯國。古代封爵，以竹符爲信；剖分爲二，一與本人，一留朝廷。

[40] 宛：縣名。治所在今河南南陽市。　鄧：縣名。治所在今湖北襄陽市西北。

[41] 利見大人：《易·乾》九五："飛龍在天，利見大人。"謂君王在上，見之有利。

[42] 自求多福：《詩·大雅·文王》："永言配命，自求多福。"

[43] 今足下：趙幼文《校箋》謂郝經《續後漢書》無"今"字。

[44] 狐突：春秋時晉國大夫。晉獻公欲廢太子申生，十七年命申生伐東山之狄。狐突爲申生駕御兵車，至稷桑。狄人出兵迎戰，申生欲攻之，狐突諫阻，謂祇要讓太子位於奚齊，就可遠離死亡，順從民心不打仗，就有利於國；且因冒險與狄作戰，國內已有讒言，不如不戰。申生以爲讒言不可避免，如果不戰而回，罪責更大；不如拼死一戰，戰死了還有孝名。申生果敗狄人而返，但讒言更加風起，狐突遂閉門不出。（見《國語·晉語一》）

[45] 伊呂：指伊尹、呂尚。伊尹佐商湯，呂尚佐周武王。

[46] 桓文：指齊桓公、晉文公。皆春秋霸主。

[47] 吳楚：謂揚州與荊州，古爲吳國與楚國之地。孫權據有揚州及荊州之部分，劉備亦據有部分荊州。

[48] 委質：臣服，歸附。

[49] 范蠡：春秋時楚國人，爲越國大夫。越被吳敗後，曾至吳爲質二年。回越國後，助勾踐刻苦圖強，終滅吳國。滅吳後，范蠡認爲越王勾踐"可與共患難，不可與共樂"，"遂乘輕舟以浮於五湖，莫知其所終極"。（《國語·越語下》）五湖：韋昭注以太湖爲五湖，但此當不止太湖。《史記·河渠書》："於吳，則通渠三江、五湖。"司馬貞《索隱》云："五湖者，郭璞《江賦》云具區（太湖）、洮滆、彭蠡、青草、洞庭是也。"

[50] 咎犯：春秋時晉文公重耳之舅父。重耳歸國爲君前，在國外流亡十九年，咎犯隨之。重耳歸國渡黃河，咎犯曰："臣從君周旋天下，過亦多矣。臣猶知之，況於君乎？請從此去矣。"重耳曰："若反國，所不與子犯共者，河伯視之！"乃投璧河中，以與子犯盟。（《史記》卷三九《晉世家》）

[51] 絜：度量，比較。《玉篇·系部》："絜，結束也。"《集韻·屑韻》："絜，約束知大小也。"

[52] 子胥：即伍子胥，春秋時楚國伍奢之次子。伍奢被楚平王枉殺後，子胥逃奔吳國，助吳王闔閭奪得王位，又整軍經武，吳國日盛，終破楚國。吳王夫差時，擊敗越王勾踐，勾踐求和，子胥諫不可，夫差不聽；後夫差北伐齊，子胥又諫，謂腹心之患乃越，不當遠伐齊，夫差不聽；四年後，夫差又伐齊，子胥諫，太宰嚭讒毀之。吳王乃賜子胥屬鏤之劍以死。（見《史記》卷六六《伍子胥列傳》）

[53] 蒙恬：秦朝名將。秦始皇統一六國後，奉命率軍三十萬擊退匈奴，收河南地（今内蒙古河套一帶），並修築長城，守衛數年，匈奴不敢進犯。秦二世得立後，趙高屢譖蒙氏，蒙恬被逼自殺。（見《史記》卷八八《蒙恬列傳》）

[54] 樂毅：戰國時中山國靈壽（今河北平山縣東北）人，入燕國，燕昭王以之爲亞卿。後率軍攻破齊國，先後下七十餘城，以功封於昌國，號昌國君。燕昭王死，惠王即位，齊反間於燕曰："齊城不下者兩城耳。然所以不早拔者，聞樂毅與燕新王有隙，欲連兵且留齊，南面而王齊。齊之所患，唯恐他將之來。"惠王本不滿樂毅，及聞齊反間之言，乃使騎劫代樂毅。樂毅懼禍，遂投奔趙國。（見《史記》卷八〇《樂毅列傳》）

[55] 智宣子：春秋末晉國之卿。　瑶：智瑶，智宣子之嫡子。

[56] 智果：晉國大夫。

[57] 霄：《國語·晉語九》作"宵"。智霄，智宣子之庶子。

[58] 佷（hěn）：剛愎凶狠。《國語·晉語九》韋昭注："佷，佷戾，不從人也。"

[59] 霄也佷在面：《國語·晉語九》在此句下還有"瑶之佷在心。心佷敗國，面佷不害"三句。

[60] 鬢：殿本《考證》云："鬢，宋本作'鬚'。"盧弼《集解》謂《國語·晉語九》作"鬚"。

[61] 畢給：百衲本作"異俗"，殿本、盧弼《集解》本、校點本作"畢給"，《國語·晉語九》亦作"畢給"，韋昭注："給，

［62］以其五賢陵人：百衲本、殿本、校點本作"以五者賢陵人"，盧弼《集解》本、《國語·晉語九》作"以其五賢陵人"。今從《集解》本。

［63］而：《國語·晉語九》"而"下有"以"字。當從。

［64］待：寬假，寬容。《國語·晉語九》韋昭注："待，猶假也。"又《易·家人》九五："王假有家。"王引之《經義述聞》："王假有家者，王寬假其家人也。"

［65］太史：各本"史"下有"氏"字。殿本《考證》云："宋本'太史'下無'氏'字。"盧弼《集解》謂《國語·晉語九》無"氏"字。今從殿本《考證》說刪"氏"字。太史，官名。掌起草文書，記載史事，保管國家典籍、文書檔案等。

［66］及：校點本1982年7月第2版誤作"乃"。

申儀叛封，封破走還成都。申耽降魏，魏假耽懷集將軍，[1]徙居南陽，[2]儀魏興太守，[3]封（真鄉侯）〔員鄉侯〕，[4]屯洵口。〔一〕[5]封既至，先主責封之侵陵達，又不救羽。諸葛亮慮封剛猛，易世之後終難制御，勸先主因此除之。於是賜封死，使自裁。封歎曰："恨不用孟子度之言！"[6]先主爲之流涕。達本字子敬，避先主叔父敬，改之。〔二〕

〔一〕《魏略》曰：申儀兄名耽，字義舉。初在西平、上庸間聚衆數千家，[7]後與張魯通，又遣使詣曹公，曹公加其號爲將軍，因使領上庸都尉。[8]至建安末，爲蜀所攻，以其郡西屬。黃初中，[9]儀復來還，詔即以兄故號加儀，因拜魏興太守，封列侯。太和中，[10]儀與孟達不和，數上言達有貳心於蜀，及達反，儀絕蜀道，使救不到。達死後，儀詣宛見司馬宣王，[11]宣王勸使來朝。儀至京師，詔轉拜儀樓船將軍，[12]在禮請中。[13]

〔二〕封子林爲牙門將，[14]咸熙元年內移河東。[15]達子興爲議督軍，[16]是歲徙還扶風。

[1] 懷集將軍：官名。曹魏置，第五品。

[2] 南陽：郡名。治所宛縣，在今河南南陽市。

[3] 魏興：郡名。魏文帝黃初元年（220）改西城郡爲魏興郡，治所西城縣，在今陝西安康市漢江北岸。

[4] 員鄉侯：各本皆作"真鄉侯"。趙一清《注補》云："儀襲兄封員鄉侯，'真'字爲誤。"校點本即從趙說改。今從之。

[5] 洵口：地名。在旬水入漢水之處，在今陝西旬陽縣。

[6] 孟子度：孟達字子度。

[7] 西平：趙一清《注補》云："'西平'誤，當作'西城'。"按，趙說是，若西平郡，治所在西都縣，在今青海西寧市。申耽不可能在如此遼闊之地聚衆起事。但無文獻依據，不改其字。

[8] 都尉：官名。西漢時郡置都尉，輔佐郡守並掌本郡軍事。東漢廢除，僅在邊郡或關塞之地置都尉及屬國都尉，並漸漸分縣治民，職如太守。漢獻帝建安二十年（215）置上庸郡，因是邊郡，故置都尉以治之。

[9] 黃初：魏文帝曹丕年號（220—226）。

[10] 太和：魏明帝曹叡年號（227—233）。

[11] 司馬宣王：即司馬懿。司馬懿死後，魏元帝咸熙初其子司馬昭爲晉王，追尊他爲晉宣王。

[12] 詔轉拜儀：百衲本、殿本作"詔轉儀拜"，盧弼《集解》本、校點本作"詔轉拜儀"。今從《集解》本等。　樓船將軍：官名。西漢本爲統水軍之將軍。曹魏以後成爲將軍名號之一，不專用於水軍將領。第五品。

［13］禮請：趙一清《注補》云："禮請，即後世之所謂奉朝請也。"

［14］封子林爲牙門將：吳金華《〈三國志〉斠議》謂易培基《三國志補注》云："'封子林爲牙門將咸熙元年內移河東'，《通志》作正文。"吳金華又進而論證，不但此十五字爲正文，就連以下"達子興爲議督軍是歲徙還扶風"也應爲竄入裴松之注的正文。按，郝經《續後漢書》"封子林爲牙門將咸熙元年徙居河東"亦作正文，接於"爲之流涕"下，而無"達子興"以下諸字，故依舊不作改動。　牙門將：官名。魏文帝黃初中置，爲統兵武職，位在裨將軍下。蜀漢、孫吳、兩晉亦置。魏、晉皆五品。

［15］咸熙：魏元帝曹奐年號（264—265）。　河東：郡名。治所安邑縣，在今山西夏縣西北禹王城。

［16］議督軍：官名。蜀漢置，職掌未詳。又按，"議督軍"上殿本無"爲"字，百衲本、盧弼《集解》本、校點本皆有。今從百衲本等。

彭羕字永年，廣漢人。[1]身長八尺，容貌甚偉。姿性驕傲，多所輕忽，惟敬同郡秦子勑，[2]薦之於太守許靖曰："昔高宗夢傅説，[3]周文求吕尚，[4]爰及漢祖，納食其於布衣，[5]此乃帝王之所以倡業垂統，緝熙厥功也。[6]今明府稽古皇極，[7]允執神靈，體公劉之德，[8]行勿翦之惠，[9]《清廟》之作於是乎始，[10]襃貶之義於是乎興，然而六翮未之備也。伏見處士緜竹秦宓，[11]膺山甫之德，[12]履雋生之直，[13]枕石漱流，吟詠緼袍，[14]偃息於仁義之途，恬惔於浩然之域，高概節行，守真不虧，[15]雖古人潛遁，蔑以加旃。[16]若明府能招致此人，必有忠讜落落之譽，豐功厚利，建跡立勳，[17]然後紀功於王府，飛聲於來世，不亦美哉！”

羕仕州，不過書佐，[18]後又爲衆人所謗毁於州牧劉璋，璋髡鉗羕爲徒隸。[19]會先主入蜀，泝流北行。羕欲納説先主，乃往見龐統。統與羕非故人，又適有賓客，羕徑上統牀卧，謂統曰：“須客罷當與卿善談。”統客既罷，往就羕坐，羕又先責統食，然後共語，因留信宿，[20]至于經日。統大善之，而法正宿自知羕，遂並致之先主。先主亦以爲奇，數令羕宣傳軍事，指授諸將，奉使稱意，識遇日加。成都既定，先主領益州牧，拔羕爲治中從事。[21]羕起徒步，一朝處州人之上，形色囂然，自矜得遇滋甚。諸葛亮雖外接待羕，而内不能善，屢密言先主，羕心大志廣，難可保安。先主既敬信亮，加察羕行事，意以稍疎，左遷羕爲江陽太守。[22]

羕聞當遠出，私情不悦，往詣馬超。超問羕曰：“卿才具秀拔，主公相待至重，謂卿當與孔明、孝直諸人齊足並驅，[23]寧當外授小郡，失人本望乎？”羕曰：“老革荒悖，可復道邪！”〔一〕又謂超曰：“卿爲其外，我爲其内，天下不足定也。”超羈旅歸國，常懷危懼，聞羕言大驚，默然不答。羕退，具表羕辭，於是收羕付有司。

〔一〕揚雄《方言》曰：[24]惐、鰓、乾、都、耇、革，老也。[25]郭璞注曰：皆老者皮毛枯瘁之形也。

臣松之以爲皮去毛曰革。古者以革爲兵，故語稱兵革，革猶兵也。羕罵備爲老革，猶言老兵也。[26]

［1］廣漢：郡名。治所雒縣，在今四川廣漢市北。

［2］秦宓勑：秦宓字子勑。

［3］高宗：指殷高宗武丁。相傳武丁即王位後，思復興殷業，而未得其佐。某夜武丁夢得聖人，名曰説。武丁以所夢命群下求之，於傅巖中得説。當時説爲版築之隸，及見武丁，武丁曰是也。遂舉以爲相，殷國大治。因得説於傅巖中，故號傅説。（見《史記》卷三《殷本紀》）

［4］周文：即周文王。文王爲西伯時，將出獵，作占卜，卜曰所獲霸王之輔。於是出獵，果遇吕尚於渭濱，與語大悦，曰："自吾先君太公曰'當有聖人適周，周以興'。子真是邪？吾太公望子久矣。"故號吕尚爲"太公望"，載與俱歸，立爲師。（見《史記》卷三二《齊太公世家》）

［5］食（yì）其（jī）：指酈食其。秦末陳留高陽鄉（在今河南杞縣境）人。家貧，好讀書。曾爲里監門吏。劉邦起兵至陳留，食其請人推薦，劉邦召納之。食其獻計克陳留，因號食其爲廣野君。（見《史記》卷九七《酈生列傳》）

［6］倡業：趙幼文《校箋》謂郝經《續後漢書》"倡"字作"創"。　緝熙：光輝，光大。《詩·大雅·文王》："穆穆文王，于緝熙敬止。"毛傳："緝熙，光明也。"後世又引申爲光輝，光大。

［7］明府：對郡太守的敬稱。　皇極：皇帝統治天下的準則。

［8］公劉：古代周族的祖先，后稷之曾孫。居於戎狄之間，"復修后稷之業，務耕種，行地宜"，"行者有資，居者有畜積，民賴其慶；百姓懷之，多徙而保歸焉"。（見《史記》卷四《周本紀》）

［9］翦：通"踐"。《禮記·玉藻》："凡有血氣之類，弗身踐也。"鄭玄注："踐當爲翦聲之誤也。"王符《潛夫論·德化》："公劉厚德，恩及草木"，"仁不忍踐履生草，則又况於民萌而有不化者乎"？（參趙幼文《三國志集解辨證》）

[10] 清廟：《詩·周頌》之首篇，《小序》云："清廟，祀文王也。周公既成洛邑，朝諸侯，率以祀文王焉。"

[11] 緜竹：縣名。治所在今四川德陽市北黃許鎮。

[12] 山甫：指仲山甫，周宣王大臣。《詩·大雅·烝民》："仲山甫之德，柔嘉維則。"

[13] 雋（juàn）生：指雋不疑。漢武帝末年，爲青州刺史。昭帝即位後，爲京兆尹。昭帝始元五年（前82），有一男子至宮門冒充衛太子，公卿百官莫敢發言。雋不疑後至，即以《春秋》之義收捕之，得到昭帝和大將軍霍光之贊賞。霍光欲嫁女與他，不疑固辭。（見《漢書》卷七一《雋不疑傳》）

[14] 緼（yùn）袍：以亂麻爲絮的袍子。古爲貧者所服。《論語·子罕》："子曰：'衣敝緼袍，與衣狐貉者立，而不恥者，其由也與？'"朱熹《集注》："緼，枲著也。"

[15] 守真：殿本、盧弼《集解》本作"守貞"，百衲本、校點本作"守真"。今從百衲本等。

[16] 潛遁：百衲本"遁"字作"道"，殿本、盧弼《集解》本、校點本作"遁"。今從殿本等。 旃（zhān）："之"與"焉"的合音。

[17] 立勳：百衲本、殿本"立"字作"之"，盧弼《集解》本、校點本作"立"。殿本《考證》云："元本作'立勳'。"今從《集解》本等。

[18] 書佐：官名。漢代州、郡、縣皆分曹治事，諸曹下各有書佐，職主起草和繕寫文書。此爲州書佐，位次從事。

[19] 髡鉗：剃去頭髮用鐵圈束頸的刑罰。 徒隸：做苦工的罪犯。

[20] 信宿：連宿兩夜。

[21] 治中從事：官名。州牧刺史的主要屬吏，居中治事，主衆曹文書。

[22] 意以：趙幼文《校箋》謂郝經《續後漢書》"以"字作

"亦",《册府元龜》卷三二一引"以"字作"似"。 江陽：郡名。治所江陽縣，在今四川瀘州市。

[23] 孝直：法正字孝直。

[24] 揚雄：西漢成都人。博學多識，尤善辭賦。歷漢成帝、哀帝、平帝三朝，曾任郎官、給事黃門侍郎。著有《法言》《太玄》等。（見《漢書》卷八七《揚雄傳》）《華陽國志·先賢士女總贊上》又謂揚雄以爲"典莫正於《爾雅》，故作《方言》"。今傳本《方言》，全名是《輶軒使者絶代語釋别國方言》，共十三卷，晋郭璞注。是一部記載各地方言詞彙的著作。

[25] 혀（jí）者（gǒu）：百衲本、殿本作"滅""耆"，盧弼《集解》本、校點本、《方言》卷一〇皆作"혀""者"。今從《集解》本等。

[26] 老兵：盧弼《集解》本引周樹模説，謂下文彭羕獄中有"被酒倪失'老'語""主公實未老也""立業豈在老少"等語，訓"革"爲"老"爲是，不得謂"革"爲"兵"。趙幼文《校箋》則云："《隋書》卷六七《裴藴傳》曰：'老革多姦，將賊脅我。'是老革猶言老兵，詈人之語，仍當從裴注爲得。"按，此《隋書·裴藴傳》之言，乃隋煬帝罵蘇威之語，趙釋正確。

羕於獄中與諸葛亮書曰："僕昔有事於諸侯，以爲曹操暴虐，孫權無道，振威闇弱，[1]其惟主公有霸王之器，可與興業致治，故乃翻然有輕舉之志。會公來西，僕因法孝直自衒鬻，[2]龐統斟酌其間，遂得詣公於葭萌，指掌而譚，[3]論治世之務，講霸王之義，建取益州之策，公亦宿慮明定，即相然贊，遂舉事焉。僕於故州不免凡庸，憂於罪罔，得遭風雲激矢之中，求君得君，志行名顯，從布衣之中擢爲國士，盜竊茂才。分子之厚，誰復過此。[一]羕一朝狂悖，自求菹醢，[4]爲不忠不義之鬼乎！先民有言，[5]左手據天下之圖，右手刎咽喉，愚夫不爲也。況僕頗別菽麥者哉！所以有怨望意者，不自度量，苟以爲首興事業，而有投江陽之論，不解主公之意，意卒感激，頗以被酒，悅失'老'語。[6]此僕之下愚薄慮所致，主公實未老也。且夫立業，豈在老少，西伯九十，[7]寧有衰志，負我慈父，罪有百死。至於內外之言，欲使孟起立功北州，[8]戮力主公，共討曹操耳，寧敢有他志邪？孟起說之是也，但不分別其間，痛人心耳。昔每與龐統共相誓約，庶託足下末蹤，盡心於主公之業，追名古人，載勳竹帛。統不幸而死，僕敗以取禍。自我墮之，[9]將復誰怨！足下，當世伊、呂也，宜善與主公計事，濟其大猷。天明地察，神祇有靈，復何言哉！貴使足下明僕本心耳。行矣努力，自愛，自愛！"羕竟誅死，時年三十七。

〔一〕臣松之以爲"分子之厚"者，羕言劉主分兒子厚恩，[10]施之於己，故其書後語云"負我慈父，罪有百死"也。

[1] 振威：指劉璋。曹操定荊州後，加劉璋振威將軍。
[2] 衒鬻：誇耀以求出售。
[3] 指掌：趙幼文《校箋》謂蕭常及郝經之《續後漢書》"指"字俱作"抵"。按，"指掌"與"抵掌"義同，皆擊掌之義。如徐幹《中論·譴交》："然擲目指掌，高談大語。"
[4] 菹（zū）醢（hǎi）：古之酷刑。將人剁成肉醬。
[5] 先民有言：《淮南子·精神訓》云："尊勢厚利，人之所貪也。使之左據天下圖，而右手刎其喉，愚夫不爲。由此觀之，生

尊於天下也。"

[6] 侻（tuō）失：謂輕率而失口亂言。《廣韻·末韻》："侻，輕。"

[7] 西伯：即周文王。《史記》卷四《周本紀》之《集解》引徐廣曰："文王九十七乃崩。"而文王去世前數年，年年皆有征伐或造作，曾伐犬戎，伐密須，敗耆國，伐邗，伐崇侯虎，造作豐邑，自岐下而徙都豐。（見《史記·周本紀》）

[8] 孟起：馬超字孟起。

[9] 墮：百衲本作"惰"，殿本、盧弼《集解》本、校點本作"墮"。今從殿本等。

[10] 分兒子厚恩：周一良云："裴注不確切。徐文靖《管城碩記》一八釋之云：'《穀梁傳》曰，召伯周之分子也。范寧曰，周之分子，謂周之列子孫也。兼蓋言劉主蓄己之厚，不啻如支庶子孫，亦如文王於召伯，恩同分子。'"（《三國志札記》）

廖音理救反。立字公淵，[1]武陵臨沅人。[2]先主領荆州牧，辟爲從事，[3]年未三十，擢爲長沙太守。先主入蜀，諸葛亮鎮荆土，孫權遣使通好於亮，因問士人皆誰相經緯者，亮答曰："龐統、廖立，楚之良才，當贊興世業者也。"建安二十年，權遣呂蒙奄襲南三郡，[4]立脱身走，自歸先主。先主素識待之，不深責也，以爲巴郡太守。[5]二十四年，先主爲漢中王，徵立爲侍中。[6]後主襲位，徙長水校尉。[7]

立本意，自謂才名宜爲諸葛亮之貳，而更游散在李嚴等下，常懷怏怏。後丞相掾（李郃）〔李邵〕、蔣琬至，[8]立計曰："軍當遠出，卿諸人好諦其事。昔先（主）〔帝〕不取漢中，[9]走與吳人爭南三郡，[10]卒以三郡與吳人，徒勞役吏士，無益而還。既亡漢中，使夏侯淵、張郃深入于巴，幾喪一州。後至漢中，使關侯身死無子遺，[11]上庸覆敗，徒失一方。是羽怙恃勇名，作軍無法，直以意突耳，故前後數喪師衆也。如向朗、文恭，[12]凡俗之人耳。恭作治中無綱紀；朗昔奉馬良兄弟，謂為聖人，今作長史，素能合道。[13]中郎郭演長，[14]從人者耳，不足與經大事，而作侍中。今弱世也，欲任此三人，為不然也。王連流俗，苟作掊克，[15]使百姓疲弊，以致今日。"（郃）〔邵〕、琬具白其言於諸葛亮。亮表立曰："長水校尉廖立，坐自貴大，臧否羣士，[16]公言國家不任賢達而任俗吏，又言萬人率者皆小子也；誹謗先帝，疵毀衆臣。人有言國家兵衆簡練，部伍分明者，立舉頭視屋，憤咤作色曰：'何足言！'凡如是者不可勝數。羊之亂羣，猶能為害，況立託在大位，中人以下識真偽邪？"〔一〕於是廢立為民，徙汶山郡。[17]立躬率妻子耕殖自守，聞諸葛亮卒，垂泣歎曰："吾終為左衽矣！"[18]後監軍姜維率偏軍經汶山，[19]往詣立，[20]稱立意氣不衰，言論自若。立遂終於徙所。[21]妻子還蜀。

〔一〕《亮集》有亮表曰："立奉先帝無忠孝之心，守長沙則開門就敵，領巴郡則有闇昧闒茸其事，[22]隨大（將）軍則誹謗譏訶，[23]侍梓宮則挾刃斷人頭於梓宮之側。[24]陛下即位之後，普增職號，立隨比為將軍，面語臣曰：'我何宜在諸將軍中！不表我為卿，上當在五校！'[25]臣答：'將軍者，隨大比耳。至於卿者，正方亦未為卿也。[26]且宜處五校。'自是之後，怏怏懷恨。"詔曰：

"三苗亂政,[27]有虞流宥,[28]廖立狂惑,朕不忍刑,亟徙不毛之地。"[29]

[1]音理救反：校點本將此句置於"立"字下，"音"上有"廖"字，百衲本、殿本、盧弼《集解》本此句在"廖"字下，"音"上不重"廖"字。今從百衲本等。

[2]武陵：郡名。治所臨沅縣，在今湖南常德市。

[3]從事：官名。漢代州牧刺史的佐吏，有別駕從事史、治中從事史、兵曹從事史、部從事史等，均可簡稱爲從事。

[4]南三郡：指長沙、零陵、桂陽三郡。零陵郡治所泉陵縣，在今湖南永州市。桂陽郡治所郴縣，在今湖南郴州市。

[5]巴郡：治所江州縣，在今重慶渝中區。

[6]侍中：官名。秩比二千石。職掌門下衆事，侍從左右，顧問應對。漢靈帝時置侍中寺，不再隸屬少府。獻帝時定員六人，與給事黃門侍郎出入禁中，近侍帷幄，省尚書事。

[7]長水校尉：官名。秩比二千石，掌京師宿衛兵。

[8]丞相掾：官名。丞相府之屬吏。丞相府設有諸曹，如東曹、戶曹、金曹、兵曹等。掾即曹長。　李邵：各本皆作"李郃"。趙一清《注補》云："第十五卷《輔臣贊》注中作'邵'，當是也。觀其字永南知之。下'郃、琬'亦應改'邵'。"李慈銘亦有同説。校點本即從趙、李之説改"郃"爲"邵"。今從之。

[9]先帝：各本皆作"先主"。劉咸炘《知意》云："'主'當作'帝'。他處亦多誤。"校點本即從劉説改。今從之。

[10]走：趙幼文《校箋》謂蕭常《續後漢書》作"而"，郝經《續後漢書》無"走"字。

[11]關侯：關羽。羽封漢壽亭侯。

[12]文恭：沈家本《瑣言》云："文恭，即《杜微傳》之文仲寶也。《華陽國志》有丞相參軍文恭字仲寶，梓潼人。"

[13]長史：官名。漢代三公府設有長史，以輔助三公。將軍

府之屬官亦有長史，以總理幕府。　素能：趙幼文《校箋》謂蕭常《續後漢書》"素"字作"豈"。

[14] 中郎：官名。東漢時分屬五官、左、右三署中郎將，名義上仍職宿衛，實際上成爲後備官員，無固定職掌，或給事中央諸機構。　郭演長：錢大昕云："演長，當是攸之字。"（《廿二史考異》卷一六）

[15] 掊（póu）克：謂以苛稅搜刮民財。《孟子·告子下》"掊克在位"，朱熹《集注》："掊克，聚斂也。"

[16] 臧否（pǐ）：褒貶。

[17] 汶山郡：治所綿虒道，在今四川汶川縣西南綿虒鎮。

[18] 左袵：指少數民族。古代少數民族之衣服，前襟向左，故以左袵稱之。

[19] 監軍：官名。蜀漢置有中、前、後、右監軍，皆統兵，位在前、後、右護軍上。

[20] 往詣立：校點本無"往"字，百衲本、殿本、盧弼《集解》本皆有。今從百衲本等。

[21] 終於：校點本無"於"字，百衲本、殿本、盧弼《集解》本有。今從百衲本等。

[22] 有（yòu）：通"又"。　闒昧闒（tà）茸：愚昧而又鄙賤。按，闒通闒。《文選》任彥升《奏彈劉整》："間閻闒茸，名教所絶。"五臣注吕向曰："闒茸，小人也。"

[23] 大軍：各本皆作"大將軍"。李慈銘《札記》云："疑衍'將'字。"按，李説是，蜀漢在諸葛亮去世前無大將軍之職。今從李説删"將"字。

[24] 梓宫：此指劉備的靈柩。

[25] 上當：李慈銘《札記》云："'上'疑作'止'。"趙幼文《校箋》謂蕭常《續後漢書》"上"字作"尚"，郝經《續後漢書》苟宗道注引無"上"字。按，"上"通"尚"。　五校：指屯騎、越騎、步兵、長水、射聲五校尉。

[26] 正方：李嚴字正方。

　　[27] 三苗：古部族名。《史記》卷一《五帝本紀》云："三苗在江淮、荊州數爲亂，於是舜歸而言於帝"，"遷三苗於三危，以變西戎"。

　　[28] 有虞：即虞舜。

　　[29] 亟：趙幼文《校箋》謂蕭常《續後漢書》作"其"。

　　李嚴字正方，南陽人也。少爲郡職吏，以才幹稱。荊州牧劉表使歷諸郡縣。曹公入荊州時，嚴宰秭歸，遂西詣蜀，劉璋以爲成都令，復有能名。建安十八年，署嚴爲護軍，[1]拒先主於緜竹。嚴率衆降先主，先主拜嚴裨將軍。[2]成都既定，爲犍爲太守、興業將軍。[3]二十三年，盗賊馬秦、高勝等起事於郪，音淒。[4]合聚部伍數萬人，到資中縣。[5]時先主在漢中，嚴不更發兵，但率將郡士五千人討之，斬秦、勝等首。枝黨星散，悉復民籍。又越嶲夷率高定遣軍圍新道縣，[6]嚴馳往赴救，賊皆破走。加輔漢將軍，[7]領郡如故。章武二年，[8]先主徵嚴詣永安宮，[9]拜尚書令。[10]三年，先主疾病，嚴與諸葛亮並受遺詔輔少主；以嚴爲中都護，[11]統内外軍事，留鎮永安。建興元年，[12]封都鄉侯，[13]假節，[14]加光禄勳。[15]四年，轉爲前將軍。[16]以諸葛亮欲出軍漢中，嚴當知後事，移屯江州，留護軍陳到駐永安，皆統屬嚴。嚴與孟達書曰："吾與孔明俱受寄託，憂深責重，思得良伴。"亮亦與達書曰："部分如流，趨捨罔滯，正方性也。"其見貴重如此。〔一〕八年，遷驃騎將軍。[17]以曹真欲三道向漢川，[18]亮命嚴將二萬人赴漢中。亮表嚴子豐爲江州都督督軍,[19]典嚴後事。亮以明年當出軍,命嚴以中都護署府事。[20]嚴改名爲平。

〔一〕《諸葛亮集》有嚴與亮書,勸亮宜受九錫,[21]進爵稱王。亮答書曰:"吾與足下相知久矣,可不復相解![22]足下方誨以光國,戒之以勿拘之道,是以未得默已。吾本東方下士,誤用於先帝,位極人臣,祿賜百億,今討賊未效,知己未答,而方寵齊、晉,[23]坐自貴大,非其義也。若滅魏斬叡,帝還故居,與諸子並升,[24]雖十命可受,[25]況於九邪!"

[1] 護軍:官名。統兵武職,職如將軍,而地位稍遜。

[2] 裨將軍:官名。漢雜號將軍之低級者。

[3] 犍爲:郡名。治所武陽縣,在今四川彭山縣東北江口。興業將軍:官名。建安中劉備置,蜀漢沿之。

[4] 郪:縣名。治所在今四川三臺縣南郪江鎮。

[5] 資中縣:治所即今四川資中縣。

[6] 越嶲:郡名。治所邛都縣,在今四川西昌市高槻鄉。 高定:《華陽國志·南中志》作"高定元"。 新道縣:治所在今四川甘洛縣東北阿覺子鄉。

[7] 輔漢將軍:官名。新莽末更始帝所置。後省。蜀漢復置,權任甚重。

[8] 章武:蜀漢昭烈帝劉備年號(221—223)。

[9] 永安宮:劉備行宮,在永安縣城內。永安縣治所,在今重慶奉節縣東白帝城。

[10] 尚書令:官名。蜀漢時仍爲尚書臺長官,秩千石。掌奏、下尚書曹文書衆事,選用署置官吏;總典臺中綱紀法度,無所不統。後又總統國事,權力增大。

[11] 中都護：官名。蜀漢置，權力甚重，統內外軍事。

[12] 建興：蜀漢後主劉禪年號（223—237）。

[13] 都鄉侯：爵名。列侯食邑爲都鄉（近城之鄉）者，稱都鄉侯，位次於縣侯，高於鄉侯。

[14] 假節：漢末三國時期，皇帝賜予臣下的一種權力。至晉代，此種權力明確爲因軍事可殺犯軍令者。

[15] 光禄勳：官名。漢諸卿之一，秩中二千石，掌宿衛宮殿門户。

[16] 前將軍：官名。東漢時位如上卿，與左、右、後將軍掌京師兵衛與邊防屯警。魏晉亦置，第三品。權位漸低，略高於一般雜號將軍，不典禁兵，不與朝政，僅領兵征戰。蜀漢亦置。

[17] 驃騎將軍：官名。東漢時位比三公，地位尊崇。

[18] 三道：魏三道進軍，見本書卷三三《後主傳》。　漢川：泛指漢中平原。

[19] 江州都督督軍：官名。江州都督下之統兵官。胡三省云："李嚴本都督江州，今赴漢中，令其子爲督軍以典後事。"（《通鑑》卷七一魏明帝太和四年注）

[20] 署府事：謂署丞相府事。

[21] 九錫：古代天子賜給大臣的最高禮遇。詳見本書卷一《武帝紀》建安十八年"九錫"注。

[22] 可：趙幼文《校箋》謂郝經《續後漢書》作"何"。按，蕭常《續後漢書》亦作"何"。

[23] 齊晉：周代之齊國、晉國。以之比喻封侯。

[24] 諸子：趙幼文《校箋》謂郝經《續後漢書》無"諸"字。按，此乃苟宗道注引《蜀志》之文。

[25] 十命：指比"九錫"更多一種之禮遇。而古代並無十命之制，此乃假設之詞。

九年春，亮軍祁山，[1]平催督運事。秋夏之際，值天霖雨，運糧不繼，平遣參軍狐忠、督軍成藩喻指，[2]呼亮來還；亮承以退軍。平聞軍退，乃更陽驚，説"軍糧饒足，何以便歸"！欲以解己不辦之責，顯亮不進之愆也。又表後主，説"軍僞退，欲以誘賊與戰"。亮具出其前後手筆書疏本末，平違錯章灼。平辭窮情竭，首謝罪負。於是亮表平曰："自先帝崩後，平所在治家，尚爲小惠，安身求名，無憂國之事。臣當北出，欲得平兵以鎮漢中，平窮難縱橫，無有來意，而求以五郡爲巴州刺史。[3]去年臣欲西征，欲令平主督漢中，平説司馬懿等開府辟召。臣知平鄙情，欲因行之際偪臣取利也，是以表平子豐督主江州，隆崇其遇，以取一時之務。平至之日，都委諸事，羣臣上下皆怪臣待平之厚也。正以大事未定，漢室傾危，伐平之短，莫若褒之。然謂平情在於榮利而已，不意平心顛倒乃爾。若事稽留，將致禍敗，是臣不敏，言多增咎。"〔一〕乃廢平爲民，徙梓潼郡。〔二〕[4]十二年，平聞亮卒，發病死。平常冀亮當自補復，策後人不能，故以激憤也。〔三〕豐官至朱提太守。〔四〕[5]

〔一〕亮公文上尚書曰："平爲大臣，受恩過量，不思忠報，橫造無端，危恥不辨，[6]迷罔上下，論獄棄科，[7]導人爲姦，（狹情）〔情狹〕志狂，[8]若無天地。自度姦露，嫌心遂生，聞軍臨至，西嚮託疾還沮、漳，[9]軍臨至沮，復還江陽，[10]平參軍狐忠勤諫乃止。[11]今篡賊未滅，社稷多難，國事惟和，可以克捷，不可苞含，以危大業。輒與行中軍師車騎將軍都鄉侯臣劉琰、[12]使持節前軍師征西大將軍領涼州刺史南鄭侯臣魏延、[13]前將軍都亭侯臣袁綝、[14]左將軍領荊州刺史高陽鄉侯臣吳壹、督前部右將軍玄鄉侯臣高翔、督後部後將軍安樂亭侯臣吳班、領長史綏軍將軍臣楊儀、[15]督左部行中監軍揚武將軍臣鄧芝、[16]行前監軍征南將軍臣劉巴、[17]行中護軍偏將軍臣費禕、[18]行前護軍偏將軍漢成亭侯臣許允、[19]行左護軍篤信中郎將臣丁咸、[20]行右護軍偏將軍臣劉敏、[21]行護軍征（南）〔西〕將軍當陽亭侯臣姜維、[22]行中典軍討虜將軍臣上官雝、[23]行中參軍昭武中郎將臣胡濟、[24]行參軍建義將軍臣閻晏、[25]行參軍偏將軍臣爨習、行參軍裨將軍臣杜義、行參軍武略中郎將臣杜祺、[26]行參軍綏戎都尉臣盛勃、[27]領從事中郎武略中郎將臣樊岐等議，[28]輒解平任，免官祿、節傳、印綬、符策，[29]削其爵土。"[30]

〔二〕諸葛亮又與平子豐教曰："吾與君父子戮力以獎漢室，此神明所聞，非但人知之也。表都護典漢中，[31]委君於東關者，[32]不與人議也。謂至心感動，終始可保，何圖中乖乎！昔楚卿屢絀，亦乃克復，思道則福，應自然之數也。願寬慰都護，勤追前闕。今雖解任，形業失故，奴婢賓客百數十人，君以中郎參軍居府，方之氣類，猶爲上家。若都護思負一意，[33]君與公琰推心從事者，[34]否可復通，逝可復還也。詳思斯戒，明吾用心，臨書長歎，涕泣而已。"

〔三〕習鑿齒曰：昔管仲奪伯氏駢邑三百，[35]沒齒而無怨言，聖人以爲難。諸葛亮之使廖立垂泣，李平致死，豈徒無怨言而已哉！[36]夫水至平而邪者取法，鏡至明而醜者無怒，[37]水鏡之所以能窮物而無怨者，以其無私也。水鏡無私，猶以免謗，況大人君子懷樂生之心，流矜恕之德，法行於不可不用，刑加乎自犯之罪，爵之而非私，誅之而不怒，天下有不服者乎！諸葛亮於是可謂能用刑矣，自秦、漢以來未之有也。[38]

〔四〕蘇林《漢書音義》曰：[39]朱音銖；提音如北方人名匕

曰提也。

［1］祁山：山名。在今甘肅禮縣東。

［2］參軍：官名。將軍府之重要僚屬。　狐忠：即馬忠。見本書卷四三《馬忠傳》。

［3］巴州：當時並無巴州，係李平欲立之而爲刺史。

［4］梓潼郡：治所梓潼縣，在今四川梓潼縣。

［5］朱（shū）提（shí）：郡名。建安十九年（214）劉備改犍爲屬國置，治所朱提縣，在今雲南昭通市。

［6］辦：殿本、盧弼《集解》本、校點本作"辦"，百衲本作"辨"，郝經《續後漢書·李嚴傳》亦作"辨"。今從百衲本。

［7］科：律條。

［8］情狹：百衲本、殿本作"狹情"，盧弼《集解》本作"挾情"，校點本從何焯說作"情狹"。今從校點本。

［9］沮漳：盧弼《集解》云："沮、漳疑誤，下文'沮'字同。此時沮、漳皆爲吳地，李平安能還至沮、漳也。"按，當時有沮縣，治所在今陝西略陽縣東，非吳地；而漳，當時祇有漳鄉，在今湖北當陽市北。乃孫吳控制之地，且二地相隔甚遠，李平何能還之？疑"漳"字衍。

［10］江陽：盧弼《集解》云："疑作'江州'。"

［11］勸：盧弼《集解》云："疑作'勸'。"趙幼文《校箋》謂郝經《續後漢書》《季漢書》俱作"勸"。

［12］中軍師：官名。建安中曹操置，爲丞相府重要僚屬，位在前、左、右軍師之上。參軍國大事，並典刑獄。蜀漢亦置中、前、後軍師，典掌軍政，兼負監軍之任，位在監軍之上。　車騎將軍：官名。東漢時位比三公，常以貴戚充任。出掌征伐，入參朝政，漢靈帝時常作贈官。三國沿置，位次驃騎將軍，在諸名號大將軍上。

［13］使持節：漢末三國，皇帝授予出征或出鎮的軍事長官的

一種權力。至晉代，此種權力明確爲可誅殺二千石以下官員。若皇帝派遣大臣出巡或參加祭吊等事務時，加使持節，則表示權力與尊崇。　征西大將軍：官名。東漢和帝時置征西將軍，地位不高，與雜號將軍同。獻帝劉協建安中曹操執政時，列爲四征將軍之一，地位提高，秩二千石。資深者爲大將軍。　涼州：漢靈帝中平後迄於建安末，刺史治所冀縣，在今甘肅甘谷縣東；曹魏時，刺史治所姑臧，在今甘肅武威市。按，當時涼州大部爲魏地，蜀漢僅有武都、陰平二郡，此乃遙領。下之"荆州"亦同。

［14］都亭侯：爵名。位在鄉侯下，食禄於都亭。都亭，城郭附近之亭。

［15］長史：官名。此指丞相長史。丞相府僚屬之長，協助丞相署理相府諸曹，監領府事。　綏軍將軍：官名。蜀漢置。

［16］中監軍：官名。蜀漢置。統兵，位在前、後、右護軍之上。地位頗重。　揚武將軍：官名。東漢光武帝建武初置，漢末曹操亦置。主統兵出征。蜀漢沿置。

［17］前監軍：官名。蜀漢置，統兵。　征南將軍：官名。建安中置，爲四征將軍之一，秩二千石。　劉巴：潘眉《考證》云："此又一劉巴，非劉子初也。子初未爲征南將軍，且卒於章武二年，此表在建興九年，相去已十餘年。"

［18］中護軍：官名。東漢置，掌軍中參謀，協調諸部。蜀漢沿置。　偏將軍：官名。雜號將軍中地位較低者。

［19］前護軍：官名。蜀漢置。

［20］左護軍：官名。建安中曹操、孫權皆置，統軍。蜀漢、孫吳亦置。　篤信中郎將：官名。蜀漢置。職掌不詳。

［21］右護軍：官名。建安中孫權置。典領辭訟。蜀漢、孫吳亦置。

［22］征西將軍：各本皆作"征南將軍"。錢大昕云："'征南'當作'征西'。"（《廿二史考異》卷一六）按，本書卷六五《姜維傳》亦作"征西將軍"，今據改。

［23］中典軍：官名。蜀漢、孫吳皆置。統軍。 討虜將軍：官名。建安初置，爲雜號將軍。

［24］中參軍：官名。蜀漢置。 昭武中郎將：官名。蜀漢、孫吳皆置，職掌不盡同。

［25］建義將軍：官名。東漢置，爲雜號將軍。

［26］武略中郎將：官名。蜀漢置。

［27］綏戎都尉：官名。蜀漢置。

［28］從事中郎：官名。東漢三公府及將軍府均置，秩六百石，職參謀議，位在長史、司馬下。

［29］節傳（zhuàn）：符信。節爲權力的信物。傳亦類似之。 符策：符節與策書。符節是朝廷用以傳達命令、調兵遣將的憑證。策書是朝廷任命軍政官員的文書。

［30］削其爵土：胡三省云："平蓋嘗封侯也。"（《通鑑》卷七二魏明帝太和五年注）

［31］都護：即中都護。指李平。

［32］東關：胡三省云："東關謂江州。"（《通鑑》卷七二魏明帝太和五年注）

［33］思負一意：胡三省云："思負，謂思其罪負也。一意，謂一意於爲國無復詭變以自營也。"（《通鑑》卷七二魏明帝太和五年注）

［34］公琰：蔣琬字公琰。

［35］管仲：春秋時齊國人，爲齊桓公相。 伯氏：春秋時齊國大夫。 駢邑：地名。在今山東臨朐縣柳山寨。 三百：謂三百户。《論語·憲問》：孔子謂管仲"奪伯氏駢邑三百，飯疏食，没齒無怨言"。

［36］怨言：殿本無"怨"字，百衲本、盧弼《集解》本、校點本有。今從百衲本等。

［37］無怒：殿本、盧弼《集解》本作"亡怒"，百衲本、校點本作"無怒"。今從百衲本等。

[38] 以來：百衲本"以"字作"已"，殿本、盧弼《集解》本、校點本作"以"。按，二字通，今從殿本等。又按，下文《劉琰傳》"自先帝以來"之"以來"同此。

　　[39] 蘇林：見本書卷二一《劉劭傳》與裴松之注引《魏略》。漢書音義：《隋書》與《舊唐書》之《經籍志》、《新唐書·藝文志》皆未著錄。顏師古《漢書敘例》有云："蘇、晉衆家，剖斷蓋鮮。"蓋顏師古尚見其書。

　　劉琰字威碩，魯國人也。[1]先主在豫州，[2]辟爲從事，以其宗姓，有風流，善談論，厚親待之，遂隨從周旋，常爲賓客。先主定益州，以琰爲固陵太守。[3]後主立，封都鄉侯，班位每亞李嚴，爲衛尉、中軍師、後將軍，[4]遷車騎將軍，然不豫國政，但領兵千餘，隨丞相亮諷議而已。車服飲食，號爲侈靡，侍婢數十，皆能爲聲樂，又悉教誦讀《魯靈光殿賦》。[5]建興十年，與前軍師魏延不和，言語虛誕，亮責讓之。琰與亮牋謝曰："琰稟性空虛，本薄操行，加有酒荒之病，自先帝以來，紛紜之論，殆將傾覆。頗蒙明公本其一心在國，原其身中穢垢，扶持全濟，致其祿位，以至今日。閒者迷醉，言有違錯，慈恩含忍，不致之于理，使得全完，保育性命。雖必克己責躬，改過投死，以誓神靈；無所用命，則靡寄顏。"於是亮遣琰還成都，官位如故。

　　琰失志慌惚。十二年正月，琰妻胡氏入賀太后，太后令特留胡氏，經月乃出。胡氏有美色，琰疑其與後主有私，呼（卒）五百撾胡，[6]至於以履搏面，而後棄遣。胡具以告（言琰），[7]琰坐下獄。有司議曰："卒非摑妻之人，面非受履之地。"琰竟棄市。自是大臣妻母朝慶遂絕。

［1］魯國：王國名。治所魯縣，在今山東曲阜市東古城。

［2］豫州：東漢末刺史治所譙縣，在今安徽亳州市。

［3］固陵：郡名。東漢末興平元年（194）劉璋分巴郡置，建安六年（201）改名巴東郡，建安二十一年劉備又復名固陵郡，章武元年（221）又改名巴東郡（俱見《華陽國志·巴志》），治所皆在魚復縣（章武元年改名永安縣），在今重慶奉節縣東白帝城。

［4］衛尉：官名。漢諸卿之一，秩中二千石，掌宮門警衛。

［5］魯靈光殿賦：漢代名賦之一，王延壽（字文考）撰。《昭明文選》卷一一有載。

［6］五百：各本皆作"卒五百"。潘眉《考證》謂"卒"字衍。"五百"即"伍伯"，亦即卒也。傳言"呼卒五百"，既云"卒"，又云"五百"，於文爲復。校點本即從潘說刪"卒"字，今從之。

［7］胡具以告：各本皆作"胡具以告言琰"。盧弼《集解》謂疑作"胡具以琰言告"，郝經《續後漢書》無"言琰"二字。趙幼文《校箋》謂蕭常《續後漢書》亦無"言琰"二字，《太平御覽》卷六九七引作"胡具以言告"，疑是。今據郝、蕭書改。

魏延字文長，義陽人也。[1]以部曲隨先主入蜀，[2]數有戰功，遷牙門將軍。[3]先主爲漢中王，還治成都，[4]當得重將以鎮漢川，衆論以爲必在張飛，飛亦以心自許。先主乃拔延爲督漢中鎮遠將軍，[5]領漢中太守，一軍盡驚。先主大會群臣，問延曰："今委卿以重任，卿居之欲云何？"延對曰："若曹操舉天下而來，請爲大王拒之；偏將十萬之衆至，請爲大王吞之。"先主稱善，衆咸壯其言。先主踐尊號，進拜鎮北將軍。[6]建興元年，封都亭侯。五年，諸葛亮駐漢中，更以延爲督前部，領丞相司馬、涼州刺史，[7]八年，使延西入羌中，魏後將軍費瑤、雍州刺史郭淮與延戰于陽谿，[8]延大破淮等，遷爲前軍師、征西大將軍，假節，進封南鄭侯。

延每隨亮出，輒欲請兵萬人，與亮異道會于潼關，[9]如韓信故事，[10]亮制而不許。延常謂亮爲怯，歎恨己才用之不盡。[一]延既善養士卒，勇猛過人，又性矜高，當時皆避下之。唯楊儀不假借延，延以爲至忿，有如水火。十二年，亮出北谷口，[11]延爲前鋒。去亮營十里，[12]延夢頭上生角，以問占夢趙直，直詐延曰："夫麒麟有角而不用，[13]此不戰而賊欲自破之象也。"[14]退而告人曰："角之爲字，刀下用也；頭上用刀，其凶甚矣。"

〔一〕《魏略》曰：夏侯楙爲安西將軍，[15]鎮長安。亮於南鄭與羣下計議，延曰："聞夏侯楙（少），[16]主壻也，[17]怯而無謀。今假延精兵五千，負糧五千，直從褒中出，[18]循秦嶺而東，[19]當子午而北，[20]不過十日可到長安。楙聞延奄至，必乘船逃走。[21]長安中惟有御史、京兆太守耳，[22]橫門邸閣與散民之穀足周食也。[23]比東方相合聚，尚二十許日，而公從斜谷來，必足以達。如此，則一舉而咸陽以西可定矣。"[24]亮以爲此縣危，不如安從坦道，可以平取隴右，[25]十全必克而無虞，故不用延計。

［1］義陽：郡名。治所安昌縣，在今湖北棗陽市東南。

［2］部曲：趙幼文《校箋》謂《太平御覽》卷二一〇引"曲"下有"將"字，蕭常《續後漢書》同。按，部曲本爲漢代軍隊的編制。《續漢書·百官志》云："大將軍營五部，部校尉一人，部下有曲。"因稱軍隊爲部曲。魏、晋以後，又稱私人武裝爲部曲。

［3］牙門將軍：官名。劉備置。爲雜號將軍。

［4］還：百衲本、殿本、校點本作"遷"，盧弼《集解》本作"還"。殿本《考證》云："'遷'疑當作'還'。"按，本書《先主傳》亦謂劉備於沔陽爲漢中王，事後"還治成都"。今從《集解》本。

［5］鎮遠將軍：官名。新莽始置，因事而設，事訖即罷。建安末劉備又置，權任頗重。

［6］鎮北將軍：官名。東漢末建安中置，多領兵出鎮方面。

［7］丞相司馬：官名。丞相府之僚屬，掌參贊軍務，地位頗高。

［8］後將軍：官名。東漢時位如上卿，與前、左、右將軍掌京師兵衛與邊防屯警。魏晋亦置，第三品。權位漸低，略高於一般雜號將軍，不典禁兵，不與朝政，僅領兵征戰。　雍州：曹魏時刺史治所長安，在今陝西西安市西北。　陽谿：地名。當在今甘肅武山縣西南一帶。（見劉琳《華陽國志校注》）

［9］潼關：關隘名。在今陝西潼關縣東北黃河南岸潼關。

［10］韓信：楚漢相争時劉邦之大將。劉邦拜韓信爲大將後，韓信即獨自領兵爲戰，最後與劉邦會合，滅楚王項羽。（見《史記》卷九二《淮陰侯列傳》）

［11］北谷口：指斜谷口，即褒斜道之北口，在今陝西眉縣西南。

［12］去：殿本、盧弼《集解》本、校點本作"出"，百衲本作"去"，蕭常《續後漢書》、宋本《册府元龜》卷八九二引亦作"去"。今從百衲本。

[13] 麒麟：趙幼文《校箋》謂《太平御覽》卷六六四引無"麒"字。按，《太平御覽》卷四〇〇引又有"麒"字，宋本《册府元龜》八九二引亦有"麒"字。

[14] 賊欲：趙幼文《校箋》謂《太平御覽》卷四〇〇、《册府元龜》八九二引俱無"欲"字。按，有"欲"亦通。《助字辨略》卷五："欲，將也。"

[15] 安西將軍：官名。曹魏置，第三品。

[16] 夏侯楙：各本"夏侯楙"下皆有"少"字。吴金華《校詁》謂"少"字可疑。據本書卷九《夏侯惇傳》注引《魏略》載："文帝少與楙親。"則楙之年歲當與文帝相若。文帝生於漢靈帝中平四年（187），循此推之，至魏明帝太和二年（228）魏延建議之時，楙亦在四十二歲左右，不得以年少者目之。《通鑑》卷七一引魏延語無"少"字，可據删。趙幼文《校箋》亦云："楙爲曹操之婿，不得云少主婿也。當從《通鑑》去'少'字。"今從吴、趙説删"少"字。吴金華《〈三國志校詁〉及〈外編〉訂補》又謂唐趙蕤《長短經》引作"先主婿也"，則可能"少"是"先"的訛文。

[17] 主壻：本書卷九《夏侯惇傳》云："太祖以女妻楙，即清河公主也。"

[18] 五千：趙幼文《校箋》謂《册府元龜》卷四〇二引"千"下有"斛"字。　褒中：縣名。東漢時治所在今陝西漢中市西北褒城東，曹魏時移治所於今漢中市西北大鐘寺。

[19] 秦嶺：即今秦嶺山脈。

[20] 子午：即子午谷。秦嶺山中的一條谷道，爲古代關中與巴蜀的交通要道之一。北口在今陝西西安市南一百里，南口在陝西洋縣東一百六十里，全長六百六十里。此爲漢魏舊道。南朝梁將軍王念神以舊道艱險，另開南段乾路，出今洋縣東三十里龍亭。因北方稱"子"，南方稱"午"，故稱"子午谷"。（本《元和郡縣志》與《長安志》）

[21] 乘船：《通鑑》卷七一魏明帝太和二年作"棄城"。

［22］御史：官名。此指督軍御史。即侍御史之臨時奉命督軍者。　京兆：郡名。曹魏改京兆尹置，治所長安。

［23］橫門：百衲本作"黃門"，殿本、盧弼《集解》本、校點本作"橫門"，《通鑑》亦作"橫門"。今從殿本等。橫門，漢長安城北面最靠西之門。本書卷六《董卓傳》注引趙一清《注補》云："《三輔黃圖》長安北出西頭第一門曰橫門。即光門也。"　邸閣：官府儲糧食物資的倉庫。

［24］咸陽：此指秦咸陽縣，在今陝西咸陽市東北聶家溝一帶。

［25］隴右：地區名。指隴山以西之地。約當今甘肅隴山、六盤山以西和黃河以東一帶。

　　秋，亮病困，[1]密與長史楊儀、司馬費禕、護軍姜維等作身歿之後退軍節度，令延斷後，姜維次之；若延或不從命，軍便自發。亮適卒，秘不發喪，儀令禕往揣延意指。延曰："丞相雖亡，吾自見在。府親官屬便可將喪還葬，[2]吾自當率諸軍擊賊，云何以一人死廢天下之事邪？且魏延何人，當為楊儀所部勒，作斷後將乎！"因與禕共作行留部分，令禕手書與己連名，告下諸將。禕紿延曰："當為君還解楊長史，長史文吏，稀更軍事，必不違命也。"禕出門，馳馬而去，延尋悔，追之已不及矣。延遣人覘儀等，遂使欲案亮成規，[3]諸營相次引軍還。延大怒，（纔）〔攙〕儀未發，[4]率所領徑先南歸，所過燒絕閣道。[5]延、儀各相表叛逆，一日之中，羽檄交至。[6]後主以問侍中董允、留府長史蔣琬，[7]琬、允咸保儀疑延。儀等槎山通道，[8]晝夜兼行，亦繼延後。延先至，據南谷口，[9]遣兵逆擊儀等，儀等令何平在前禦延。[10]平叱延先登曰：

"公亡,身尚未寒,汝輩何敢乃爾!"延士衆知曲在延,莫爲用命,軍皆散。延獨與其子數人逃亡,奔漢中。儀遣馬岱追斬之,致首於儀,儀起自踏之,曰:"庸奴!復能作惡不?"遂夷延三族。初,蔣琬率宿衛諸營赴難北行,行數十里,延死問至,[11]乃旋。原延意不北降魏而南還者,但欲除殺儀等。平日諸將素不同,冀時論必當以代亮。本指如此。不便背叛。〔一〕

〔一〕《魏略》曰:諸葛亮病,謂延等云:"我之死後,但謹自守,慎勿復來也。"令延攝行己事,密持喪去。延遂匿之,行至褒口,乃發喪。亮長史楊儀宿與延不和,見延攝行軍事,懼爲所害,乃張言延欲舉衆北附,[12]遂率其衆攻延。延本無此心,不戰軍走,追而殺之。臣松之以爲此蓋敵國傳聞之言,不得與本傳爭審。

[1] 困:殿本、盧弼《集解》本作"因",百衲本、校點本作"困"。今從百衲本等。

[2] 府親官屬:胡三省云:"府親官屬,謂長史以下也。"(《通鑑》卷七二魏明帝青龍二年注)

[3] 遂使:趙幼文《校箋》謂蕭常《續後漢書》"遂使"二字作"皆"。

[4] 攙:各本皆作"纔"。《通鑑》卷七二魏明帝青龍二年作"攙"。胡三省注云:"自後爭前曰攙。今人猶言攙先。"校點本即從《通鑑》改。今從之。

[5] 閣道:又稱"棧道"。即在險絕之地傍山架木而成的道路。

[6] 羽檄:軍事文書。古代在軍事文書上插上鳥羽,表示緊

急，傳送中飛速而行。

[7] 留府長史：官名。指丞相府留府長史。丞相出征時，置行軍長史，掌軍旅行伍；又置留府長史，掌留守事。位皆尊崇。

[8] 槎（zhà）山：謂劈山開路。《說文·木部》"槎，衺（邪）斫也。"因閣道已被魏延燒絕，故需劈山開路。

[9] 南谷口：指褒谷口，亦即褒斜道之南口，在今陝西漢中市西北褒城。

[10] 何平：即王平。見本書卷四三《王平傳》。

[11] 問：音訊。《左傳·莊公八年》："期戍，公問不至。"楊伯峻注："問，音訊也。"

[12] 舉衆：殿本、盧弼《集解》本作"與衆"，百衲本、校點本作"舉衆"。今從百衲本等。

　　楊儀字威公，襄陽人也。[1]建安中，爲荆州刺史傅羣主簿，[2]背羣而詣襄陽太守關羽。[3]羽命爲功曹，[4]遣奉使西詣先主。先主與語論軍國計策，政治得失，大悦之，因辟爲左將軍兵曹掾。[5]及先主爲漢中王，拔儀爲尚書。[6]先主稱尊號，東征吳，儀與尚書令劉巴不睦，左遷遥署弘農太守。[7]建興三年，丞相亮以爲參軍，署府事，將南行。五年，隨亮漢中。八年，遷長史，加綏軍將軍。亮數出軍，儀常規畫分部，籌度糧穀，不稽思慮，斯須便了。[8]軍戎節度，取辦於儀。亮深惜儀之才幹，憑魏延之驍勇，[9]常恨二人之不平，不忍有所偏廢也。十二年，隨亮出屯谷口。亮卒于敵場。儀既領軍還，又誅討延，自以爲功勳至大，宜當代亮秉政，呼都尉趙正以《周易》筮之，[10]卦得《家人》，[11]默然不悦。而亮平生密指，以儀性狷狹，意在蔣琬，琬遂爲尚書令、益州刺史。儀至，拜爲中軍師，無所統領，從容而已。

初，儀爲先主尚書，琬爲尚書郎，[12]後雖俱爲丞相參軍長史，儀每從行，當其勞劇，自惟年宦先琬，[13]才能踰之，於是怨憤形于聲色，歎咤之音發於五內。[14]時人畏其言語不節，莫敢從也，惟後軍師費禕往慰省之。[15]儀對禕恨望，前後云云，又語禕曰："往者丞相亡沒之際，吾若舉軍以就魏氏，處世寧當落度如此邪！[16]令人追悔不可復及。"禕密表其言。十三年，廢儀爲民，徙漢嘉郡。[17]儀至徙所，復上書誹謗，辭指激切，遂下郡收儀。儀自殺，其妻子還蜀。〔一〕

〔一〕《楚國先賢傳》云：儀兄慮，字威方。少有德行，爲江南冠冕。州郡禮召，諸公辟請，皆不能屈。年十七，夭，鄉人宗貴，[18]號曰"德行楊君"。

[1] 襄陽：郡名。治所襄陽縣，在今湖北襄陽市。
[2] 傅羣：錢大昕云："此荊州刺史傅群，蓋曹公所授。"（《廿二史考異》卷一六） 主簿：官名。州府屬官，職責是典領文書，辦理事務。
[3] 襄陽太守：關羽爲襄陽太守乃遥領，時關羽駐江陵縣，在今湖北荊州市江陵縣。
[4] 功曹：官名。漢代郡太守下設功曹史，簡稱功曹，爲郡太守之佐吏，除分掌人事外，並得參與一郡之政務。
[5] 左將軍兵曹掾：官名。左將軍府之屬官，主兵事器械。
[6] 尚書：官名。東漢有六曹尚書，即三公曹、民曹、客曹、二千石曹、吏曹、中都官曹等，秩皆六百石，皆稱尚書，不加曹

號。(本《晋書·職官志》)蜀漢沿置。

[7]弘農：郡名。治所弘農縣，在今河南靈寶市東北。

[8]斯須：須臾，片刻。《禮記·祭儀》："禮樂不可斯須去身。"鄭玄注："斯須，猶須臾也。"

[9]憑：趙幼文《校箋》謂蕭常《續後漢書》無"憑"字。

[10]都尉：官名。略低於校尉的帶兵武官。

[11]家人：《易》卦名。卦象爲離下巽上。卦辭云："家人，利女貞。"《序卦傳》云："傷於外者，必返其家，故受之以家人。"

[12]尚書郎：官名。東漢之制，取孝廉之有才能者入尚書臺，初入臺稱守尚書郎中，滿一年稱尚書郎，三年稱侍郎，統稱尚書郎，秩四百石。凡置三十六員，分隸六曹尚書治事，主要掌文書起草。

[13]自惟：百衲本、殿本作"自爲"，盧弼《集解》本、校點本作"自惟"。今從《集解》本等。 年宦：殿本、盧弼《集解》本作"年官"，百衲本、校點本作"年宦"。今從百衲本等。

[14]五內：五臟之内。指内心深處。

[15]惟：殿本作"爲"，百衲本、盧弼《集解》本、校點本作"惟"。今從百衲本等。

[16]落度（duó）：亦作"落拓""落托"，冷落，寂寞之義。(參周一良《三國志札記》)

[17]漢嘉郡：治所陽嘉縣，在今四川蘆山縣蘆陽鎮。

[18]宗貴：盧弼《集解》本、校點本無此二字，百衲本、殿本有。今從百衲本等。宗貴，即尊貴。《詩·大雅·公劉》："食之飲之，君之宗之。"鄭玄箋："宗，尊也。"

評曰：劉封處嫌疑之地，而思防不足以自衛。彭羕、廖立以才拔進，李嚴以幹局達，魏延以勇略任，楊儀以當官顯，劉琰舊仕，並咸貴重。覽其舉措，迹其規矩，招禍取咎，無不自己也。

三國志 卷四一

蜀書十一

霍王向張楊費傳第十一

霍峻字仲邈，南郡枝江人也。[1]兄篤，於鄉里合部曲數百人。[2]篤卒，荊州牧劉表令峻攝其衆。[3]表卒，峻率衆歸先主，先主以峻爲中郎將。[4]先主自葭萌南還襲劉璋，[5]留峻守葭萌城。張魯遣將楊帛誘峻，求共守城，峻曰：“小人頭可得，城不可得。”帛乃退去。後璋將扶禁、向存等帥萬餘人由閬水上，[6]攻圍峻，且一年，不能下。峻城中兵纔數百人，伺其怠隙，選精銳出擊，大破之，即斬存首。先主定蜀，嘉峻之功，乃分廣漢爲梓潼郡，[7]以峻爲梓潼太守、裨將軍。[8]在官三年，年四十卒，還葬成都。[9]先主甚悼惜，乃詔諸葛亮曰：“峻既佳士，加有功於國，欲行酹。”[10]遂親率羣僚臨會弔祭，因留宿墓上，當時榮之。

子弋，字紹先，先主末年爲太子舍人。[11]後主踐阼，除謁者。[12]丞相諸葛亮北駐漢中，[13]請爲記室，[14]

使與子喬共周旋游處。亮卒，爲黄門侍郎。[15]後主立太子璿，以弋爲中庶子。[16]璿好騎射，出入無度，弋援引古義，盡言規諫，甚得切磋之體。後爲參軍、庲降屯副貳都督，[17]又轉護軍，[18]統事如前。時永昌郡夷獠恃險不賓，[19]數爲寇害，乃以弋領永昌太守，率偏軍討之，遂斬其豪帥，破壞邑落，郡界寧静。遷監軍、翊軍將軍，[20]領建寧太守，[21]還統（南）〔兩〕郡事。[22]景耀六年，[23]進號安南將軍。[24]是歲，蜀并于魏。弋與巴東領軍襄陽羅憲各保全一方，[25]舉以内附，咸因仍前任，寵待有加。〔一〕

〔一〕《漢晉春秋》曰：霍弋聞魏軍來，弋欲赴成都，後主以備敵既定，不聽。及成都不守，弋素服號哭，大臨三日。[26]諸將咸勸宜速降，弋曰："今道路隔塞，未詳主之安危，大故去就，不可苟也。若主上與魏和，見遇以禮，則保境而降，不晚也。若萬一危辱，吾將以死拒之，何論遲速邪！"得後主東遷之問，[27]始率六郡將守上表曰：[28]"臣聞'人生於三，事之如一'。[29]惟難所在，則致其命。今臣國敗主附，守死無所，是以委質，不敢有貳。"[30]晉文王善之，[31]又拜南中都督，[32]委以本任。後遣將兵救援呂興，[33]平交阯、日南、九真三郡，[34]功封列侯，進號崇賞焉。弋孫彪，晉越嶲太守。[35]

《襄陽記》曰：羅憲字令則。[36]父蒙，避亂於蜀，官至廣漢太守。憲少以才學知名，年十三能屬文。後主立太子，爲太子舍人，遷庶子、尚書吏部郎，[37]以宣信校尉再使於吳，[38]吳人稱美焉。[39]時黄皓預政，衆多附之，憲獨不與同，[40]皓恚，左遷巴東太守。時右大將軍閻宇都督巴東，爲領軍，[41]後主拜憲爲宇副貳。魏之伐蜀，召宇西還，留宇二千人，令憲守永安城。尋聞成都敗，城中擾動，江邊長吏皆棄城走，[42]憲斬稱成都亂者一人，百姓乃定。得後主委質問至，乃帥所統臨于都亭三日。[43]吳聞蜀敗，起兵西上，外託救援，內欲襲憲。憲曰："本朝傾覆，吳爲脣齒，不恤我難而徼其利，背盟違約。且漢已亡，吳何得久，寧能爲吳降虜乎！"保城繕甲，告誓將士，厲以節義，莫不用命。吳聞鍾、鄧敗，[44]百城無主，有兼蜀之志，而巴東固守，兵不得過，使步協率衆而西。憲臨江拒射，不能禦，遣參軍楊宗突圍北出，告急安東將軍陳騫，[45]又送文武印綬、任子詣晉王。[46]協攻城，憲出與戰，大破其軍。孫休怒，復遣陸抗等帥衆三萬人增憲之圍。被攻凡六月日而救援不到，[47]城中疾病大半。或說憲奔走之計，憲曰："夫爲人主，百姓所仰，危不能安，急而棄之，君子不爲也，畢命於此矣。"陳騫言於晉王，遣荊州刺史胡烈救憲，[48]抗等引退。晉王即委前任，拜憲凌江將軍，[49]封萬年亭侯。[50]會武陵四縣舉衆叛吳，[51]以憲爲武陵太守、巴東監軍。泰始元年改封西鄂縣侯。[52]憲遣妻子居洛陽，[53]武帝以子襲爲給事中。[54]三年冬，入朝，進位冠軍將軍、假節。[55]四年三月，從帝宴于華林園，詔問蜀大臣子弟，後問先輩宜時敘用者，憲薦蜀郡常忌、杜軫、壽良、巴西陳壽、南郡高軌、南陽呂雅、許國、江夏費恭、琅邪諸葛京、汝南陳裕，[56]即皆敘用，咸顯於世。憲還，襲取吳之巫城，[57]因上伐吳之策。憲方亮嚴正，待士不倦，輕財好施，不治產業。六年薨，贈安南將軍，諡曰烈侯。子襲，以凌江將軍領部曲，[58]早卒，追贈廣漢太守。襲子徹，順陽內史，[59]永嘉五年爲王如所殺。[60]此作"獻"，[61]名與本傳不同，未詳孰是也。

[1] 南郡：治所江陵縣，在今湖北荊州市江陵縣。　枝江：縣名。治所在今湖北枝江縣東北。

[2] 部曲：殿本作"郡曲"，百衲本、盧弼《集解》本、校點本作"部曲"。今從百衲本等。部曲，此指私家武裝隊伍。

[3] 荆州：劉表爲州牧，治所襄陽，在今湖北襄陽市襄州區。

[4] 中郎將：官名。東漢統兵將領之一，位次將軍，秩比二千石。

[5] 葭萌：縣名。治所在今四川廣元市西南。

[6] 閬水：即今嘉陵江中游四川閬中河段。

[7] 廣漢：郡名。治所雒縣，在今四川廣漢市北。錢大昭《辨疑》云："分郡在建安二十二年。" 梓潼郡：治所梓潼縣，在今四川梓潼縣。

[8] 裨將軍：官名。漢雜號將軍之低級者。

[9] 成都：縣名。治所在今四川成都市舊東、西城區。

[10] 行酹：舉行祭奠。

[11] 太子舍人：官名。東漢時秩二百石，輪流宿衛如三署郎中，無定員。隸太子少傅。太子闕位則隸少府。三國沿置。

[12] 謁者：官名。秩比六百石，掌賓禮司儀、上章報問、奉命出使等。

[13] 漢中：郡名。治所南鄭縣，在今陝西漢中市東。

[14] 記室：官名。漢代公府置記室令史，簡稱記室。主管文書表報。

[15] 黃門侍郎：官名。即給事黃門侍郎，東漢時秩六百石。掌侍從左右，給事禁中，關通中外。初無員數，漢獻帝定爲六員，與侍中出入禁中，近侍帷幄，省尚書奏事。三國沿置，曹魏定爲五品。

[16] 中庶子：官名。即太子中庶子，爲太子侍從，東漢時秩六百石，置五員，職如侍中，屬太子少傅。

[17] 參軍：官名。三國時期，諸開府將軍府置參軍事官，掌參謀軍務。 庲降屯副貳都督：即庲降都督之副。漢獻帝建安十九年（214）劉備定益州後，置庲降都督爲南中諸郡之最高軍政長官。初治南昌縣（今雲南鎮雄縣境），後移治平夷縣（今貴州畢節市境），又移治味縣（今雲南曲靖市西）。此外，錢劍夫《〈三國志〉標點本商榷》謂本書卷四六《李恢傳》裴松之注所言庲降都督一

條，應移於此。

［18］護軍：官名。此爲軍事要鎮長官。

［19］永昌郡：治所不韋縣，在今雲南保山市東北金鷄村。

［20］監軍：官名。此爲地方軍政長官。東漢末監軍或兼掌軍務，魏晉諸州或闕都督，則置監諸軍事，簡稱監軍，爲該地區軍政長官，位在都督諸軍事下，督諸軍事上，職掌略同。　翊軍將軍：百衲本無"翊軍"二字，殿本、盧弼《集解》本、校點本有，蕭常《續後漢書》亦有。今從殿本等。翊軍將軍，官名。建安中劉備置，統兵。

［21］建寧：郡名。治所即味縣。

［22］兩郡：各本皆作"南郡"，蕭常《續後漢書》作"兩郡"。蕭書《音義》云："陳壽作'南郡'，南郡屬吳，無還統之理，時弋領永昌，復領建寧，故曰兩郡。"（參盧弼《集解補》）按，蕭説有理。蓋宋以前傳抄之誤，今從蕭書改"南"爲"兩"。

［23］景耀：蜀漢後主劉禪年號（258—263）。

［24］安南將軍：官名。漢獻帝建安初置，三國沿置，爲出鎮南方地區之軍事長官，或作爲刺史等地方官兼理軍務之加官。

［25］巴東：郡名。治所永安縣，在今重慶奉節縣東白帝城。　領軍：官名。漢獻帝建安中曹操置，統領禁衛軍，屬丞相府。此則統領外地軍。　襄陽：郡名。治所襄陽縣，在今湖北襄陽市。

［26］臨（lìn）：哭弔。

［27］問：音訊。

［28］六郡：胡三省云："南中七郡，而此言六郡者，蓋越嶲已降魏也。"（《通鑑》卷七八魏元帝咸熙元年注）

［29］人生於三：《國語·晉語一》謂曲沃武公殺晉哀侯後，欲拉攏晉大夫欒共子（即共叔成），欒共子辭曰："成聞之：'民生於三，事之如一。'父生之，師教之，君食之。非父不生，非食不長，非教不知生之族也。故壹事也。"韋昭注："三，君、父、師也。如一，服勤至死也。"

[30] 委質：臣服，歸附。 貳：殿本、盧弼《集解》本作"二"，百衲本、校點本作"貳"。今從百衲本等。

[31] 晉文王：即司馬昭。

[32] 南中都督：官名。南中地區之軍政長官。

[33] 呂興：吳交阯郡吏。當時呂興殺太守起事降魏。（見本書卷四八《三嗣主傳》孫休永安六年與卷四《三少帝紀》陳留王咸熙元年）

[34] 交阯：郡名。治所龍編縣，在今越南河內東天德江北岸。

日南：郡名。治所朱吾縣，在今越南廣平省美麗附近。 九真：郡名。治所胥浦縣，在今越南清化省清化西北東山縣陽舍村。

[35] 越巂：郡名。西晉時治所會無縣，在今四川會理縣。

[36] 羅憲：趙幼文《校箋》云："《御覽》卷三十七引《荊州先德傳》'憲'字作'獻'，卷三百五十七、卷四百一十七引《襄陽耆舊傳》亦俱作'獻'。"（按，《太平御覽》三百五十七引乃《漢晉春秋》）按，羅憲之"憲"在《華陽國志》中已出現差異，在卷一《巴志》敘巴東太守中有"領軍襄陽羅獻"之記載，在卷七《劉後主志》景耀元年又有"以襄陽羅憲爲領軍督永安事"的記載。又按，《晉書》卷五七、郝經《續後漢書》卷二一皆有《羅憲傳》，所敘事與此《襄陽記》同；《通鑑》卷七八《魏紀》咸熙元年亦敘及羅憲守永安城事，均作"羅憲"；又羅憲字令則，名與字相應，應以作"憲"爲是。

[37] 庶子：官名。此指太子庶子。東漢時隸太子少傅，秩四百石。值宿東宮，職比郎官，無員額。蜀漢沿置。 尚書吏部郎：官名。尚書吏部曹之長官，秩四百石，職位高於尚書諸曹。屬吏部尚書，主管官吏選任、銓敘、調動事務。

[38] 宣信校尉：官名。蜀漢、孫吳置。主要擔任出使任務。

[39] 稱美：殿本、盧弼《集解》本作"稱羨"，百衲本、校點本作"稱美"。今從百衲本等。

[40] 憲獨不與同：趙幼文《校箋》謂郝經《續後漢書》"同"

字作"交"。

[41] 右大將軍：官名。東漢初年曾置，旋罷。蜀漢後主景耀中復置，位次大將軍。 爲領軍：趙幼文《校箋》謂郝經《續後漢書》"爲領軍"在下文"後主拜憲"句下。按，當從郝書，《晋書・羅憲傳》即作"拜憲領軍，爲宇副貳"。

[42] 長吏：漢朝一般稱秩六百石以上的官吏爲長吏。魏晋沿用，多指縣令長和郡太守。此則指縣令長。

[43] 都亭：縣城邊之亭。

[44] 鍾鄧：指鍾會、鄧艾。

[45] 安東將軍：官名。爲出鎮地方之軍事長官，或爲州刺史兼理軍務之加官。魏、晋皆三品。

[46] 任子：爲取得對方信任而送的人質。

[47] 六月日：趙幼文《校箋》謂郝經《續後漢書》無"日"字。

[48] 荆州：魏末刺史治所新野縣，在今河南新野縣。

[49] 淩江將軍：官名。亦作"陵江將軍"。曹魏置，第五品。

[50] 亭侯：爵名。漢制，列侯大者食縣邑，小者食鄉、亭。東漢後期遂以食鄉、亭者稱爲鄉侯、亭侯。

[51] 武陵：郡名。治所臨沅縣，在今湖南常德市。

[52] 泰始：晋武帝司馬炎年號（265—274）。 西鄂縣：治所在今河南南陽市北。

[53] 洛陽：縣名。西晋京都，治所在今河南洛陽市東北白馬寺東。

[54] 給事中：官名。第五品。位在散騎常侍下，給事黃門侍郎上，或爲加官，或爲正官，無定員。

[55] 冠軍將軍：官名。魏、晋皆三品。西晋時領有營兵。 假節：漢末三國時期，皇帝賜予臣下之一種權力，至晋代，此種權力明確爲因軍事可殺犯軍令者。

[56] 蜀郡：治所即成都縣，在今四川成都市舊東、西城區。 巴西：郡名。治所閬中縣，在今四川閬中市。 南陽：殿本、盧

弼《集解》本作"高陽",百衲本、校點本作"南陽"。今從百衲本等。南陽郡治所宛縣,在今河南南陽市。　江夏:郡名。曹魏後期,治所安陸縣上昶城,在今湖北安陸市西南。　琅邪:郡名。治所開陽縣,在今山東臨沂市北。　汝南:郡名。治所平輿縣,在今河南平輿縣北。

[57] 巫城:即巫縣城。在今重慶巫山縣。

[58] 淩江將軍:殿本"淩"字作"陵",百衲本、盧弼《集解》本、校點本作"淩"。今從百衲本等。

[59] 順陽:王國名。西晉太康末改南鄉郡置順陽郡,又爲王國,治所南鄉縣,在今河南淅川縣。　内史:官名。西晉太康十年(289)改稱王國相爲内史,職仍如太守,掌民政。

[60] 永嘉:晉懷帝司馬熾年號(307—313)。

[61] 獻:盧弼《集解》引何焯曰:"觀裴注所云,知《襄陽記》本作'獻',今爲後人追改,注爲贅矣。"

　　王連字文儀,南陽人也。劉璋時入蜀,爲梓潼令。先主起事葭萌,進軍來南,連閉城不降,先主義之,不强偪也。及成都既平,以連爲什邡令,[1]轉在廣都,[2]所居有績。遷司鹽校尉,[3]較鹽鐵之利,利入甚多,有裨國用,於是簡取良才以爲官屬,[4]若吕乂、杜祺、劉幹等,終皆至大官,自連所拔也。遷蜀郡太守、興業將軍,[5]領鹽府如故。建興元年,[6]拜屯騎校尉,[7]領丞相長史,[8]封平陽亭侯。時南方諸郡不賓,諸葛亮將自征之,連諫以爲"此不毛之地,疫癘之鄉,不宜以一國之望,冒險而行"。亮慮諸將才不及己,意欲必往,而連言輒懇至,故停留者久之。會連卒。子山嗣,官至江陽太守。[9]

[1] 什邡：縣名。治所在今四川什邡縣南。

[2] 廣都：縣名。治所在今四川雙流縣東南中興鎮。

[3] 司鹽校尉：官名。蜀漢置。主鹽政，兼理鹽鐵之利，領鹽府，亦稱鹽府校尉。

[4] 簡取：趙幼文《校箋》謂郝經《續後漢書》"取"字作"拔"。按，蕭常《續後漢書》亦作"拔"。

[5] 興業將軍：官名。漢獻帝建安中劉備置，蜀漢沿之。

[6] 建興：蜀漢後主劉禪年號（223—237）。

[7] 屯騎校尉：官名。東漢時秩比二千石，掌京師宿衛。蜀漢沿置。

[8] 丞相長史：官名。秩千石，丞相府幕僚之長，協助丞相署理相府諸曹，監領府事。曹操爲丞相，權位加重，遂分置左、右長史。若丞相出征，則置行軍長史掌軍旅行伍；又置留府長史掌留守事。位皆崇重。蜀漢亦同。

[9] 江陽：郡名。治所江陽縣，在今四川瀘州市。

向朗字巨達，襄陽宜城人也。[一][1]荆州牧劉表以爲臨沮長。[2]表卒，歸先主。先主定江南，使朗督秭歸、夷道、巫（山）、夷陵四縣軍民事。[3]蜀既平，以朗爲巴西太守，頃之轉任牂牁，[4]又徙房陵。[5]後主踐阼，爲步兵校尉，[6]代王連領丞相長史。丞相亮南征，朗留統後事。五年，[7]隨亮漢中。[8]朗素與馬謖善，謖逃亡，[9]朗知情不舉，亮恨之，免官還成都。數年，爲光祿勳，[10]亮卒後徙左將軍，[11]追論舊功，封顯明亭侯，位特進。[12]初，朗少時雖涉獵文學，然不治素檢，以吏能見稱。自去長史，優游無事垂三十年，[二]乃更潛心典籍，孜孜不倦。年踰八十，猶手自校書，刊定謬誤，積聚篇卷，於時最多。開門接賓，誘納後進，但講論古義，不干時事，以是見稱。上自執政，下及童冠，皆敬重焉。延熙十年卒。〔三〕[13]子條嗣，景耀中爲御史中丞。〔四〕[14]

〔一〕《襄陽記》曰：朗少師事司馬德操，與徐元直、韓德高、龐士元皆親善。[15]

〔二〕臣松之案：朗坐馬謖免長史，則建興六年中也。朗至延熙十年卒，整二十年耳，此云"三十"，字之誤也。

〔三〕《襄陽記》曰：朗遺言戒子曰："《傳》稱師克在和不在衆，[16]此言天地和則萬物生，君臣和則國家平，九族和則動得所求，[17]靜得所安，是以聖人守和，以存以亡也。吾，楚國之小子耳，而早喪所天，[18]爲二兄所誘養，[19]使其性行不隨祿利以墮。今但貧耳；貧非人患，惟和爲貴，汝其勉之！"

〔四〕《襄陽記》曰：條字文豹，亦博學多識，入晉爲江陽太守、南中軍司馬。[20]

[1] 宜城：縣名。治所在今湖北宜城縣南。
[2] 臨沮：縣名。治所在今湖北遠安縣西北。
[3] 秭歸：縣名。治所在今湖北秭歸縣。　夷道：縣名。治所在今湖北枝城市。　巫：各本皆作"巫山"。梁章鉅《旁證》引沈欽韓曰："《寰宇記》漢巫縣故城在今巫山縣北，隋加'山'字。是隋以前皆無'山'字，此則後人妄加也。"校點本即從沈說刪"山"字。今從之。　夷陵：縣名。治所在今湖北宜昌市東南。
[4] 牂牁：郡名。治所且蘭縣，在今貴州凱里市西北。
[5] 房陵：郡名。治所房陵縣，在今湖北房縣。
[6] 步兵校尉：官名。東漢時秩比二千石，掌京師宿衛。蜀漢

沿之。

〔7〕五年：指建興五年（227）。

〔8〕隨亮漢中：趙幼文《校箋》謂蕭常《續後漢書》"亮"下有"至"字。

〔9〕謖逃亡：此事在本書卷三九《馬謖傳》及其他傳中均未提及，事有可疑。周壽昌《注證遺》云："街亭之敗在建興六年，若五年，則武侯駐漢中，馬謖正參軍事，不容無故逃亡；若軍敗後事，何以《諸葛亮傳》及《謖傳》俱未叙及，又何誤作'五年'耶？"

〔10〕光禄勳：官名。漢列卿之一，秩中二千石，掌宿衛宮殿門户。蜀漢沿置。

〔11〕左將軍：官名。東漢時位如上卿，與前、後、右將軍掌京師兵衛和邊防屯警。魏晋亦置，第三品。權位漸低，略高於一般雜號將軍，不典禁兵，不與朝政，僅領兵征戰。蜀漢亦置。何焯云："朗爲左將軍時行丞相事。見《後主張皇后册文》中。"（《義門讀書記》卷二七《三國志·蜀志》）

〔12〕特進：官名。漢制凡諸侯大臣功德優盛，朝廷所敬異者，加位特進，朝會時位在三公下，車服俸禄仍從本官。蜀漢沿之。

〔13〕延熙：蜀漢後主劉禪年號（238—257）。

〔14〕御史中丞：官名。東漢時秩千石，爲御史臺長官，掌監察執法。蜀漢沿置。

〔15〕司馬德操：司馬徽字德操。　徐元直：徐庶字元直。韓德高：韓嵩字德高。　龐士元：龐統字士元。

〔16〕師克在和不在衆：此言見《左傳·桓公十一年》。

〔17〕九族：泛指親族。《左傳·桓公六年》："親其九族。"杜預注："九族謂外祖父、外祖母、從母子及妻父、妻母、姑之子、姊妹之子、女子之子並己之同族，皆外親有服而異族者也。"

〔18〕天：指父親。《詩·鄘風·柏舟》："母也天只，不諒人只。"毛傳："天謂父也。"

[19] 誘養：教養。《廣韻·有韻》："誘，導也，教也。"

[20] 軍司馬：官名。漢代校尉所領營部，置以佐之。不置校尉之部，則爲長官，領軍征伐，秩比千石。魏、晉沿之。

朗兄子寵，先主時爲牙門將。[1]秭歸之敗，寵營特完。建興元年封都亭侯，[2]後爲中部督，[3]典宿衛兵。諸葛亮當北行，表與後主曰："將軍向寵，性行淑均，曉暢軍事，試用於昔，[4]先帝稱之曰能，是以衆論舉寵爲督。[5]愚以爲營中之事，悉以咨之，必能使行陣和睦，優劣得所也。"遷中領軍。[6]延熙三年，征漢嘉蠻夷，[7]遇害。寵弟充，歷射聲校尉、尚書。〔一〕[8]

〔一〕《襄陽記》曰：魏咸熙元年六月，[9]鎮西將軍衛瓘至於成都，[10]得璧玉印各一枚，文似"成信"字，魏人宣示百官，藏于相國府。充聞之曰："吾聞譙周之言，先帝諱備，其訓具也，後主諱禪，其訓授也，如言劉已具矣，當授與人也。今中撫軍名炎，[11]而漢年極於炎興，[12]瑞出成都，而藏之於相國府，此殆天意也。"是歲，拜充爲梓潼太守，明年十二月而晉武帝即尊位，炎興於是乎徵焉。

孫盛曰：[13]昔公孫述自以起成都，[14]號曰成氏，二玉之文，殆述所作乎！

[1] 牙門將：官名。魏文帝黃初中置，爲統兵武職，位在裨將軍下。蜀漢、孫吳、兩晉亦置。魏、晉皆五品。

[2] 都亭侯：爵名。位在鄉侯下，食禄於都亭。都亭，城郭附近之亭。

[3] 中部督：官名。蜀漢置，掌宿衛禁軍。

[4] 昔：本書卷三五《諸葛亮傳》"昔"下有"日"字。

[5] 論：本書《諸葛亮傳》作"議"。

[6] 中領軍：官名。掌禁衛軍，主五校、中壘、武衛三營。魏、晋時三品。蜀漢亦置。

[7] 漢嘉：郡名。治所陽嘉縣，在今四川蘆山縣蘆陽鎮。

[8] 射聲校尉：官名。東漢時爲五校之一，掌禁衛軍。蜀漢沿置。　尚書：官名。東漢有六曹尚書，即三公曹、民曹、客曹、二千石曹、吏曹、中都官曹等，秩皆六百石，皆稱尚書，不加曹號。（本《晋書·職官志》）蜀漢沿置。

[9] 咸熙：魏元帝曹奂年號（264—265）。

[10] 鎮西將軍：殿本、盧弼《集解》本作"鎮南將軍"，百衲本、校點本作"鎮西將軍"。今從百衲本等。鎮西將軍曹魏時三品，位次四征將軍，領兵如征西將軍，多爲持節都督，出鎮方面。

[11] 中撫軍：官名。曹魏末置，司馬炎自中護軍遷任，副貳相國事，掌握朝政大權。

[12] 炎興：蜀漢後主劉禪年號（263）。後主於景耀六年（263）八月改年號爲炎興，十月魏鄧艾至成都，後主降，蜀漢亡。（見郝經《續後漢書》卷三《末帝紀》）

[13] 孫盛曰：何焯云："孫盛語已見《魏書·三少帝紀》，此重出。"（《義門讀書記》卷二七《三國志·蜀志》）

[14] 公孫述：校點本無"述"字，百衲本、殿本、盧弼《集解》本皆有。今從百衲本等。《後漢書》卷一三《公孫述傳》謂公孫述自稱天子後，"號成家"。

張裔字君嗣，蜀郡成都人也。治《公羊春秋》，博涉《史》《漢》。[1]汝南許文休入蜀，[2]謂裔幹理敏捷，是中夏鍾元常之倫也。[3]劉璋時，舉孝廉，[4]爲魚復長，[5]還州署從事，[6]領帳下司馬。[7]張飛自荆州由墊江入,[8]璋授裔兵,拒張飛於德陽陌下,[9]軍敗,還成都。爲璋奉使詣先主,先主許以禮其君而安其人也,裔還,城門乃開。先主以裔爲巴郡太守,[10]還爲司金中郎將,[11]典作農戰之器。先是,益州郡殺太守正昂,[12]耆率雍闓恩信著於南土,[13]使命周旋,遠通孫權。乃以裔爲益州太守,徑往至郡。闓遂趑趄不賓,[14]假鬼教曰:"張府君如瓠壺,[15]外雖澤而內實麤,不足殺,令縛與吳。"[16]於是遂送裔於權。

會先主薨,諸葛亮遣鄧芝使吳,亮令芝言次可從權請裔。裔自至吳數年,流徙伏匿,權未之知也,故許芝遣裔。裔臨發,權乃引見。問裔曰:"蜀卓氏寡女,[17]亡奔司馬相如,貴土風俗何以乃爾乎?"裔對曰:"愚以爲卓氏之寡女,猶賢於買臣之妻。"[18]權又謂裔曰:"君還,必用事西朝,終不作田父於閭里也,[19]將何以報我?"裔對曰:"裔負罪而歸,將委命有司。若蒙徼倖得全首領,五十八已前父母之年也,[20]自此已後大王之賜也。"權言笑歡悅,有器裔之色。裔出閤,深悔不能陽愚,即便就船,倍道兼行。權果追之,裔已入永安界數十里,[21]追者不能及。

既至蜀,丞相亮以爲參軍,[22]署府事,又領益州治中從事。[23]亮出駐漢中,裔以射聲校尉領留府長史,[24]常稱曰:"公賞不遺遠,罰不阿近,爵不可以無功取,刑不可以貴勢免,此賢愚之所以僉忘其身者也。"其明年,北詣亮諮事,送者數百,車乘盈路,裔還書與所親曰:"近者涉道,晝夜接賓,不得寧息,人自敬丞相長史，男子張君嗣附之，疲倦欲死。"其談啁流速，[25]皆此類也。[一]少與犍爲楊恭友善，[26]恭早死，遺孤未數歲，[27]裔迎留，與分屋而居，事恭母如母。恭之子息長大，爲之娶婦，買田宅産業，使立門户。撫恤故舊，振贍衰宗，行義甚至。加輔漢將軍，[28]領長史如故。建興八年卒。子毣嗣，毣音忙角反，見《字林》，曰"毣，思貌也"。歷三郡守、監軍。[29]毣弟郁，太子中庶子。[30]

〔一〕臣松之以爲談啁貴於機捷，書疏可容留意。今因書疏之巧，以著談啁之速，非其理也。

[1] 史漢：指《史記》《漢書》。
[2] 許文休：許靖字文休。
[3] 鍾元常：鍾繇字元常。
[4] 孝廉：漢代選拔官吏的主要科目。孝指孝子，廉指廉潔之士。原本爲二科，後混同爲一科，也不再限於孝子和廉吏。東漢後期定制爲不滿四十歲者不得察舉；被舉者先詣公府課試，以觀其能。郡國每年要向中央推舉一至二人。
[5] 魚復：縣名。治所在今重慶奉節縣東白帝城。
[6] 從事：官名。漢代州牧刺史的佐吏，有別駕從事史、治中從事史、兵曹從事史、部從事史等，均可簡稱爲從事。
[7] 帳下司馬：官名。東漢末置，掌有關軍旅事務。
[8] 墊江：今甘肅、四川境内嘉陵江及其上游西漢水、白龍江、白水江，漢魏時均稱墊江。故今重慶合川市漢魏時置爲墊江縣。
[9] 德陽：縣名。治所在今四川遂寧市東南龍鳳場。　陌下：

地名。在今遂寧市東南。

[10] 巴郡：治所江州縣，在今重慶渝中區。

[11] 司金中郎將：官名。漢獻帝建安中曹操置，秩比二千石，掌冶金等事，典作農戰之具。蜀漢亦置。

[12] 益州郡：治所滇池縣，在今雲南晉寧縣東北晉城鎮。

[13] 耆率：地方首領。《華陽國志·南中志》謂雍闓爲益州郡大姓。

[14] 趑（zī）趄（jū）：亦作"趦趄"。狂妄，凶暴。如《隋書》卷一《高祖紀上》："陳頊因循僞業，自擅金陵，屢遣醜徒，趑趄江北。"

[15] 瓠（hú）壺：葫蘆乾後去瓢而成壺。外光滑內粗糙。

[16] 與：盧弼《集解》本作"於"，百衲本、殿本、校點本作"與"。今從百衲本等。

[17] 卓氏寡女：指西漢蜀郡臨邛縣（今四川邛崍市）卓王孫之女卓文君。文君丈夫去世不久，蜀郡司馬相如從梁孝王府回鄉，被臨邛令邀往卓王孫家赴宴，宴間文君窺見相如，心悅之，相如亦通殷勤。文君遂夜奔相如，結爲夫妻。（見《史記》卷一一七《司馬相如列傳》）

[18] 寡女：趙幼文《校箋》謂《太平御覽》卷四六三引無"寡"字。　買臣：指朱買臣。西漢吳縣（今江蘇蘇州市）人，家貧，好讀書，以砍柴賣薪爲生。其妻嫌其貧，不聽買臣之勸而另嫁他人。後買臣爲會稽太守，遇故妻與其夫，遂安置園中，故妻一月後上吊而死。（見《漢書》卷六四上《朱買臣傳》）

[19] 終不作：趙幼文《校箋》謂《太平御覽》卷四六三引"不"上有"必"字。

[20] 五十八：趙幼文《校箋》謂《太平御覽》引無"八"字。

[21] 永安：縣名。治所在今重慶奉節縣東白帝城。當時永安縣爲蜀漢轄境。

［22］參軍：官名。此爲丞相府參軍，職任頗重。

［23］益州：刺史治所即成都縣，在今四川成都市舊東、西城區。　治中從事：官名。州牧刺史的主要屬吏，居中治事，主衆曹文書。

［24］留府長史：官名。長史爲丞相府幕僚之長，協助丞相署理相府諸曹，監領府事。若丞相出征，則置留府長史掌留守事。位皆崇重。

［25］談啁（tiáo）：談笑戲謔。

［26］犍爲：郡名。治所武陽縣，在今四川彭山縣東北江口。

［27］未數歲：趙幼文《校箋》謂蕭常及郝經之《續後漢書》俱無"未"字。

［28］輔漢將軍：官名。新莽末更始帝所置。後省。蜀漢復置，權任甚重。

［29］三郡守：殿本無"守"字，百衲本、盧弼《集解》本、校點本有。今從百衲本等。　監軍：官名。此蓋地方軍政長官。魏晉時，諸州或闕都督，則置監諸軍事。簡稱監軍，爲該地區軍政長官。

［30］太子中庶子：官名。東漢時屬太子少傅，秩六百石，置五員，職如侍中。三國沿置，掌侍從、奏事、諫議等。晉減爲四員，與中舍人共掌文翰。

　　楊洪字季休，犍爲武陽人也。劉璋時歷部諸郡。[1]先主定蜀，太守李嚴命爲功曹。[2]嚴欲徙郡治舍，洪固諫不聽，遂辭功曹，請退。嚴（欲）〔遂〕薦洪於州，[3]爲蜀部從事。[4]先主爭漢中，急書發兵，軍師將軍諸葛亮以問洪，[5]洪曰："漢中則益州咽喉，存亡之機會，若無漢中則無蜀矣，此家門之禍也。方今之事，男子當戰，女子當運，發兵何疑？"時蜀郡太守法正從先主北行，亮於是表洪領蜀郡太守，衆事皆辦，遂使即真。頃之，轉爲益州治中從事。

先主既稱尊號，征吳不克，還住永安。漢嘉太守黃元素爲諸葛亮所不善，[6]聞先主疾病，懼有後患，舉郡反，燒臨邛城。[7]時亮東行省疾，成都單虛，是以元益無所憚。洪即啓太子，遣其親兵，使將軍陳曶、鄭綽討元。衆議以爲元若不能圍成都，當由越巂據南中。[8]洪曰："元素性凶暴，無他恩信，何能辦此？[9]不過乘水東下，冀主上平安，面縛歸死；如其有異，奔吳求活耳。敕曶、綽但於南安峽口遮，[10]即便得矣。"曶、綽承洪言，果生獲元。洪建興元年賜爵關內侯，[11]復爲蜀郡太守、忠節將軍，[12]後爲越騎校尉，[13]領郡如故。

五年，丞相亮北住漢中，欲用張裔爲留府長史，問洪何如。洪對曰："裔天姿明察，長於治劇，才誠堪之，然性不公平，恐不可專任，不如留向朗。朗情偏差少，裔隨從目下，效其器能，[14]於事兩善。"初，裔少與洪親善。裔流放在吳，洪臨裔郡，裔子郁給郡吏，[15]微過受罰，不特原假。裔後還聞之，深以爲恨，與洪情好有損。及洪見亮出，至裔許，具說所言。裔答洪曰："公留我了矣，明府不能止。"[16]時人或疑洪意自欲作長史，或疑洪知裔自嫌，不願裔處要職，典後事也。後裔與司鹽校尉岑述不和，至于忿恨。亮與裔書曰："君昔在（栢）〔陌〕下，[17]營壞，吾之用心，食不知味；後流迸南海，[18]相爲悲歎，寢不安席；

及其來還，委付大任，同獎王室，自以爲與君古之石交也。[19]石交之道，舉讐以相益，割骨肉以相明，猶不相謝也，況吾但委意於元儉，[20]而君不能忍邪?"論者由是明洪無私。

洪少不好學問，而忠清款亮，憂公如家，事繼母至孝。六年卒官，始洪爲李嚴功曹，嚴未（至）〔去〕犍爲而洪已爲蜀郡。[21]洪迎門下書佐何祗，[22]有才策功幹，舉郡吏，數年爲廣漢太守，時洪亦尚在蜀郡。是以西土咸服諸葛亮能盡時人之器用也。〔一〕

〔一〕《益部耆舊傳雜記》曰：[23]每朝會，祗次洪坐。嘲祗曰："君馬何馳?"[24]祗曰："故吏馬不敢馳，但明府未著鞭耳。"眾傳之以爲笑。[25]

祗字君肅，少寒貧，爲人寬厚通濟，體甚壯大，又能飲食，好聲色，不持節儉，[26]故時人少貴之者。嘗夢井中生桑，[27]以問占夢趙直，直曰："桑非井中之物，會當移植；然桑字四十下八，君壽恐不過此。"祗笑言"得此足矣"。初仕郡，[28]後爲督軍從事。[29]時諸葛亮用法峻密，陰聞祗游戲放縱，不勤所職，嘗奄往錄獄。[30]眾人咸爲祗懼。祗密聞之，夜張燈火見囚，讀諸解狀。諸葛晨往，祗悉已闇誦，答對解釋，無所凝滯，亮甚異之。出補成都令，時郫縣令缺，[31]以祗兼二縣。二縣戶口猥多，切近都治，饒諸奸穢，每比人，[32]常眠睡，值其覺寤，輒得奸詐，眾咸畏祗之發摘，或以爲有術，無敢欺者。使人投算，祗聽其讀而心計之，不差升合，[33]其精如此。汶山夷不安，[34]以祗爲汶山太守，民夷服信。遷廣漢。後夷反叛，辭"令得前何府君，[35]乃能安我耳"！時難〔復〕屈祗，[36]拔祗族人爲〔之〕，[37]汶山復得安，轉祗爲犍爲。年四十八卒，如直所言。後有廣漢王離，字伯元，亦以才幹顯。爲督軍從事，推法平當，稍遷，代祗爲犍爲太守，治有美績，雖聰明不及祗，而文采過之也。

[1] 部諸郡：東漢州牧刺史之屬吏有部郡國從事史。《通典》卷三二《總論州佐》云："部郡國從事史，每郡國各一人，漢制也。主督促文書，舉非法。"此"部諸郡"即謂爲部郡國從事史經歷過數郡。

[2] 太守：指犍爲郡太守。　功曹：官名。漢代郡太守下設功曹史，簡稱功曹，爲郡太守之佐吏，除分掌人事外，並得參與一郡之政務。

[3] 嚴遂薦洪於州：各本皆作"嚴欲薦洪於州"。徐紹楨《質疑》謂蕭常《續後漢書》作"嚴遂薦洪於州"。此蓋洪辭功曹而嚴遂薦之於州。蕭氏所據《三國志》必尚作"遂"，不誤；郝經《續後漢書》亦作"欲"，則已沿《三國志》訛本矣。按，徐說有理，今據以改之。

[4] 蜀部從事：殿本"部"字作"郡"，百衲本、盧弼《集解》本、校點本作"部"。今從百衲本等。又按，"蜀部從事"即"部蜀從事"，後文《費詩傳》即有"部永昌從事"，亦即上面說的部郡國從事史而部蜀郡。

[5] 軍師將軍：官名。東漢初曾置。漢末劉備又置，諸葛亮爲之，權勢極重。

[6] 善：殿本作"喜"，百衲本、盧弼《集解》本、校點本作"善"。今從百衲本等。

[7] 臨邛：縣名。治所在今四川邛崍市。

[8] 南中：地區名。諸葛亮南征前，南中有越巂、益州、永昌、牂牁、朱提等五郡，相當於今四川南部及雲南、貴州地區。

[9] 辦：百衲本作"辨"，殿本、盧弼《集解》本、校點本作"辦"。今從殿本等。

[10] 南安：縣名。治所在今四川樂山市。　峽口：在今四川

樂山市南岷江上。(本謝鍾英《補三國疆域志補注》)

[11] 洪：趙一清《注補》云："此'洪'字是史羨文。" 關內侯：爵名。漢制二十級爵之第十九級，次於列侯，祇有封户收取租税而無封地。

[12] 忠節將軍：官名。蜀漢置。爲名號將軍。

[13] 越騎校尉：官名。漢代秩比二千石，掌京師宿衛兵。蜀漢沿置。

[14] 裔隨從目下：趙幼文《校箋》謂蕭常及郝經之《續後漢書》"裔"上俱有"使"字。又蕭書"目下"二字作"行"。 效其器能：趙幼文《校箋》謂蕭常《續後漢書》"效"上有"得"字。

[15] 給郡吏：在郡府臨時爲小吏。

[16] 明府：對郡太守的敬稱。

[17] 陌下：百衲本、殿本作"栢下"，盧弼《集解》本作"柏下"。趙一清《注補》云："'栢下'當作'陌下'。即德陽陌下也。"校點本從趙説改作"陌下"。今從之。

[18] 南海：指江南地區。

[19] 石交：堅固如石的交誼。

[20] 委意：盧弼《集解》本作"委噫"，百衲本、殿本、校點本作"委意"。今從百衲本等。 元儉：沈家本《瑣言》云："元儉，蓋岑述字。"

[21] 未去犍爲：百衲本、殿本、盧弼《集解》本、校點本1959年12月第1版作"未至犍爲"。錢大昭《辨疑》云："'至'疑當作'去'。"《通鑑》卷六八漢獻帝建安二十三年即作"未去犍爲"。校點本1982年7月第2版即據《通鑑》改"至"爲"去"，本已正確，而又在"去"下誤衍一"至"字。今徑删之。

[22] 迎：薦舉。(本呂叔湘《語文雜記·讀〈三國志〉》) 門下書佐：官名。爲郡國府屬吏，職責是繕寫文書。

[23] 益部耆舊傳雜記：沈家本《三國志注所引書目》云：

"蜀《楊洪傳》《劉焉傳》《先主傳》引無'傳'字。案《隋志》不著録，《新唐志》雜傳記（當作'類'）有《益部耆舊傳雜記》二卷，當即是書，'雜傳'二字誤倒。《楊戲傳》末云：'《益部耆舊雜記》載王嗣、常播、衛繼三人，皆劉氏王蜀時人，故録於篇。'據此，則《雜記》在壽之先，故壽得采之，疑即陳述書也。"趙幼文《校箋》則謂《藝文類聚》卷八八、《太平御覽》卷八四九引俱無"雜記"二字。

[24] 駛：百衲本作"駃"，殿本、盧弼《集解》本、校點本作"駛"，蕭常《續後漢書》亦作"駛"。今從殿本等。按，二字音別義同。慧琳《一切經音義》卷六六引《蒼頡篇》："駛，馬行疾也。"《集韻・夬韻》："駃，馬行疾也。"

[25] 衆傳之：百衲本無"衆"字，殿本、盧弼《集解》本、校點本有。今從殿本等。

[26] 不持節儉：盧弼《集解》云："何焯曰'儉'疑作'檢'。"

[27] 桑：盧弼《集解》本作"桒"，百衲本、殿本、校點本作"桑"。今從百衲本等。按，"桒"爲俗"桑"字，而下云"桑字四十下八"，正此俗字。

[28] 初仕郡：殿本"仕"字作"往"，百衲本、盧弼《集解》本、校點本作"仕"。今從百衲本等。

[29] 督軍從事：官名。州府屬官。漢獻帝建安初，袁紹爲冀州牧曾置。蜀漢益州亦置，典刑獄，論法決疑。

[30] 嘗：百衲本、盧弼《集解》本作"常"，殿本、校點本作"嘗"。今從殿本等。

[31] 郫縣：治所在今四川郫縣郫筒鎮。

[32] 比（pǐ）：通"庀"。治理，辦理。

[33] 合（gě）：容量單位。十合爲一升。

[34] 汶山：郡名。治所綿虒道，在今四川汶川縣西南綿虒鎮。

[35] 辭：百衲本等皆作"辭"。校點本據《太平御覽》卷二

六一增"曰"字。吴金華《校詁》云:"原文可通,不煩增字。'辭'猶言告稱。"按,吴説是。《禮記·檀弓上》:"使人辭於狐突。"鄭玄注:"辭,猶告也。"今從百衲本等。

　　[36] 復屈:百衲本等皆作"屈"。校點本據《太平御覽》卷二六一增"復"字。今從之。

　　[37] 爲之:百衲本等作"爲",校點本據《太平御覽》卷二六一增"之"字。今從之。

　　費詩字公舉,犍爲南安人也。劉璋時爲緜竹令,[1]先主攻緜竹時,詩先舉城降。成都既定,先主領益州牧,以詩爲督軍從事,出爲牂牁太守,還爲州前部司馬。[2]先主爲漢中王,遣詩拜關羽爲前將軍,[3]羽聞黄忠爲後將軍,(羽)怒曰:[4]"大丈夫終不與老兵同列!"不肯受拜。詩謂羽曰:"夫立王業者,所用非一。昔蕭、曹與高祖少小親舊,[5]而陳、韓亡命後至,[6]論其班列,韓最居上,未聞蕭、曹以此爲怨。今漢〔中〕王以一時之功,[7]隆崇於漢升,[8]然意之輕重,寧當與君侯齊乎![9]且王與君侯,譬猶一體,同休等戚,禍福共之,愚爲君侯,不宜計官號之高下、爵祿之多少爲意也。僕一介之使,銜命之人,[10]君侯不受拜,如是便還,但相爲惜此舉動,恐有後悔耳!"羽大感悟,遽即受拜。

　　後群臣議欲推漢中王稱尊號,詩上疏曰:"殿下以曹操父子偪主篡位,故乃羈旅萬里,糾合士衆,將以討賊。今大敵未克,而先自立,恐人心疑惑。昔高祖與楚約,[11]先破秦者王。及屠咸陽,獲子嬰,猶懷推讓；況今殿下未出門庭,[12]便欲自立邪！愚臣誠不爲殿下取也。"由是忤指,左遷部永昌從事。〔一〕建興三年,隨諸葛亮南行,歸至漢陽縣,[13]降人李鴻來詣亮,亮見鴻,時蔣琬與詩在坐。鴻曰:"閒過孟達許,適見王沖從南來,言往者達之去就,[14]明公切齒,欲誅達妻子,賴(先主)〔先帝〕不聽耳。[15]達曰:'諸葛亮見顧有本末,終不爾也。'盡不信沖言,委仰明公,無復已已。"亮謂琬、詩曰:"還都當有書與子度相聞。"[16]詩進曰:"孟達小子,昔事振威不忠,[17]後又背叛(先主)〔先帝〕,[18]反覆之人,何足與書邪！"亮默然不答。亮欲誘達以爲外援,竟與達書曰:"往年南征,歲(未及)〔末乃〕還,[19]適與李鴻會於漢陽,承知消息,慨然永嘆,以存足下平素之志,豈徒空託名榮,貴爲乖離乎！[20]嗚呼孟子,斯實劉封侵陵足下,以傷先主待士之義。又鴻道王沖造作虛語,云足下量度吾心,不受沖說。尋表明之言,追平生之好,依依東望,故遣有書。"達得亮書,數相交通,辭欲叛魏。魏遣司馬宣王征之,[21]即斬滅達。亮亦以達無款誠之心,故不救助也。[22]蔣琬秉政,以詩爲諫議大夫,[23]卒於家。〔二〕

〔一〕習鑿齒曰:夫創本之君,須大定而後正己,[24]纂統之主,俟速建以係衆心,[25]是故惠公朝虜而子圉夕立,[26]更始尚存而光武舉號,[27]夫豈忘主徼利,社稷之故也。今先主糾合義兵,將以討賊。賊彊禍大,主没國喪,[28]二祖之廟,[29]絕而不祀,苟非親賢,孰能紹此？嗣祖配天,非咸陽之譬,杖正討逆,何推讓之有？於此時也，不知速尊有德以奉大統，[30]使民欣反正，世覩舊物，杖順者齊心，附逆者同懼，可謂闇惑矣。其黜降也宜哉！

臣松之以爲鑿齒論議，惟此議最善。[31]

〔二〕孫盛《蜀世譜》曰[32]：詩子立，晋散騎常侍。自後益州諸費有名位者，多是詩之後也。

[1] 緜竹：縣名。治所在今四川德陽市北黃許鎮。

[2] 州前部司馬：官名。州府屬官。東漢末州牧刺史權力增大，仿效將軍府置長史、司馬等。劉備據益州後，置有前部、後部、左部、右部司馬，位高於從事。（參洪飴孫《三國職官表》）

[3] 前將軍：官名。東漢時與後、左、右將軍皆位如上卿，掌京師兵衛與邊防屯警。魏晋亦置，第三品。權位漸低，略高於一般雜號將軍，不典禁兵，不與朝政，僅領兵征戰。蜀漢亦置。

[4] 怒：各本"怒"上有"羽"字。殿本《考證》謂《太平御覽》（卷二三八）無"羽"字。今據删。

[5] 蕭曹：指蕭何、曹參。與漢高祖劉邦皆沛縣（今江蘇沛縣）人。劉邦爲亭長時，蕭何、曹參俱爲沛縣吏，與劉邦親近；劉邦起兵，二人又佐之。漢朝建立後，封蕭何爲酇侯，曹參爲平陽侯。（見《史記》卷五三《蕭相國世家》、卷五四《曹相國世家》）

[6] 陳：指陳平。秦末陳涉等起兵後，陳平初投魏王咎，繼投項羽，最後又投劉邦，成爲楚漢戰爭中劉邦之重要謀士。漢朝建立後，封爲曲逆侯。（見《史記》卷五六《陳丞相世家》） 韓：指韓信。秦末兵起，韓信初投項羽，不得重用，遂歸劉邦，被任爲大將。楚漢相爭中，韓信獨率軍平趙、齊等地，被劉邦立爲齊王。漢朝建立後，改封爲楚王。（見《史記》卷九二《淮陰侯列傳》）

[7] 漢中王：各本皆作"漢王"。殿本《考證》陳浩云："按'漢王'，《太平御覽》（卷二三八）作'漢中王'。"趙一清《注補》亦云："'漢'下當增'中'字。先主時爲漢中王，不應單稱

漢王也。"今從陳、趙説，增"中"字。

［8］漢升：百衲本、殿本、盧弼《集解》本作"漢室"，《太平御覽》卷二三八引作"漢升"。趙一清《注補》云："'室'字何氏（焯）校改'升'。黃忠字也。"校點本亦作"漢升"。今從之。

［9］君侯：對封侯者之敬稱。關羽曾封漢壽亭侯。

［10］人：趙幼文《校箋》謂《太平御覽》卷二三八引作"臣"。

［11］高祖：指漢高祖劉邦。秦末，陳勝起兵後，項梁、項羽、劉邦等相繼起兵響應。陳勝死後，項梁等立楚懷王孫心爲楚王。楚王因令諸將繼擊秦軍。至項梁軍敗而死，楚王遂命宋義、項羽等北救趙，令劉邦西向進軍，並與諸將約，先入定關中者王之。及劉邦入武關至霸上（今陝西西安市東白鹿原北首），秦王子嬰降；又入咸陽封秦宮重寶府庫，仍還軍霸上。項羽聞劉邦已定關中，大怒，即率大軍入關，屠燒咸陽秦宮室。項羽使人還報楚懷王。懷王曰："如約。"項羽怨懷王，乃佯尊懷王爲義帝，自立爲西楚霸王，更立劉邦爲漢王。（見《史記》卷八《高祖本紀》）

［12］殿下：盧弼《集解》本誤作"陛下"，百衲本、殿本、校點本皆作"殿下"。今從百衲本等。

［13］漢陽縣：治所在今貴州威寧彝族回族苗族自治縣境內。

［14］去就：謂孟達去蜀漢降曹魏。

［15］先帝：各本作"先主"。趙幼文《校箋》云："郝經'先主'作'先帝'。"今檢郝經《續後漢書》卷七四《孟達傳》確作"先帝"。四庫館臣案云："陳志《費詩傳》載詩話及諸葛亮書稱昭烈曰'先主'，蓋陳壽所改，今此作'先帝'，爲得其實。"今據郝書改。

［16］子度：孟達字子度。

［17］振威：指劉璋。曹操曾加劉璋振威將軍。

［18］先帝：各本亦作"先主"。趙幼文《校箋》云："《華陽國志》'先主'作'先帝'。"按，此見《華陽國志》卷七《劉後

主志》建興三年。又郝經《續後漢書・孟達傳》亦作"先帝"。今並據改。

［19］末乃：各本皆作"未及"。陳景雲《辨誤》云："案'未及'當作'末乃'。據《後主傳》，亮以建興三年二月南征，十二月還成都。故曰歲末乃還也。"校點本即據《辨誤》之説改。今從之。

［20］貴：欲；想要。《戰國策・東周策》："謂周最曰：'魏王以國與先生，貴合於秦以伐齊。'"鮑彪注："貴，猶欲。" 乖離：殿本、盧弼《集解》本作"華離"，百衲本、校點本作"乖離"。今從百衲本等。

［21］司馬宣王：即司馬懿。其子司馬昭爲晉王後，追尊他爲晉宣王。

［22］不救助：趙一清《注補》云：《晉書》卷一《宣帝紀》"吴、蜀各遣其將向西城安橋、木闌塞以救達"，又克達之後，"蜀將姚静、鄭他等帥其屬七千餘人來降"。則蜀、吴皆有救達之事，此云不救，何也？

［23］諫議大夫：官名。秩六百石。屬光禄勳，掌議論，無定員。

［24］須：殿本作"俟"，百衲本、盧弼《集解》本、校點本作"須"。今從百衲本等。

［25］俟：殿本作"須"，百衲本、盧弼《集解》本、校點本作"俟"。今從百衲本等。

［26］惠公：指春秋時晉惠公。《左傳・僖公十五年》謂韓原之戰，晉惠公敗，被秦軍俘虜。晉大夫陰飴甥會秦穆公於王城，並答穆公曰："小人恥失其君而悼喪其親，不憚征繕以立圉也。"

［27］更始：指更始帝劉玄，漢光武帝劉秀之族兄。王莽末年，綠林軍起，劉玄、劉秀及其兄劉縯先後響應。後諸將推劉玄爲天子，建年號曰更始。而劉玄忌劉縯威名，借故殺之。劉秀因獨自轉戰河北。更始三年（25）六月，劉秀在鄗縣（今河北柏鄉縣北固城店）南千秋亭五成陌即皇帝位，九月，封更始爲淮陽王。十二月

更始被赤眉軍所殺。（見《後漢書》卷一上《光武帝紀上》）

[28] 主：指漢獻帝。按，魏文帝曹丕代漢後，蜀中有漢獻帝被害的傳言。而漢獻帝實病死於魏明帝青龍二年（234）。

[29] 二祖：指漢高祖劉邦、漢世祖劉秀。

[30] 不知：百衲本作"不如"，殿本、盧弼《集解》本、校點本作"不知"。今從殿本等。

[31] 議：校點本作"論"，百衲本、殿本、盧弼《集解》本作"議"。今從百衲本等。

[32] 孫盛《蜀世譜》：各本皆將此注置於下文"魏以沖爲樂陵太守"下。錢劍夫《〈三國志〉標點本商榷》謂此注應移至上文"卒於家"下。按錢説有理。此注乃注費詩，非注王沖。今從錢説移。

　　王沖者，廣漢人也。爲牙門將，統屬江州督李嚴，[1]爲嚴所疾，懼罪降魏。魏以沖爲樂陵太守。[2]

[1] 江州：縣名。治所在今重慶渝中區。

[2] 樂陵：郡名。東漢末爲樂陵國，蓋曹魏改爲郡。治所厭次縣，在今山東惠民縣東桑落墅。

　　評曰：霍峻孤城不傾，王連固節不移，向朗好學不倦，張裔膚敏應機，[1]楊洪乃心忠公，費詩率意而言，皆有可紀焉。以先主之廣濟，諸葛之準繩，詩吐直言，猶用陵遲，[2]況庸后乎哉！

[1] 膚敏：謂品德優美，言行敏捷。《詩·大雅·文王》："殷士膚敏，祼將于京。"毛傳："膚，美；敏，疾也。"孔穎達疏："殷士有美德，言其見時之疾。"

[2] 陵遲：衰敗。《詩·王風·大車序》："禮義陵遲，男女淫奔。"孔穎達疏："陵遲，猶陂也，言禮義廢壞之意也。"

三國志 卷四二

蜀書十二

杜周杜許孟來尹李譙郤傳第十二

杜微字國輔,[1]梓潼涪人也。[2]少受學於廣漢任安。[3]劉璋辟爲從事,[4]以疾去官。及先主定蜀,[5]微常稱聾,閉門不出。建興二年,[6]丞相亮領益州牧,[7]選迎皆妙簡舊德,以秦宓爲別駕,[8]五梁爲功曹,[9]微爲主簿。[10]微固辭,輿而致之。既致,亮引見微,微自陳謝。亮以微不聞人語,於坐上與書曰:[11]"服聞德行,飢渴歷時,清濁異流,無緣咨覯。王元泰、李伯仁、王文儀、楊季休、丁君幹、李永南兄弟、文仲寶等,[12]每歎高志,未見如舊。[13]猥以空虛,統領貴州,德薄任重,慘慘憂慮。朝廷(主公)今年始十八,[14]天姿仁敏,愛德下士。天下之人思慕漢室,欲與君因天順民,輔此明主,以隆季興之功,著勳於竹帛也。以謂賢愚不相爲謀,故自割絕,守勞而已,不圖自屈也。"微自乞老病求歸,亮又與書答曰:"曹丕篡弑，自立爲帝，是猶土龍芻狗之有名也。[15]欲與群賢因其邪僞，以正道滅之。怪君未有相誨，便欲求還於山野。丕又大興勞役，以向吳、楚。[16]今因丕多務，且以閉境勤農，[17]育養民物，並治甲兵，[18]以待其挫，然後伐之，可使兵不戰民不勞而天下定也。君但當以德輔時耳，不責君軍事，何爲汲汲欲求去乎！"[19]其敬微如此。拜爲諫議大夫，[20]以從其志。

　　五梁者，字德山，犍爲南安人也，[21]以儒學節操稱。從議郎遷諫議大夫、五官中郎將。[22]

　　[1] 國輔：錢大昭《辨疑》謂《季漢輔臣贊》作"字輔國"。
　　[2] 梓潼：郡名。治所梓潼縣，在今四川梓潼縣。　涪：縣名。治所在今四川綿陽市東涪江東岸。
　　[3] 廣漢：郡名。治所雒縣，在今四川廣漢市北。　任安：字定祖，綿竹（今四川德陽市北黃許鎮）人。兼通數經，家居教授。（見《後漢書》卷七九上《任安傳》）
　　[4] 從事：官名。漢代州牧刺史之佐吏，有別駕從事史、治中從事史、兵曹從事史、部從事史等，均可簡稱爲從事。
　　[5] 蜀：地區名。即今四川成都平原一帶。秦滅蜀前爲蜀國地。
　　[6] 建興：蜀漢後主劉禪年號（223—237）。
　　[7] 益州：州牧治所成都縣，在今四川成都市舊東、西城區。
　　[8] 別駕：官名。別駕從事史之簡稱，爲州牧刺史之主要屬吏，州牧刺史巡行各地時，別乘傳車從行，故名別駕。
　　[9] 功曹：官名。即功曹從事，州府屬官。主州選署及衆事。
　　[10] 主簿：官名。漢代中央各官府及州、郡、縣皆置，職責是典領文書，辦理事務。三國沿置。

［11］於坐上與書：趙幼文《校箋》謂《太平御覽》卷二六五引作"於坐上作書與之"。

　　［12］王元泰：王謀字元泰。見本書卷四五載《季漢輔臣贊》。　李伯仁：未詳。　王文儀：王連字文儀。　楊季休：楊洪字季休。　丁君幹：錢大昕云："君幹，疑即《出師表》所稱丁立也。"　李永南：李邵字永南。其兄朝，字偉南；邈，字漢南。見本書卷四五載《季漢輔臣贊》及裴松之注引《華陽國志》。　文仲寶：文恭字仲寶。見本書卷四○《廖立傳》及注引沈家本《瑣言》。

　　［13］如舊：趙幼文《校箋》謂蕭常《續後漢書》作"爲恨"。

　　［14］朝廷：各本皆作"朝廷主公"。盧弼《集解》引朱邦衡曰："'主公'二字疑衍。亭林云'《武侯集》中，凡稱先主本稱先帝，傳入中原，魏人追改是也'。此處既有'朝廷'字，則此二字定屬衍文。"校點本即從朱說刪"主公"二字。今從之。

　　［15］土龍芻狗：土做的龍，草扎的狗。比喻名不符實，徒有其名。

　　［16］吳楚：指孫吳所據之地。古爲吳國、楚國之地。

　　［17］閉境勤農：百衲本無"閉"字，殿本、盧弼《集解》本、校點本皆有。今從殿本等。又殿本《考證》云："勤，元本作'勸'。"

　　［18］並治：趙幼文《校箋》謂蕭常《續後漢書》"並"字作"繕"。

　　［19］汲汲：形容心情急切。

　　［20］諫議大夫：官名。秩六百石。屬光祿勳，掌議論，無定員。

　　［21］犍爲：郡名。治所武陽縣，在今四川彭山縣東北江口。　南安：縣名。治所在今四川樂山市。

　　［22］議郎：官名。郎官之一種，屬光祿勳，秩六百石，不入直宿衛，得參預朝政議論。　五官中郎將：官名。漢代主管五官郎，職掌宿衛殿門，出充車騎，屬光祿勳，秩比二千石。蜀漢沿置。

周羣字仲直，巴西閬中人也。[1]父舒，字叔布，少學術於廣漢楊厚，[2]名亞董扶、任安。[3]數被徵，終不詣。時人有問："《春秋讖》曰代漢者當塗高，[4]此何謂也？"舒曰："當塗高者，魏也。"鄉黨學者私傳其語。羣少受學於舒，專心候業。[5]於庭中作小樓，家富多奴，常令奴更直於樓上視天（災），纔見一氣，[6]即白羣，羣自上樓觀之，不避晨夜。故凡有氣候，無不見之者，[7]是以所言多中。州牧劉璋辟以爲師友從事。〔一〕[8]先主定蜀，署儒林校尉。[9]先主欲與曹公爭漢中，[10]問羣，羣對曰："當得其地，不得其民也。若出偏軍，必不利，當戒慎之！"時州後部司馬蜀郡張裕亦曉占候，[11]而天才過羣，〔二〕諫先主曰："不可爭漢中，軍必不利。"先主竟不用裕言，果得地而不得民也。遣將軍吳蘭、雷銅等入武都，[12]皆沒不還，悉如羣言。於是舉羣茂才。[13]

〔一〕《續漢書》曰：建安七年，[14]越嶲有男子化爲女人，[15]時羣言哀帝時亦有此，將易代之祥也。至二十五年，獻帝果封于山陽。[16]十二年十月，有星孛于鶉尾，[17]荆州分野。[18]羣以爲荆州牧將死而失土。明年秋，劉表卒，曹公平荆州。十七年十二月，星孛于五諸侯，[19]羣以爲西方專據土地者皆將失土。是時，劉璋據益州，張魯據漢中，韓遂據涼州，[20]宋建據枹罕。[21]明年冬，曹公遣偏將擊涼州。十九年，獲宋建，韓遂逃于羌中，[22]被殺。其年秋，璋失益州。二十年秋，曹公攻漢中，張魯降。

〔二〕裕字南和。

［1］巴西：郡名。治所閬中縣，在今四川閬中市。

［2］楊厚：廣漢新都（今四川成都市新都區東）人。祖父春卿、父統皆善圖讖及天文陰陽之學。厚習祖、父之業。漢安帝、順帝時數應朝廷之命，言災異及消救之法。順帝時曾爲侍中，後拒大將軍梁冀之請，稱病求退。歸家教授，生徒三千餘人。（見《後漢書》卷三〇上《楊厚傳》）

［3］董扶：廣漢綿竹人，與任安俱學圖讖於楊厚。還家後亦教授傳業，弟子自遠而至。（見《後漢書》卷八二下《董扶傳》）

［4］當塗高：《春秋讖》語，漢光武帝初將其理解爲人名。《後漢書》卷一三《公孫述傳》謂光武帝劉秀與述書曰：“代漢者當塗高，君豈高之身邪？”李賢注引《東觀記》曰：“光武與述書曰：‘承赤者，黄也；姓當塗，其名高也。’”至漢獻帝建安中，則將“當塗高”解爲“魏”字云：“當塗高者，魏也；象魏者，兩觀闕是也；當道而高大者魏。”（本書卷二《文帝紀》黄初元年裴松之注引《獻帝傳》載禪代衆事）

［5］候業：觀察天象，以測吉凶禍福之事業。

［6］天：各本“天”下有“災”字。趙幼文《校箋》謂《太平御覽》卷一七六引無“災”字，當删。今從趙説删。　氣：雲氣。

［7］氣候：雲氣變化之徵候。　見之者：百衲本無“者”字，殿本、盧弼《集解》本、校點本皆有。今從殿本等。

［8］師友從事：官名。州府諸從事之一，而無具體職務，地位尊榮，被待以師、友之禮。

［9］儒林校尉：官名。東漢末劉備置，爲州府屬官。

［10］漢中：郡名。治所南鄭縣，在今陝西漢中市東。

［11］州後部司馬：官名。州府屬官。東漢末州牧刺史權力增大，仿效將軍府置長史、司馬等。劉備據益州後，置有前部、後部、左部、右部司馬，位高於從事。（參洪飴孫《三國職官表》）

蜀郡：治所成都縣，在今四川成都市舊東、西城區。

［12］武都：郡名。治所下辨縣，在今甘肅成縣西。

［13］茂才：即秀才，東漢人避光武帝劉秀諱改，爲漢代薦舉人才科目之一。東漢之制，州牧刺史歲舉一人。三國沿之，或稱秀才。

［14］建安：漢獻帝劉協年號（196—220）。

［15］越巂：郡名。治所邛都縣，在今四川西昌市東高梘鄉。

［16］山陽：縣名。治所在今河南焦作市東南。

［17］星孛（bèi）：即彗星。 鶉尾：星次名。指翼、軫二宿，古以爲楚之分野（古代天象家將天空星辰分爲十二次，與地上州國的位置相對應，稱爲分野）。

［18］荆州：漢末刺史治所襄陽縣，在今湖北襄陽市襄州區。荆州古爲楚國地。

［19］五諸侯：古星名。屬井宿，共五星。《晋書·天文志上》："五諸侯五星，在東井北，主刺舉，戒不虞。"

［20］涼州：漢靈帝中平後迄於漢獻帝建安末，刺史治所冀縣，在今甘肅甘谷縣東。

［21］枹罕：縣名。治所在今甘肅臨夏縣西南枹罕鎮。

［22］羌中：羌族之中。

裕又私語人曰："歲在庚子，天下當易代，劉氏祚盡矣。主公得益州，九年之後，寅卯之間當失之。"[1]人密白其言。初，先主與劉璋會涪時，裕爲璋從事，侍坐。其人饒鬚，先主嘲之曰："昔吾居涿縣，[2]特多毛姓，東西南北皆諸毛也，涿令稱曰'諸毛繞涿居乎！'"[3]裕即答曰："昔有作上黨潞長，[4]遷爲涿令（涿令）者，[5]去官還家，時人與書，欲署潞則失涿，欲署涿則失潞，乃署曰'潞涿君'。"先主無鬚，故裕以此及之。先主常銜其不遜,加忿其漏言,乃顯裕諫爭漢中不驗,下獄,將誅之。諸葛亮表請其罪,先主答曰:"芳蘭生門,[6]不得不鉏。"裕遂棄市。後魏氏之立,先主之薨,皆如裕所刻。又曉相術,每舉鏡視面,自知刑死,未嘗不撲之於地也。

羣卒,子巨頗傳其術。

[1]當失之:潘眉《考證》云:"先主以建安十九年得益州,至章武二年壬寅,凡九年,明年癸卯殂,故云九年之後寅卯之間當失之,非謂失益州也。"

[2]涿縣:治所在今河北涿州市。

[3]諸毛繞涿居:章炳麟《新方言》云:"州、涿爲二竅通名。先主嘲裕之言,正以陰器有毛繞之耳。若臀,則無毛,何繞之有?《詩·大雅》'昏椓靡共'箋云:'椓,椓毀陰者也。'夫惟涿爲陰器,故毀陰曰椓。"

[4]上黨:郡名。東漢末治所壺關縣,在今山西長治市北。潞:縣名。治所在今山西黎城縣南古城。

[5]涿令:百衲本、殿本、盧弼《集解》本,"涿令"下尚有"涿令"二字,校點本刪之。按文義刪之爲是,今從校點本。趙幼文《校箋》亦謂《藝文類聚》卷二五、《册府元龜》卷九四七引不重"涿令"二字。

[6]芳蘭:蘭花。蘭花雖香,而生於門前,有礙出入,勢必鋤之。 生門:趙幼文《校箋》謂《藝文類聚》卷八一、《初學記》卷九、《白孔六帖》卷一〇〇引"生"字俱作"當"。按,《白孔六帖》卷一〇〇"幽蘭"條云:"芳蘭當門,不得不鋤。"注:"古人有言。"

杜瓊字伯瑜,蜀郡成都人也。少受學於任安,精究安術。劉璋時辟爲從事。先主定益州,領牧,以瓊爲議曹從事。[1]後主踐阼，拜諫議大夫，遷左中郎將、大鴻臚、太常。[2]爲人靜默少言，闔門自守，不與世事。蔣琬、費禕等皆器重之。雖學業入深，初不視天文有所論說。[3]後進通儒譙周常問其意，瓊答曰："欲明此術甚難，須當身視，識其形色，不可信人也。晨夜苦劇，然後知之，復憂漏泄，不如不知，是以不復視也。"周因問曰："昔周徵君以爲當塗高者魏也，[4]其義何也？"瓊答曰："魏，闕名也，當塗而高，聖人取類而言耳。"又問周曰："寧復有所怪邪？"周曰："未達也。"瓊又曰："古者名官職不言曹；始自漢已來，名官盡言曹，吏言屬曹，卒言侍曹，此殆天意也。"瓊年八十餘，延熙十三年卒。[5]著《韓詩章句》十餘萬言，[6]不教諸子，內學無傳業者。[7]周緣瓊言，乃觸類而長之曰："《春秋傳》著晉穆侯名太子曰仇，[8]弟曰成師。師服曰：[9]'異哉君之名子也，嘉耦曰妃，[10]怨耦曰仇，今君名太子曰仇，弟曰成師，始兆亂矣，兄其替乎？'[11]其後果如服言。及漢靈帝名二子曰史侯、董侯，[12]既立爲帝，後皆免爲諸侯，與師服言相似也。先主諱備，其訓具也，後主諱禪，其訓授也，如言劉已具矣，當授與人也；意者甚於穆侯、靈帝之名子。"後宮人黃皓弄權於內，景耀五年，[13]宮中大樹無故自折，周深憂之，無所與言，乃書柱曰："衆而大，期之會，具而授，若何復？"言曹者衆也，魏者大也，衆而大，天下其當會也，具而授，如何復有立者乎？蜀既亡，咸以周言爲驗。周曰："此雖己所推尋，然有所因，由杜君之辭而廣之耳，殊無神思獨至之異也。"

［1］議曹從事：官名。東漢州府之屬吏，劉備爲益州牧亦置，職參謀議。

［2］左中郎將：官名。秩比二千石。漢代光祿勳下設五官、左、右三署，各置中郎將統領一署，各主其署郎官，爲皇帝侍衛。蜀漢沿置。　大鴻臚：官名。漢列卿之一，秩中二千石。掌少數民族君長、諸侯王、列侯之迎送、接待，安排朝會、封授、襲爵及奪爵削土之典禮；諸侯王死，則奉詔護理喪事，宣讀誄策謚號；百官朝會，掌贊襄引導；兼管京都之郡國邸舍及郡國上計吏之接待；又兼管少數民族之朝貢使節及侍子。三國沿之，魏爲三品。　太常：官名。東漢時仍爲列卿之首，秩中二千石。掌禮儀祭祀，選試博士等。三國沿置，魏爲三品。

［3］初不：從來不；完全不。

［4］周徵君：指周群之父周舒。被朝廷徵召爲官而不至者，尊稱爲徵君。

［5］延熙：蜀漢後主劉禪年號（238—257）。

［6］韓詩章句：《隋書》《舊唐書》之《經籍志》、《新唐書·藝文志》皆不著録。

［7］内學：漢代稱讖緯之學爲内學。

［8］春秋傳：指《春秋左傳》。　晉穆侯：西周宣王時之晉國國君。晉穆侯命名太子曰仇、太子弟曰成師之事，見《左傳·桓公二年》。

［9］師服：晉大夫。

［10］嘉耦：美好姻緣。　妃：即配。《集韻·隊韻》："妃，匹也。通作配。"

［11］替：衰微。

［12］史侯：漢靈帝何皇后所生，名辯。生後養於史道人家，因號史侯。又王美人生皇子協，何皇后忌妒，鴆殺王美人。董太后自養協，因號董侯。漢靈帝死，劉辯即帝位；董卓入京後，廢劉辯爲弘農王，立劉協爲帝，即漢獻帝。（見《後漢書》卷十下《靈思何皇后紀》）

［13］景耀：蜀漢後主劉禪年號（258—263）。

許慈字仁篤，南陽人也。[1]師事劉熙，[2]善鄭氏學，[3]治《易》《尚書》《三禮》《毛詩》《論語》。[4]建安中，與許靖等俱自交州入蜀。[5]時又有魏郡胡潛，[6]字公興，不知其所以在益土。潛雖學不沾洽，[7]然卓犖彊識，祖宗制度之儀，喪紀五服之數，[8]皆指掌畫地，舉手可采。先主定蜀，承喪亂歷紀，學業衰廢，乃鳩合典籍，沙汰衆學，慈、潛並爲博士，[9]與孟光、來敏等典掌舊文。值庶事草創，動多疑議，慈、潛更相克伐，謗讟忿争，形於聲色；書籍有無，不相通借，時尋楚撻，以相震撼。[10]撼，虛晚反。其矜己妒彼，乃至於此。先主愍其若斯，羣僚大會，使倡家假爲二子之容，傚其訟鬩之狀，酒酣樂作，以爲嬉戲，初以辭義相難，終以刀杖相屈，用感切之。潛先没，慈後主世稍遷至大長秋，[11]卒。〔一〕子勋傳其業，復爲博士。

〔一〕孫盛曰：蜀少人士，故慈、潛等並見載述。

[1] 南陽：郡名。治所宛縣，在今河南南陽市。
[2] 劉熙：字成國，漢末北海（治所在今山東昌樂縣西）人。陳振孫《直齋書錄解題》謂《釋名》八卷，漢徵士北海劉熙成國

撰。則劉熙未曾入仕。所撰《釋名》八卷二十七篇今尚傳。

［3］鄭氏學：指鄭玄之學。鄭玄爲漢末經學大師，兼通今、古文經。曾遍注群經，凡百餘萬言。（見《後漢書》卷三五《鄭玄傳》）

［4］三禮：指《周禮》《儀禮》《禮記》。　毛詩：西漢傳授《詩經》有四家：《齊詩》，齊國人轅固傳；《魯詩》，魯國人申培傳；《韓詩》，燕國人韓嬰傳；《毛詩》，魯國人毛亨（一説毛萇）傳。前三家爲今文，立於學官；《毛詩》爲古文，未立學官，卻盛行於東漢。至東漢末，大經學家鄭玄爲《毛詩》作箋，更爲學者所推重，故《毛詩》得以廣爲傳播，三家詩卻漸趨衰微。

［5］交州：建安八年（203）置，刺史治所龍編縣，在今越南河内東天德江北岸；同年又移治所於廣信縣，在今廣西梧州市；建安十五年又移治所於番禺縣，在今廣東廣州市。

［6］魏郡：治所鄴縣，在今河北臨漳縣西南鄴鎮東一里半。

［7］沾洽：淵博。

［8］喪紀：喪事。　五服：古時喪服，以親疏關係爲差等，分爲斬衰、齊衰、大功、小功、緦麻五種，稱爲五服。

［9］博士：校點本作"學士"，百衲本、殿本、盧弼《集解》本均作"博士"。今從百衲本等。博士，官名。掌經學教授。

［10］震擽（xiǎn）：謂震驚而被約束。《廣韻·阮韻》："擽，手約物。"

［11］大長秋：官名。東漢時，秩二千石。爲管理皇室后宫事務之最高官員，其職尊顯，多由高級宦官擔任。三國兩晋沿置，或由士人擔任。

孟光字孝裕，河南洛陽人，[1]漢太尉孟郁之族。〔一〕[2]靈帝末爲講部吏。[3]獻帝遷都長安，[4]遂逃入蜀，劉焉父子待以客禮。博物識古，無書不覽，尤鋭意三史,[5]長於漢家舊典。好《公羊春秋》而譏呵左氏,[6]每與來敏爭此二義,光常譊譊讙咋。[7]譊音奴交反。讙音休袁反。咋音徂格反。先主定益州,拜爲議郎,與許慈等並掌制度。後主踐阼,爲符節令、屯騎校尉、長樂少府,[8]遷大司農。[9]延熙九年秋,大赦,光於衆中責大將軍費禕曰:[10]"夫赦者,偏枯之物,[11]非明世所宜有也。衰弊窮極,必不得已,然後乃可權而行之耳。今主上仁賢,百僚稱職,有何旦夕之危,倒懸之急,而數施非常之恩,以惠姦宄之惡乎?又鷹隼始擊,[12]而更原宥有罪,上犯天時,下違人理。老夫耄朽,不達治體,竊謂斯法難以經久,豈具瞻之高美,[13]所望於明德哉!"禕但顧謝踧踖而已。[14]光之指摘痛癢,多如是類。故執政重臣心不能悦,爵位不登;每直言無所回避,爲(代)〔世〕所嫌。[15]太常廣漢鐔承、〔二〕光禄勳河東裴儁等,[16]年資皆在光後,而登據上列,處光之右,蓋以此也。〔三〕

〔一〕《續漢書》曰:郁,中常侍孟賁之弟。[17]
〔二〕《華陽國志》曰:承字公文,歷郡守、少府。[18]
〔三〕傅暢《裴氏家記》曰:[19]儁字奉先,魏尚書令潛弟也。[20]儁姊夫爲蜀中長史,[21]儁送之,時年十餘歲,遂遭漢末大亂,不復得還。既長知名,爲蜀所推重也。子越,字令緒,爲蜀督軍。[22]蜀破,遷還洛陽,拜議郎。

[1] 河南:即河南尹。治所洛陽縣,在今河南洛陽市東北白馬寺東。

[2] 太尉：官名。東漢時與司徒、司空並爲三公，共同行使宰相職能，而位列三公之首，名位甚重，或與太傅並錄尚書事，綜理全國軍政事務。　孟郁：梁章鉅《旁證》云："《後漢書·靈帝紀》'太常河南孟鹹'，即此人。'鹹'古'郁'字。"

　　[3] 講部吏：官名。東漢置有講郎，主講授經籍。講部吏蓋爲講郎之佐吏。

　　[4] 長安：縣名。治所在今陝西西安市西北。

　　[5] 三史：指《史記》《漢書》《東觀漢紀》。

　　[6] 左氏：指《春秋左傳》。

　　[7] 譊（náo）譊讙（huān）咋（zé）：大聲喧嚷。

　　[8] 符節令：官名。東漢秩六百石，位次御史中丞，掌銅虎符、竹使符，遣使授節等，職任頗重。　屯騎校尉：官名。東漢時秩比二千石。掌京師宿衛兵。三國沿置，職位略輕。　長樂少府：官名。東漢時秩二千石。掌皇太后宮中事務，位在大長秋上，皇太后卒即省。蜀漢沿置。

　　[9] 大司農：官名。秩中二千石，漢列卿之一。掌全國租賦收入和國家財政開支；原屬少府管理的帝室財政開支，東漢時亦並歸大司農。三國沿置。

　　[10] 大將軍：官名。東漢時常兼錄尚書事，與太傅、太尉等共同主持政務。三國時權任稍減，蜀漢爲最高軍事長官。

　　[11] 偏枯之物：胡三省云："木之一邊碩茂，一邊焦槁者，謂之偏。赦者，赦有罪也。有罪者赦，則奸惡之人抵法而獲免於罪，良善之人受抑而不獲伸，故謂之偏枯之物。"（《通鑑》卷七五魏邵陵厲公正始七年注）

　　[12] 鷹隼（sǔn）始擊：指秋天。鷹隼皆猛禽。《禮記·月令》：孟秋之月，"涼風至，白露降，寒蟬鳴，鷹乃祭鳥，用始行戮"。孔穎達疏："謂鷹欲食鳥之時，先殺鳥而不食，與人之祭食相似，猶若供祀先神，不敢即食。"

　　[13] 具瞻：爲衆人所瞻仰。《詩·小雅·節南山》："赫赫師

尹，民具爾瞻。"毛傳："具，俱。瞻，視。"鄭玄箋："此言尹氏，女居三公之位，天下之民俱視女之所爲。"後又因以"具瞻"指三公。費禕爲大將軍，乃三公之職。

[14] 踧（cù）踖（jí）：恭敬而不安貌。《論語·鄉黨》："君在，踧踖如也。"朱熹《集注》："踧踖，恭敬不寧之貌。"

[15] 世：各本皆作"代"。周壽昌《注證遺》云："按此'代'字當作'世'，恐亦是唐人傳抄避'世'字諱而改。"按，周說有理，郝經《續後漢書·儒學孟光傳》正作"世"。蕭常《續後漢書》亦有孟光自言"爲世所疾"語。今從郝書改。

[16] 光祿勳：官名。漢列卿之一，秩中二千石。掌宿衛宮殿門户。蜀漢沿置。 河東：郡名。治所安邑縣，在今山西夏縣西北禹王城。

[17] 中常侍：官名。東漢後期以宦官充任，秩比二千石。掌侍從皇帝左右，顧問應對，贊導宮内諸事。權力極大。

[18] 少府：官名。漢列卿之一，秩中二千石。東漢時掌宮中御衣、寶貨、珍膳等。蜀漢沿置。

[19] 傅暢：晋北地泥陽（今陝西耀縣東南）人。晋惠帝時曾爲秘書丞。著有《晋諸公叙贊》二十二卷，《公卿故事》九卷。（見《晋書》卷四七《傅玄附暢傳》）《裴氏家記》未見史籍著録。

[20] 尚書令：官名。曹魏時仍爲尚書臺長官，第三品，不再隸屬少府。仍掌奏、下尚書曹文書衆事，選用署置官吏；總典臺中綱紀法度，無所不統。後又綜理萬機，決策出令。

[21] 長史：官名。東漢之邊郡置有長史，掌兵馬。

[22] 督軍：官名。建安中曹操置，三國沿置。統兵，權任較重，位在郡守之上。

後進文士秘書郎郤正數從光諮訪，[1]光問正太子所習讀并其情性好尚，正答曰："奉親虔恭，夙夜匪懈，有古世子之風；接待羣僚，舉動出於仁恕。"光曰："如君所道，皆家户所有耳；吾今所問，欲知其權略智調何如也。"[2]正曰："世子之道，在於承志竭歡，既不得妄有所施爲，且智調藏於胸懷，權略應時而發，此之有無，焉可豫設也？"光解正慎宜，[3]不爲放談，乃曰："吾好直言，無所回避，每彈射利病，爲世人所譏嫌；（疑）省君意亦不甚好吾言，[4]然語有次。今天下未定，智意爲先，智意雖有自然，然（不）〔亦〕可力彊致也。[5]此儲君讀書，寧當傚吾等竭力博識以待訪問，如博士探策講試以求爵位邪！[6]當務其急者。"正深謂光言爲然。後光坐事免官，年九十餘卒。

[1] 秘書郎：官名。掌藝文圖籍，整理典籍，考核舊文，删省浮穢，隸秘書令。

[2] 智調：盧弼《集解》云："《通鑑》'調'作'謀'。下同。"趙幼文《校箋》謂《册府元龜》卷八〇七引亦作"謀"，應據正。按，作"智調"亦通。徐幹《中論·考僞》："心疾乎内，形勞於外，然其智調足以將之，便巧足以莊之。"智調，謂智謀算計。

[3] 慎宜：盧弼《集解》云："官本《考證》曰'宜'疑作'密'。胡三省曰：'慎宜者，謹言語，擇其所宜言乃言也。'"趙幼文《校箋》謂《易·繫辭》有"君子慎密而不出也"之説。此或本之，作"慎密"爲是。

[4] 省：各本"省"上皆有"疑"字。李慈銘《札記》云："'疑'字似衍，以'嫌疑'二字習見而誤。"校點本從李説删"疑"字。今從之。趙幼文《校箋》謂蕭常《續後漢書》"省"上亦無"疑"字。

〔5〕亦可：各本作"不可"。李慈銘《札記》云："'不'疑作'亦'。"校點本從李說改"不"爲"亦"。今從之。

〔6〕探策：即射策。漢代考試方法之一。主試者將試題寫在簡策上，應試者隨意摸取後對答。

來敏字敬達，義陽新野人，[1]來歙之後也。[2]父豔，爲漢司空。〔一〕[3]漢末大亂，敏隨姊（夫）奔荆州，[4]姊夫黃琬是劉璋祖母之姪，故璋遣迎琬妻，敏遂俱與姊入蜀，常爲璋賓客。涉獵書籍，善《左氏春秋》，尤精於《倉》《雅》訓詁，[5]好是正文字。先主定益州，署敏典學校尉，[6]及立太子，以爲家令。[7]後主踐阼，爲虎賁中郎將。[8]丞相亮住漢中，請爲軍祭酒、輔軍將軍，[9]坐事去職。〔二〕亮卒後，還成都，爲大長秋，又免，後累遷爲光禄大夫，[10]復坐過黜。前後數貶削，皆以語言不節，舉動違常也。時孟光亦以樞機不慎，議論干時，[11]然猶愈於敏，俱以其耆宿學士見禮於世。而敏荊楚名族，[12]東宮舊臣，特加優待，是故廢而復起。後以敏爲執慎將軍，[13]欲令以官重自警戒也。年九十七，景耀中卒。子忠，亦博覽經學，有敏風，與尚書向充等並能協贊大將軍姜維。[14]維善之，以爲參軍。[15]

〔一〕華嶠《後漢書》曰：豔好學下士，開館養徒衆。少歷顯位，靈帝時位至司空。

〔二〕《亮集》有教曰："將軍來敏對上官顯言'新人有何功德而奪我榮資與之邪？諸人共憎我，何故如是'？敏年老狂悖，生此怨言。昔成都初定,議者以爲來敏亂羣,[16]先帝以新定之際,故遂含容,無所禮用。後劉子初選以爲太子家令,[17]先帝不悅而不忍拒也。後主〔上〕即位,[18]吾闇於知人,遂復擢爲將軍祭酒,違議者之審見,背先帝所疏外,自謂能以敦厲薄俗,帥之以義。今既不能,表退職,使閉門思愆。"

[1] 字敬達:百衲本無"達"字,殿本、盧弼《集解》本、校點本皆有。今從殿本等。 義陽:郡名。曹魏置,治所安昌縣,在今湖北襄陽市東南。 新野:縣名。治所在今河南新野縣。

[2] 來歙(xī):東漢初南陽新野人。漢光武帝建武初,爲太中大夫,又爲中郎將。後率兵攻公孫述,被刺客刺死。追封征羌侯,謚曰節侯。(見《後漢書》卷一五《來歙傳》)

[3] 司空:官名。東漢時與太尉、司徒並爲三公,共同行使宰相職能,而位列三公之末。本職掌土木營建與水利工程。

[4] 姊:各本皆作"姊夫"。李慈銘《札記》云:"黃琬死於董卓之亂,無奔荆州事。上句姊夫'夫'字,涉下句而衍。"校點本從李説删"夫"字。今從之。

[5] 倉:指《倉頡篇》。漢初,有人將流傳的字書《倉頡篇》《爰歷篇》《博學篇》合爲一書,稱《倉頡篇》,又稱《三倉》。雅:指《爾雅》。秦漢間學者綴輯諸書舊文,遞相增益而成的解釋詞義的專著。《漢書·藝文志》著録二十篇,今傳十九篇。

[6] 典學校尉:官名。漢獻帝建安中劉備置。職掌與典學從事相類,爲州府屬官,管理州内諸郡學校、時節祭禮等。

[7] 家令:官名。即太子家令,東宮屬官。東漢時隸太子少傅。領太子倉令、食官令。與太子率更令、太子僕並號太子三卿,爲東宮要職。

[8] 虎賁中郎將:官名。東漢時秩比二千石,掌虎賁宿衛。蜀漢沿置,屬光禄勳,統率宿衛兵。

[9] 軍祭酒：官名。即丞相府之軍師祭酒，爲參謀軍事之官。輔軍將軍：官名。名號將軍，漢獻帝建安元年（196）置。

[10] 光禄大夫：官名。東漢時秩比二千石，掌顧問應對，無常事，屬光禄勳。蜀漢沿置。

[11] 議論：百衲本、殿本作"論議"，盧弼《集解》本、校點本作"議論"，蕭常《續後漢書》亦作"議論"。按，二者義同，今從《集解》本等。

[12] 荆楚：地區名。即荆州地區。因荆州古爲楚國地，而楚又稱荆，故以荆楚連稱。

[13] 執慎將軍：官名。蜀漢置。

[14] 尚書：官名。東漢有六曹尚書，即三公曹、民曹、客曹、二千石曹、吏曹、中都官曹等。秩皆六百石，皆稱尚書，不加曹號。（本《晉書·職官志》）蜀漢沿置。

[15] 參軍：官名。三國時期，開府將軍府置，掌參謀軍務。

[16] 亂羣：吴金華《〈三國志〉待質録》云："'來敏亂羣'下面，當有'過於孔文舉'五字，似可據《宋書·王微傳》增補。"今檢《宋書》卷六二《王微傳》，在王微與江湛書中有"諸葛孔明云來敏亂郡過於孔文舉"之語，但王微所引諸葛亮此語，是否出自《諸葛亮集》還難以判斷；且古人引書或有删節，不能以之而斷定爲裴松之注。故僅作參考，不以據補。

[17] 劉子初：劉巴字子初。

[18] 後主上：各本皆作"後主"。盧弼《集解》引沈家本曰："'主'下疑奪'上'字。"校點本即從沈説補"上"字。今從之。

尹默字思潛，梓潼涪人也。益部多貴今文而不崇章句，[1]默知其不博，乃遠游荆州，從司馬德操、宋仲子等受古學。[2]皆通諸經史，又專精於《左氏春秋》，自劉歆《條例》，[3]鄭衆、賈逵父子、陳元（方）、服虔注説，[4]咸略誦述，不復按本。先主定益州，領牧，以爲勸學從事。[5]及立太子，以默爲僕（射），以《左氏傳》授後主。[6]後主踐阼，拜諫議大夫。丞相亮住漢中，請爲軍祭酒。亮卒，還成都，拜太中大夫，[7]卒。子宗傳其業，爲博士。〔一〕

〔一〕宋仲子後在魏。

《魏略》曰：其子與魏諷謀反，[8]伏誅。魏太子答王朗書曰：[9]"昔石厚與州吁游，[10]父碏知其與亂；韓子昵田蘇，[11]穆子知其好仁：故君子游必有方，居必就士，誠有以也。嗟乎！宋忠無石子先識之明，[12]老罹此禍。今雖欲願行滅親之誅，立純臣之節，尚可得邪！"[13]

[1] 今文：指今文經學。秦始皇焚書坑儒後，經學一時中斷。漢興，諸儒始漸以經學教授弟子，其教本皆用當時通行之隸書寫成。漢武帝立五經博士，即以這些經書爲準。而魯恭王餘壞孔子宅所得經書及河間獻王德從民間所得經書，皆用古文寫成。所謂古文，指戰國山東六國所用之大篆（籀文）或六國文字（蝌蚪文）。因此，漢代經書有今文經與古文經之分。今文經即以隸書寫成者。

章句：謂辨別章節，剖析字句。漢代自古文經書復出後，雖有傳本，但未立博士，不列於學官。至漢哀帝時，劉歆建議將《春秋左傳》等古文經列於學官，遭到今文經學博士的強烈反對。他們斥責劉歆顛倒五經，變亂師法。劉歆則痛斥他們黨同妒真，安其所習，毀所不見，抱殘守缺。從他們相互的斥責中可以看出，今文經學與古文經學，不僅經書的書寫文字不同，就是篇章內容與傳授方法也有不同。大體説來，今文經學着重闡明經之微言大義，古文經學則強調文字訓詁，先從文字訓詁入手，然後再去闡明經義。這就是古人所説的章句之學。

［2］司馬德操：司馬徽字德操。　宋仲子：宋忠字仲子。本書卷六《劉表傳》裴松之注引《英雄記》謂劉表開立學官，使宋忠、綦毋闓等撰《五經章句》。

［3］條例：《舊唐書·經籍志》著録《春秋左氏傳條例》二十卷，劉歆撰。

［4］鄭衆：東漢河南開封（今河南開封市南）人。經學家鄭興之子，精於《春秋左氏傳》，撰有《春秋難記條例》《春秋删》等。（《見《後漢書》卷三六《鄭興附衆傳》）　賈逵：東漢扶風平陵（今陝西咸陽市西北）人。著名的古文經學家。父徽，從劉歆受《春秋左氏傳》等，撰有《左氏條例》二十一篇。逵傳父業，尤精於《左氏傳》，撰《左氏傳解詁》三十篇等。（見《後漢書》卷三六《賈逵傳》）　陳元：各本皆作"陳元方"。何焯云："傳寫之訛，衍一'方'字。"（《義門讀書記》卷二七《三國志·蜀志》）校點本從何說删"方"字，今從之。陳元，東漢蒼梧廣信（今廣西梧州市）人。父欽，善《春秋左氏傳》，與劉歆齊名。元傳父業，漢光武帝建武初年，曾一度爭立《春秋左氏傳》於學官。（見《後漢書》卷三六《陳元傳》）　服虔：東漢河南滎陽（今河南滎陽市東北）人。少入太學受業。善著文論，撰《春秋左氏解》傳於世。（見《後漢書》卷七九下《服虔傳》）

［5］勸學從事：官名。東漢末州府屬官，掌文教，不常設。

［6］僕：各本皆作"僕射"。趙一清《注補》云："《後漢書·百官志》太子僕千石，主車馬，職如太僕。此'射'字衍。《譙周傳》云'後主立太子，以周爲僕'是也。下《李譔傳》'遷爲僕射'之'射'，亦當衍。"校點本即從趙説删"射"字，下同。今皆從之。　後主：趙幼文《校箋》謂《册府元龜》卷七一〇引作"太子"，注："太子，後主也。"

［7］太中大夫：官名。秩千石。掌顧問應對，參謀議政。蜀漢沿置。

［8］魏諷謀反：事見本書卷一《武帝紀》建安二十四年及裴

松之注引《世語》。

[9] 魏太子：指曹丕。

[10] 石厚：春秋時衛國大夫石碏（què）之子。衛莊公有寵姬之子州吁，得莊公寵愛；州吁好武事，莊公也不禁止。石碏針對此事勸諫莊公，莊公不聽。石厚與州吁交往，石碏又禁止，石厚也不聽。至衛莊公死，桓公即位，州吁卻殺桓公而自立。州吁自立後，得不到衛人擁護。石厚問石碏安定州吁君位之術。石碏使石厚與州吁去陳國求助於陳桓公。及二人至陳，石碏派人告陳國，二人乃弒衛君者，陳國即拘執二人。衛國遂派右宰醜往殺州吁，石碏亦派管家往殺石厚。（見《左傳》隱公三年、四年）

[11] 韓子：指春秋時晉國卿韓宣子。晉悼公七年（前566），韓獻子告老退休，晉國準備立公族大夫穆子（韓獻子長子）爲卿。而穆子有殘疾，推辭説自己没有才能，請立其弟起（即韓宣子），並説起和田蘇（晉國之賢人）來往，田蘇稱贊起"好仁"。（見《左傳·襄公七年》）

[12] 石子：指石碏。

[13] 得邪：百衲本"得"字作"行"，殿本、盧弼《集解》本、校點本作"得"，郝經《續後漢書》苟宗道注引亦作"得"。今從殿本等。

李譔字欽仲，梓潼涪人也。父仁，字德賢，與同縣尹默俱游荆州，從司馬徽、宋忠等學。譔具傳其業，又從默講論義理，五經、諸子無不該覽，[1]加博好技藝，算術、卜數、醫藥、弓弩、機械之巧，皆致思焉。始爲州書佐、尚書令史。[2]延熙元年，後主立太子，以譔爲庶子，[3]遷爲僕（射）。轉中散大夫、右中郎將，[4]猶侍太子。太子愛其多知，甚悦之。然體輕脱，好戲啁，故世不能重也。著古文《易》、《尚書》《毛詩》《三禮》《左氏傳》《太玄指歸》，皆依準賈、馬，[5]異於鄭玄。[6]與王氏殊隔，[7]初不見其所述，而意歸多同。景耀中卒。時又有漢中陳術，字申伯，亦博學多聞，著《釋問》七篇、《益部耆舊傳》及《志》，位歷三郡太守。[8]

[1] 五經：指《易》《書》《詩》《禮》《春秋》。

[2] 書佐：官名。漢代州、郡、縣皆分曹治事，諸曹下各有書佐，職主起草和繕寫文書。此爲州書佐，位次從事。 尚書令史：官名。尚書臺之屬吏，位在諸曹掾下。

[3] 庶子：官名。此指太子庶子。東漢時隸太子少傅，秩四百石。值宿東宮，職比郎官，無員額。蜀漢沿置。

[4] 中散大夫：官名。東漢時隸屬光禄勳，秩六百石，掌應對顧問，無常事。 右中郎將：官名。東漢時秩比二千石，領右署中郎、侍郎、郎中，職掌訓練、管理、考核後備官員，出居外朝。蜀漢沿置。

[5] 賈：指賈逵。 馬：指馬融。東漢扶風茂陵（今陝西興平市東北）人。才高博洽，爲世通儒。曾校書東觀，歷官南郡太守。教授諸生數千，鄭玄、盧植皆爲其學生。著有《三傳異同說》，又注《孝經》《論語》《易》《書》《詩》《三禮》《列女傳》《老子》《淮南子》《離騷》等。（見《後漢書》卷六〇上《馬融傳》）

[6] 異於鄭玄：鄭玄注諸經，皆兼采今古文之説，而賈逵、馬融皆主古文經學。李譔既依準賈、馬，必然異於鄭玄。

[7] 王氏：指王肅。王肅"善賈、馬之學而好鄭氏"。（見本書卷一三本傳）

[8] 三郡太守：《華陽國志·先賢士女總贊下》謂陳術"歷新城、魏興、上庸三郡太守"。按，漢獻帝延康元年（220）曹丕合房陵、上庸、西城三郡之部分縣爲新城郡，治所房陵縣（在今湖北房

縣）；又魏文帝曹丕黃初元年（220）改西城郡爲魏興郡，治所西城縣（在今陝西安康市西北漢江北岸），後移治洵口（在今陝西旬陽縣附近）；上庸郡乃建安中置，治所上庸縣（在今湖北竹山縣西南）。據此，則三郡皆爲魏地，陳術蓋先歷魏之三郡太守，後乃歸蜀漢。

譙周字允南，巴西西充國人也。[1]父㟉，字榮始，治《尚書》兼通諸經及圖、緯。[2]州郡辟請，皆不應，州就假師友從事。周幼孤，與母兄同居。既長，耽古篤學，家貧未嘗問產業，[3]誦讀典籍，欣然獨笑，以忘寢食。研精《六經》，尤善書（札）[禮]。[4]頗曉天文，而不以留意；諸子文章非心所存，不悉徧視也。身長八尺，體貌素朴，性推誠不飾，無造次辯論之才，[5]然潛識內敏。

建興中，丞相亮領益州牧，命周爲勸學從事。[一]亮卒於敵庭，[6]周在家聞問，即便奔赴，尋有詔書禁斷，惟周以速行得達。大將軍蔣琬領刺史，徙爲典學從事，[7]總州之學者。

〔一〕《蜀記》曰：周初見亮，左右皆笑。既出，有司請推笑者，亮曰："孤尚不能忍，況左右乎！"

[1] 巴西：郡名。治所閬中縣，在今四川閬中市。　西充國：縣名。蜀漢置，治所在今四川南部縣西北。
[2] 圖緯：圖讖和緯書。圖讖即讖，是漢代方士製作的隱語或預言，作爲吉凶的符驗或徵兆。緯是附會儒家經典的著作。
[3] 問產業：趙幼文《校箋》謂《太平御覽》卷六一一引

"問"字作"營"。

　　[4] 六經：指《詩》《書》《禮》《樂》《易》《春秋》。《樂》早亡。漢以後謂之《六經》者，實指諸經或《五經》。　書禮：各本"禮"字皆作"札"，係古文"礼"字之誤。《説文·示部》："礼，古文禮。"《通志》卷一一八下《譙周傳》即作"研精六經，尤善書禮"。今據《通志》改。

　　[5] 造次：指善辯。《漢書》卷九九上《王莽傳上》"雖有鬼谷不及造次"，顔師古注："鬼谷先生，蘇秦之師，善談説。"

　　[6] 敵庭：周壽昌《注證遺》云："諸葛亮卒於營中，不過臨敵之時，不能謂之敵庭也。"

　　[7] 典學從事：官名。蜀漢、曹魏皆置。州府屬官，管理州内諸郡學校、時節祭祀等。

　　後主立太子，以周爲僕，轉家令。時後主頗出游觀，增廣聲樂。周上疏諫曰："昔王莽之敗，豪傑並起，跨州據郡，欲弄神器，[1]於是賢才智士思望所歸，未必以其勢之廣狹，惟其德之薄厚也。是故於時更始、公孫述及諸有大衆者多已廣大，[2]然莫不快情恣欲，怠於爲善，游獵飲食，不恤民物。世祖初入河北，[3]馮異等勸之曰：[4]'當行人所不能爲。'遂務理冤獄，節儉飲食，動遵法度，故北州歌歎，聲布四遠。於是鄧禹自南陽追之，[5]吳漢、寇恂未識世祖，[6]遥聞德行，遂以權計舉漁陽、上谷突騎迎于廣阿。其餘望風慕德者邳肜、耿純、劉植之徒，[7]至于輿病齎棺，繈負而至者，不可勝數，故能以弱爲彊，屠王郎，[8]吞銅馬，[9]折赤眉而成帝業也。[10]及在洛陽，嘗欲小出，車駕已御，銚期諫曰：[11]'天下未寧，臣誠不願陛下細行數出.'即時還車。及征隗囂,[12]潁川盜起,[13]世祖還洛陽,但遣寇恂往,恂曰:'潁川以陛下遠征,故姦猾起叛,未知陛下還,恐不時降;陛下自臨潁川,賊必即降。'遂至潁川,竟如恂言。故非急務,欲小出不敢,至於急務,欲自安不爲,故帝者之欲善也如此!故《傳》曰'百姓不徒附',誠以德先之也。今漢遭厄運,天下三分,雄哲之士思望之時也。陛下天姿至孝,喪踰三年,言及隕涕,雖曾、閔不過也。[14]敬賢任才,使之盡力,有踰成、康。[15]故國內和一,大小勠力,臣所不能陳。然臣不勝大願,願復廣人所不能者。夫輓大重者,其用力苦不衆,拔大艱者,其善術苦不廣,且承事宗廟者,非徒求福祐,所以率民尊上也。至於四時之祀,或有不臨,池苑之觀,或有仍出,臣之愚滯,私不自安。夫憂責在身者,不暇盡樂,先帝之志,堂構未成,[16]誠非盡樂之時。願省減樂官、後宮所增造,但奉脩先帝所施,下爲子孫節儉之教。"徙爲中散大夫,猶侍太子。

于時軍旅數出,百姓彫瘵,周與尚書令陳祗論其利害,退而書之,謂之《仇國論》。其辭曰:"因餘之國小,[17]而肇建之國大,並爭於世而爲仇敵,因餘之國有高賢卿者,問於伏愚子曰:'今國事未定,上下勞心,往古之事,能以弱勝彊者,其術何如?'伏愚子曰:'吾聞之,處大無患者恆多慢,處小有憂者恆思善;多慢則生亂,思善則生治,理之常也。故周文養民,[18]以少取多,勾踐卹眾,[19]以弱斃彊,此其術也。'賢卿曰:'曩者項彊漢弱,[20]相與戰爭,無日寧息,然項羽與漢約分鴻溝爲界,[21]各欲歸息民;張良以爲民志既定,則難動也,尋帥追羽,終斃項氏,豈必由文王之事乎?肇建之國方有疾疢,[22]我因其隙,陷其邊陲,覬增其疾而斃之也。'伏愚子曰:'當殷、周之際,王侯世尊,君臣久固,民習所專;深根者難拔,據固者難遷。當此之時,雖漢祖安能杖劍鞭馬而取天下乎?當秦罷侯置守之後,民疲秦役,天下土崩,或歲改主,或月易公,鳥驚獸駭,莫知所從,於是豪彊並爭,虎裂狼分,疾搏者獲多,[23]遲後者見吞。今我與肇建皆傳國易世矣,既非秦末鼎沸之時,實有六國並據之勢,故可爲文王,難爲漢祖。夫民疲勞則騷擾之兆生,上慢下暴則瓦解之形起。諺曰:"射幸數跌,[24]不如審發。"是故智者不爲小利移目,不爲意似改步,時可而後動,數合而後舉,故湯、武之師不再戰而克,[25]誠重民勞而度時審也。如遂極武黷征,土崩勢生,不幸遇難,雖有智者將不能謀之矣。若乃奇變縱橫,出入無間,衝波截轍,超谷越山,不由舟楫而濟盟津者,[26]我愚子也,實所不及。'"

後遷光祿大夫,位亞九列。周雖不與政事,以儒行見禮,時訪大議,輒據經以對,而後生好事者亦咨問所疑焉。

景耀六年冬,魏大將(軍)鄧艾克江由,[27]長驅而前。而蜀本謂敵不便至,不作城守調度,及聞艾已入(陰)平,[28]百姓擾擾,皆迸山野,不可禁制。後主使羣臣會議,計無所出。或以爲蜀之與吳,本爲和國,宜可奔吳;或以爲南中七郡,[29] 阻險斗絕,易以自守,宜可奔南。惟周以爲:"自古已來,無寄他國爲天子者也,今若入吳,固當臣服。且政理不殊,則大能吞小,此數之自然也。由此言之,則魏能并吳,吳不能并魏明矣。等爲小稱臣,[30] 孰與爲大?再辱之恥,[31] 何與一辱?且若欲奔南,則當早爲之計,然後可果;今大敵以近,[32] 禍敗將及,羣小之心,無一可保,恐發足之日,其變不測,何至南之有乎!"羣臣或難周曰:"今艾以不遠,恐不受降,如之何?"周曰:"方今東吳未賓,事勢不得不受(之),受〔之〕之後,[33] 不得不禮。若陛下降魏,魏不裂土以封陛下者,周請身詣京都,以古義爭之。"眾人無以易周之理。

後主猶疑於入南,周上疏曰:"或說陛下以北兵深入,有欲適南之計,臣愚以爲不安。何者?南方遠夷之地,平常無所供爲,猶數反叛,自丞相亮南征,兵勢偪之,窮乃(幸)〔率〕從。[34] 是後供出官賦,取以給兵,以爲愁怨,此患國之人也。今以窮迫,欲往依恃,恐必復反叛,一也。北兵之來,非但取蜀而已,若奔南方,必因人勢衰,及時赴追,二也。若至南方,外當拒敵,內供服御,費用張廣,他無所取,耗損諸夷必甚,[35] 甚必速叛,三也。昔王郎以邯鄲僭號,時世祖在信都,畏偪於郎,欲棄還關中。[36] 邳肜諫曰:[37] '明公西還,則邯鄲城民不肯捐父母,背城主,而千里送公,其亡叛可必也。'世祖從之,遂破邯鄲。

今北兵至，陛下南行，誠恐邛莋之言復信於今，四也。願陛下早爲之圖，可獲爵土；若遂適南，勢窮乃服，其禍必深。《易》曰：'亢之爲言，[38]知得而不知喪，知存而不知亡；知得失存亡而不失其正者，其惟聖人乎！'言聖人知命而不苟必也。故堯、舜以子不善，[39]知天有授，而求授人；子雖不肖，禍尚未萌，而迎授與人，況禍以至乎！故微子以殷王之昆，[40]面縛銜璧而歸武王，豈所樂哉，不得已也。"於是遂從周策。劉氏無虞，一邦蒙賴，周之謀也。〔一〕

〔一〕孫綽評曰：[41]譙周說後主降魏，可乎？曰：自爲天子而乞降請命，何恥之深乎！夫爲社稷死則死之，爲社稷亡則亡之。先君正魏之篡，不與同天矣。推過於其父，俛首而事讎，可謂苟存，[42]豈大居正之道哉！

孫盛曰：《春秋》之義，國君死社稷，卿大夫死位，況稱天子而可辱於人乎！周謂萬乘之君偷生苟免，亡禮希利，要冀微榮，惑矣。且以事勢言之，理有未盡。何者？禪雖庸主，實無桀、紂之酷，戰雖屢北，未有土崩之亂，縱不能君臣固守，背城借一，[43]自可退次東鄙以思後圖。是時羅憲以重兵據白帝，[44]霍弋以強卒鎮夜郎。[45]蜀土險狹，山水峻隔，絕巘激湍，非步卒所涉。若悉取舟楫，保據江州，[46]微兵南中，乞師東國，如此則姜、廖五將自然雲從，[47]吳之三師承命電赴，[48]何投寄之無所而慮於必亡邪？魏師之來，褰國大舉，[49]欲追則舟楫靡資，欲留則師老多虞。且屈伸有會，情勢代起，徐因思奮之民，以攻驕惰之卒，此越王所以敗闔閭，[50]田單所以摧騎劫也，[51]何爲匆匆遽自囚虜，下堅壁於敵人，致硎石之至恨哉？[52]葛生有云：[53]"事之不濟則已耳，安能復爲之下！"壯哉斯言，可以立懦夫之志矣。觀古燕、齊、荆、越之敗，或國覆主滅，或魚縣鳥竄，終能建功立事，康復社稷，豈曰天助，抑亦人謀也。[54]向使懷苟存之計，納譙周之言，何邦基之能構，令名之可獲哉？禪既闇主，周實駑臣，方之申包、田單、范蠡、大夫種，[55]不亦遠乎！

[1] 欲弄：趙幼文《校箋》謂《太平御覽》卷六一一、《册府元龜》卷七一三引"弄"字作"并"。

[2] 更始：即劉玄，漢光武帝劉秀之族兄。新莽末，平林兵等起義，劉玄往從，被推爲更始將軍。後諸起義軍無統領，遂推劉玄爲帝，年號更始。新莽政權被滅後，移都長安。劉玄入長安後貪圖享樂，不理政事。赤眉軍攻入長安，劉玄降，後被絞死。（見《後漢書》卷一一《劉玄傳》）　公孫述：東漢初扶風茂陵人。新莽時，爲導江卒正（即蜀郡太守）。後起兵，據益州稱帝，號成家。終被漢軍所破，被殺。（見《後漢書》卷一三《公孫述傳》）

[3] 世祖：漢光武帝劉秀之廟號。　河北：地區名。泛指黃河以北地區。當更始帝劉玄移都洛陽，即遣劉秀北渡河，奪取河北州郡。

[4] 馮異：東漢初潁川父城（今河南寶豐縣東）人。新莽時爲郡掾。劉秀進兵潁川，馮異投歸。後與劉秀入河北，建言："宜急分遣官屬，徇行郡縣，理冤結，布惠澤。"得到劉秀采納。（見《後漢書》卷一七《馮異傳》）

[5] 鄧禹：東漢初南陽新野（今河南新野縣南）人。少年時與劉秀相識於長安。及劉秀進兵河北，鄧禹即北渡，追投劉秀於鄴（今河北臨漳縣西南），進說曰："於今之計，莫如延攬英雄，務悅民心，立高祖之業，救萬民之命。"劉秀大悅。（見《後漢書》卷一六《鄧禹傳》）

[6] 吳漢：東漢初南陽宛（今河南南陽市）人。新莽末年，亡命至漁陽（治所在今北京密雲縣）。更始使者至河北，拜吳漢爲

安樂（今北京順義區西北）令。劉秀入河北後，吳漢素聞其德，乃説太守彭寵投歸劉秀。彭寵因命漢率兵南接劉秀於廣阿（今河北隆堯縣東）。劉秀以漢爲偏將軍。（見《後漢書》卷一八《吳漢傳》）

寇恂：東漢初上谷昌平（今北京昌平區東南）人。新莽末年，爲郡功曹，太守耿況甚重之。至劉秀入河北，寇恂向耿況説劉秀"尊賢下士，士多歸之，可攀附也"。耿況因遣寇恂至漁陽結謀彭寵，又與寵子弇南下見劉秀於廣阿。劉秀以恂爲偏將軍。（見《後漢書》卷一六《寇恂傳》）

[7] 邳肜：東漢初信都（治所在今河北冀縣）人。新莽末年，爲和成（治所在今河北晋縣西）卒正。劉秀入河北，至其郡城，邳肜舉城降，復以爲太守。（見《後漢書》卷二一《邳肜傳》） 耿純：東漢初鉅鹿宋子（今河北趙縣東北）人。更始時，爲騎都尉。劉秀入河北，至邯鄲（今河北邯鄲市西南），耿純與從昆弟等共率宗族賓客二千餘人奉迎劉秀，其中老病者皆載棺木自隨，示無返意。（見《後漢書》卷二一《耿純傳》） 劉植：東漢初鉅鹿昌城（今河北豐南縣西北）人。王郎起，劉植與其弟等率宗族賓客數千人據守昌城。及劉秀至昌城，劉植乃開門迎之。（見《後漢書》卷二一《劉植傳》）

[8] 王郎：即王昌。新莽末邯鄲人。本以卜相爲業。後自稱漢成帝之子劉子輿，漢宗室劉林與大豪李育、張參等立爲漢帝，都邯鄲。不久，劉秀攻破邯鄲，王郎被殺。（見《後漢書》卷一二《王昌傳》）

[9] 銅馬：新莽末年，河北地區的一支農民起義軍。當時河北的起義軍有銅馬、大肜、高湖、重連，等等，衆合數百萬人，但未形成統一力量。其中以銅馬最爲強大，其首領有東山荒禿、上淮況等。後銅馬被劉秀擊破收編。（見《後漢書》卷一上《光武帝紀》及李賢注）

[10] 赤眉：新莽末年，以琅邪（治所在今山東諸城市）人樊崇爲首的一支農民起義軍，初有十餘萬衆，因與官軍作戰恐自不相

識,遂用赤色染眉,故稱赤眉軍。更始劉玄稱帝後,樊崇等一度歸附,因未得適當安排,遂進軍長安。此時赤眉軍已有三十萬衆,又立漢城陽景王之後裔劉盆子爲帝,及攻破長安,更始劉玄來降。後因長安、三輔饑荒,樊崇等率衆東向,途中被劉秀所部圍擊而降。(見《後漢書》卷一一《劉盆子傳》)

[11] 銚期:東漢初潁川郟(今河南郟縣)人。新莽末年,劉秀進軍潁川,召期爲賊曹掾,遂隨劉秀征戰。劉秀即帝位後,以期爲太中大夫,至洛陽後又爲衛尉。劉秀曾與近侍外出,銚期於車前諫曰:"臣聞古今之戒,變生不意,誠不願陛下微行數出。"劉秀因回車而還。(見《後漢書》卷二〇《銚期傳》)

[12] 隗囂:東漢初天水成紀(今甘肅秦安縣)人。新莽末年,被當地豪強擁立,據有天水、武都、金城等郡(今甘肅境內)。曾一度依附更始劉玄。更始敗,囂仍割據西部,後又歸順漢光武帝。而隗囂志在割據,當光武帝使之討蜀公孫述時,囂即推辭,並起兵阻止伐蜀。最後光武帝率衆西征,囂屢敗,憂憤而死。(見《後漢書》卷一三《隗囂傳》)

[13] 潁川:郡名。治所陽翟縣,在今河南禹州市。《後漢書·寇恂傳》謂漢光武帝建武八年(32),寇恂隨光武帝西擊隗囂,"而潁川盜賊群起,帝乃引軍還,謂恂曰:'潁川迫近京師,當以時定。惟念獨卿能平之耳,從九卿復出,以憂國可也。'恂對曰:'潁川剽輕,聞陛下遠逾阻險,有事隴、蜀,故狂狡乘間相詿誤耳。如聞乘輿南向,賊必惶怖歸死。臣願執銳前驅。'即日車駕南征,恂從至潁川,盜賊悉降"。

[14] 曾閔:指曾參(字子輿)與閔損(字子騫)。皆孔子弟子,俱以孝著稱。(見《史記》卷六七《仲尼弟子列傳》)

[15] 成康:指周成王、周康王。成王、康王時期,是西周之盛世,史稱成康之治。

[16] 堂構:《尚書·大誥》:"若考作室,既底法,厥子乃弗肯堂,矧肯構?"孔安國傳:"以作室喻治政也。父已致法,子乃不

肯爲堂基，況肯構立屋乎？"後世便以"堂構"比喻繼承祖先之遺業。

[17] 因餘之國：此篇之國名、人名皆假設者。"因餘之國"指蜀漢。"肇建之國"指曹魏。"高賢卿"指陳祗。"伏愚子"指譙周自己。

[18] 周文：百衲本、殿本、盧弼《集解》本作"周人"。殿本《考證》云："'周人'，宋本作'周文'。"則此宋本乃北宋本。盧弼《集解》云："按以下文'可爲文王'之語證之，作'文'爲是。"校點本即作"文"。今從之。周文，指周文王。《史記》卷四《周本紀》謂文王"遵后稷、公劉之業，則古公、公季之法，篤仁，敬老，慈少。禮下賢者，日中不暇食以待士，士以此多歸之"。

[19] 勾踐：指越王勾踐。《國語·越語上》謂越王勾踐被吳王夫差擊敗求和後，甚恤其民眾："葬死者，問傷者，養生者，弔有憂，賀有喜，送往者，迎來者，去民之所惡，補民之不足。"經十年之生聚，終滅吳國。

[20] 項：指項羽。 漢：指漢王劉邦。

[21] 鴻溝：人工河渠。戰國魏惠王時鑿，自今河南滎陽市北引黃河，東流今中牟縣北，至開封市南折而南流，經今通許縣東、太康縣西，至淮陽縣東南注入潁水。《史記》卷七《項羽本紀》謂楚、漢相爭中，項羽、劉邦相持於滎陽。"是時，漢兵盛食多，項王兵罷食絕"，"乃與漢約，中分天下，割鴻溝以西者爲漢，鴻溝而東者爲楚"。"項王已約，乃引兵解而東歸。漢欲西歸，張良、陳平說曰：'漢有天下太半，而諸侯皆附之。楚兵罷食盡，此天亡楚之時也，不如因其機而遂取之。今釋弗擊，此所謂養虎自遺患也。'漢王聽之。"

[22] 疢疾（chèn）：弊病。

[23] 搏：校點本作"博"，百衲本、殿本、盧弼《集解》本作"搏"，今從百衲本等。

[24] 射幸數跌：射箭還多次差錯。

[25] 湯：指商湯。《史記》卷二《夏本紀》謂夏桀末，"湯修德，諸侯皆歸湯，湯遂率兵以伐夏桀。桀走鳴條（今山西運城市東北），遂放而死"。　武：指周武王。《史記》卷三《殷本紀》云："周武王於是遂率諸侯伐紂。紂亦發兵距之牧野（今河南淇縣以南、衛輝市以北地區）。甲子日紂兵敗。紂走，入登鹿臺（在今河南淇縣城中），衣其寶玉衣，赴火而死。"

[26] 盟津：古津渡口。又稱孟津，在今河南孟津縣東北黃河上。周武王伐紂，曾由此渡河。

[27] 大將：各本皆作"大將軍"。盧弼《集解》云："'軍'字疑衍。"按，盧說是。當時魏爲大將軍者乃司馬昭，鄧艾僅爲征西將軍。今從盧說刪"軍"字。　江由：又作"江油"。地名。蜀漢曾於此置江油戍，在今四川平武縣東南南壩鎮。

[28] 平：各本皆作"陰平"。盧弼《集解》引何焯曰："黃崇云'速行拒險，無令敵得入平地'。後人誤加'陰'字。"按，何說是。黃崇之言見本書卷四三《黃權傳》。平，即指平地。《通鑑》卷七八《魏紀》景元四年（263）即作"聞艾已入平土"。若陰平縣，則在今甘肅文縣西北。上文既言"鄧艾克江由"，此不得再言"聞艾已入陰平"。今從何說刪"陰"字。

[29] 南中七郡：諸葛亮南征前，南中有益州、越嶲、永昌、牂牁、朱提等五郡。諸葛亮平定南中後，改益州郡爲建寧郡，又從建寧、越嶲兩郡分出雲南郡；從建寧、牂牁兩郡分出興古郡。共爲七郡。（見《華陽國志》卷四《南中志》）

[30] 等爲小稱臣：此句與下句意爲：衡量向小的稱臣好呢，還是向大的稱臣好？《通鑑》卷七八魏元帝景元四年載此兩句爲"稱臣，爲小孰與爲大"？

[31] 再辱之恥：胡三省云："謂今降魏一辱而已；若奔吳稱臣，是一辱矣，與吳俱亡，又將臣服於魏，是爲再辱。"（《通鑑》卷七八魏元帝景元四年注）

[32] 以：盧弼《集解》本作"已"，百衲本、殿本、校點本

作"以"。按,二字義通,今仍從百衲本等。

[33] 受之:各本皆作"之受",《通鑑》卷七八魏元帝景元四年作"受之"。校點本據《通鑑》改。今從之。

[34] 率從:各本皆作"幸從",《通鑑》作"率從"。今據《通鑑》改。

[35] 耗:盧弼《集解》本作"秏",百衲本、殿本、校點本作"耗"。今從百衲本等。

[36] 關中:地區名。指函谷關以內之地。包括今陝西和甘肅、寧夏、內蒙古之部分地區。

[37] 邳肜諫:邳肜之言見《後漢書》卷二一《邳肜傳》。

[38] 亢之爲言:此句及以下各句均爲《易·乾》文言之節錄,而次序有所顛倒。"亢之爲言",是解釋"上九"中的"亢龍"之"亢"。

[39] 堯舜以子不善:《史記》卷一《五帝本紀》謂堯子丹朱,舜子商均,皆不肖,不足以授天下。最後堯授舜,舜授禹。

[40] 微子:《史記》卷三八《宋微子世家》謂微子爲帝紂之庶兄。紂既立,淫亂於政,微子數諫,紂不聽。微子遂離去。及周武王克殷,微子乃肉袒面縛而歸武王。武王釋其縛,復其位如故。

[41] 孫綽:字興公。東晉著名的文學之士。曾爲太學博士、散騎常侍,領著作郎。(見《晉書》卷五六《孫楚附綽傳》)

[42] 可謂苟存:趙幼文《校箋》謂郝經《續後漢書》苟宗道注引作"阿諛苟存"。

[43] 背城借一:謂於自己城下與敵決最後一戰。《左傳·文公二年》:"請收合餘燼,背城借一。"杜預注:"欲於城下,復借一戰。"

[44] 羅憲:見本書卷四一《霍峻傳》及裴松之注引《襄陽記》。 白帝:城名。在今重慶奉節縣東白帝山上。

[45] 夜郎:秦漢時西南地區之少數民族。分布於今貴州西部和北部、雲南東北、四川南部的部分地區。漢武帝在這一地區置

牂牁郡。

［46］江州：縣名。治所在今重慶渝中區。

［47］姜：指姜維。 廖：指廖化。 五將：蕭常《續後漢書音義》注云："五將，謂姜維、廖化、張翼、董厥等。"

［48］三師：殿本、盧弼《集解》本作"二師"，百衲本、校點本作"三師"。今從百衲本等。蕭常《續後漢書音義》引"三師"作"三帥"，並注云："三帥，謂丁奉、施績、丁封等。"

［49］襃國："襃"通"擧"。"襃國"即"擧國"。

［50］闔閭：春秋時吳國國君。在位期間，與鄰國越王允常數相攻伐。至允常死，子勾踐即越王位，闔閭乘機興師伐越。越王勾踐迎戰，使敢死士至吳陣呼而自到。吳軍觀之，越因襲擊吳軍，吳軍敗，闔閭受傷，不久即死。（見《史記》卷四一《越王勾踐世家》）

［51］田單：戰國齊人。齊湣王時曾爲臨菑（今山東淄博市東北臨淄鎮北）市掾。及燕將樂毅破齊國，連下七十餘城，田單逃保即墨（今山東平度市東南）。不久，燕昭王卒，惠王立，與樂毅有嫌隙。田單聞之，乃用反間計，燕惠王果以騎劫代樂毅。樂毅離燕軍後，士卒忿怒；田單又間使燕軍割齊降卒之鼻，掘齊人城外之祖墓，以激發齊人之憤恨。田單見齊士卒之可用，乃以火牛大破騎劫軍。（見《史記》卷八二《田單列傳》）

［52］斫石之至恨：本書卷四四《姜維傳》謂姜維自劍閣引軍回，途中得後主投降之敕令，"將士咸怒，拔刀砍石"。

［53］葛生：指諸葛亮。下引之言，乃赤壁戰前諸葛亮對孫權所言。見本書卷三五《諸葛亮傳》。

［54］抑亦：殿本、盧弼《集解》本無"亦"字，百衲本、校點本有。今從百衲本等。

［55］申包：即申包胥。春秋楚大夫。楚昭王十年（前506），吳國用伍子胥計攻破楚國，昭王出奔。申包胥至秦求救，秦不許。包胥遂於秦廷晝夜哭泣，七日七夜不絶其聲。終于感動秦哀公，爲

之出兵救楚。（見《史記》卷六六《伍子胥列傳》） 范蠡：春秋時楚國宛（今河南南陽市）人。爲越國大夫。越王勾踐被吳王夫差打敗求和後，范蠡至吳爲質二年。回越國後，助勾踐刻苦圖強，終滅吳國。（見《國語・越語下》） 大夫種：即文種。春秋時楚國郢（今湖北荆州市江陵縣西北）人。爲越國大夫。越王勾踐被吳王夫差擊敗，困守會稽山（今浙江紹興市南）。文種獻計勾踐，至吳賄賂太宰嚭，得免亡國。勾踐回國後，授文種以國政，君臣刻苦圖強，終滅吳國。（見《國語・越語下》）

時晉文王爲魏相國，[1]以周有全國之功，封陽城亭侯。[2]又下書辟周，周發至漢中，困疾不進。咸熙二年夏，[3]巴郡文立從洛陽還蜀，過見周。周語次，因書版示立曰："典午忽兮，月酉没兮。"典午者謂司馬也，[4]月酉者謂八月也，[5]至八月而文王果崩。〔一〕晉室踐阼，累下詔所在發遣周。周遂輿疾詣洛，泰始三年至。[6]以疾不起，就拜騎都尉，[7]周乃自陳無功而封，求還爵土，皆不聽許。

〔一〕《華陽國志》曰：文立字廣休，少治《毛詩》《三禮》，兼通羣書。刺史費禕命爲從事，入爲尚書郎，[8]復辟禕大將軍東曹掾，[9]稍遷尚書。蜀並于魏，梁州建，[10]首爲別駕從事，[11]舉秀才。[12]晉泰始二年，拜濟陰太守，[13]遷太子中庶子。[14]立上言："故蜀大官及盡忠死事者子孫，雖仕郡國，或有不才，同之齊民爲劇；又諸葛亮、蔣琬、費禕等子孫流徙中畿，各宜量才叙用，以慰巴、蜀之心，傾吳人之望。"事皆施行。轉散騎常侍，[15]獻可替否，多所補納。稍遷衞尉，[16]中朝服其賢雅，[17]爲時名卿。咸寧末卒。[18]立章奏詩賦論頌凡數十篇。

［1］晋文王：即司馬昭。　相國：官名。魏晋不常置，位尊於丞相，職權品秩略同。

［2］亭侯：爵名。漢制列侯大者食縣邑，小者食鄉、亭。東漢後期遂以食鄉、亭者稱爲鄉侯、亭侯。

［3］咸熙：魏元帝曹奂年號（264—265）。

［4］典午："典"即"司"，掌管之義。十二地支與十二屬相配，子配鼠，丑配牛，午配馬。故典午即司馬。

［5］月酉：夏曆建寅，以孟春之月爲歲首，二月爲卯，三月爲辰，八月爲酉。故稱八月爲月酉。

［6］泰始：晋武帝司馬炎年號（265—274）。

［7］騎都尉：官名。屬光禄勳，秩比二千石，掌羽林騎兵。

［8］尚書郎：官名。東漢之制，取孝廉之有才能者入尚書臺，初入臺稱守尚書郎中，滿一年稱尚書郎，三年稱侍郎，統稱尚書郎，秩四百石。凡置三十六員，分隸六曹尚書治事，主要掌文書起草。

［9］復辟褌：殿本"褌"字作"爲"，百衲本、盧弼《集解》本、校點本作"褌"。今從百衲本等。　東曹掾：官名。東漢三公府及大將軍府均置有東曹掾，秩比四百石，主二千石長吏遷除及軍吏。

［10］梁州：魏元帝景元四年（263）分益州置，刺史治所沔陽縣，在今陝西勉縣東舊州鋪。

［11］别駕從事：官名。爲州牧刺史的主要屬吏，州牧刺史巡行各地時，别乘傳車從行，故名别駕。

［12］秀才：漢魏選舉科目之一。而東漢稱"茂才"，曹魏則定爲州舉秀才，郡舉孝廉。

［13］濟陰：郡名。治所定陶縣，在今山東定陶縣西北。

［14］太子中庶子：官名。爲太子侍從，東漢時秩六百石，置五員，職如侍中，屬太子少傅。

［15］散騎常侍：官名。曹魏初始置，西晋沿置，位比侍中，

秩比二千石，第三品。爲門下重職，散騎省長官。職掌侍從，諫諍得失，顧問應對，與侍中等共平尚書奏事，有異議得駁奏。亦常爲宰相、諸公等加官，得入宮禁議政。

[16] 衛尉：官名。秩中二千石，第三品，掌宮門及宮中警衛。西晉時尚兼管武庫、冶鑄。

[17] 中朝：即朝中。

[18] 咸寧：晉武帝年號（275—280）。

五年，予嘗爲本郡中正，[1]清定事訖，求休還家，[2]往與周別。周語予曰："昔孔子七十二，劉向、揚雄七十一而沒，[3]今吾年過七十，庶慕孔子遺風，可與劉、揚同軌，恐不出後歲，必便長逝，不復相見矣。"疑周以術知之，假此而言也。六年秋，爲散騎常侍，疾篤不拜，至冬卒。〔一〕凡所著述，撰定《法訓》《五經論》《古史考（書）》之屬百餘篇。〔二〕[4]周三子，熙、賢、同。少子同頗好周業，亦以忠篤質素爲行，舉孝廉，[5]除錫令、東宮洗馬，[6]召不就。〔三〕[7]

〔一〕《晉陽秋》載詔曰："朕甚悼之，賜朝服一具，衣一襲，錢十五萬。"周息熙上言，周臨終屬熙曰："久抱疾，未曾朝見，若國恩賜朝服衣物者，勿以加身。當還舊墓，道險行難，豫作輕棺。殯斂已畢，上還所賜。"詔還衣服，[8]給棺直。

〔二〕《益部耆舊傳》曰：益州刺史董榮圖畫周像於州學，命從事李通頌之曰："抑抑譙侯，[9]好古述儒，寶道懷真，鑒世盈虛，雅名美迹，終始是書。我后欽賢，[10]無言不譽，攀諸前哲，丹青是圖。嗟爾來葉，鑒茲顯模。"

〔三〕周長子熙。熙子秀，字元彥。[11]《晉陽秋》曰：秀性清静，不交於世，知將大亂，豫絕人事，從兄弟及諸親里不與相見。[12]州郡辟命，及李雄盜蜀，[13]安車徵秀，[14]又雄叔父驤、驤子壽辟命，皆不應。常冠鹿皮，[15]躬耕山藪。[16]永和三年，[17]安西將軍桓温平蜀，[18]表薦秀曰："臣聞大朴既虧，[19]則高尚之標顯；道喪時昏，則忠貞之義彰。故有洗耳投淵以振玄邈之風，[20]亦有秉心矯迹以惇在三之節。[21]是以上代之君，莫不崇重斯軌，所以篤俗訓民，靜一流競。[22]伏惟大晉應符御世，運無常通，時有屯蹇，[23]神州丘墟，三方圮裂，[24]《兔罝》絕響於中林，[25]《白駒》無聞於空谷。[26]斯有識之所悼心，大雅之所歎息者也。[27]陛下聖德嗣興，方恢天緒。臣昔奉役，有事西土，鯨鯢既縣，[28]思宣大化；訪諸故老，搜揚潛逸，庶武羅於羿、浞之墟，[29]想王蠋於亡齊之境。[30]竊聞巴西譙秀，植操貞固，抱德肥遯，[31]揚清渭波。[32]于時皇極遘道消之會，[33]羣黎蹈顛沛之艱，中華有顧瞻之哀，[34]幽谷無遷喬之望；[35]凶命屢招，姦威仍偪，身寄虎吻，危同朝露，而能抗節玉立，誓不降辱，杜門絕跡，不面僞庭，進免龔勝亡身之禍，[36]退無薛方詭對之譏；[37]雖園、綺之棲商、洛，[38]管寧之默遼海，[39]方之於秀，殆無以過。于今西土，以爲美談。夫旌德禮賢，化道之所先，崇表殊節，聖哲之上務。方今六合未康，豺狼當路，遺黎偷薄，[40]義聲弗聞，益宜振起道義之徒，以敦流遁之弊。若秀蒙蒲帛之徵，[41]足以鎮静頹風，軌訓囂俗；幽遐仰流，[42]九服知化矣。"[43]及蕭敬叛亂，[44]避難宕渠川中，[45]鄉人宗族馮依者以百數。[46]秀年八十，衆人以其篤老，欲代之負擔，秀拒曰："各有老弱，當先營救。吾氣力自足堪此，不以垂朽之年累諸君也。"後十餘年，卒於家。

[1] 中正：官名。魏晉施行九品中正制。中正一職，由本郡任職於中央的有聲望之士人兼任。中正將本郡士人，按照家世與才德寫出"品"與"狀"，將其劃分爲一品至九品九個等級，爲吏部委

任官職之主要依據。曹魏前期，僅郡設中正，後來州亦設中正，稱爲大中正。

[2] 求休還家：周壽昌《注證遺》云："《周傳》中陳壽忽自叙往來，亦史中僅見。"

[3] 孔子七十二：《史記》卷四七《孔子世家》云："孔子年七十三，以魯哀公十六年四月己丑卒。"司馬貞《索隱》云："若孔子以魯襄二十一年生，至哀十六年爲七十三；若襄二十二年生，則孔子年七十二。經傳生年不定，致使孔子壽數不明。"趙幼文《校箋》則謂《白孔六帖》卷九三引此作"孔子七十三"，疑今本誤也。　劉向：西漢學者。漢楚元王交之後裔。漢成帝初，爲中郎、光禄大夫等。又奉詔領校宫中《五經》秘籍。撰有《洪範五行傳論》《列女傳》《新序》《説苑》等。年七十二卒。（見《漢書》卷三六《楚元王附向傳》）　揚雄：西漢學者，博學多識，尤善辭賦。經歷漢成帝、哀帝、平帝三朝，曾任郎官、給事黃門郎。著有《法言》《太玄》《訓纂》等。終年七十一。（見《漢書》卷八七《揚雄傳》）

[4] 法訓：《隋書》《舊唐書》之《經籍志》、《新唐書·藝文志》均著録《譙子法訓》八卷，譙周撰。　五經論：《隋書》《舊唐書》之《經籍志》、《新唐書·藝文志》均著録《五經然否論》五卷，譙周撰。　古史考：各本皆作《古史考書》。盧弼《集解》云"書"字衍。校點本則從《集解》删"書"字。今從之。《隋書·經籍志》史部正史類著録《古史考》二十五卷，譙周撰。《舊唐書·經籍志》《新唐書·藝文志》則將譙周《古史考》二十五卷列於雜史類。姚振宗《隋書經籍志考證》謂譙周《古史考》"專爲考《史記》百三十篇而作，每篇皆有所考，就所存佚文觀之，其體例略可想見。蜀人任永一事，或其論辨中語，所引《世本·作篇》，則其考補之辭。本《志》列《史記》一類之末，正得體裁"。

[5] 孝廉：漢代選拔官吏的主要科目。孝指孝子，廉指廉潔之士。原本爲二科，後混同爲一科，也不再限於孝子和廉吏。東漢後

期定制爲不滿四十歲者不得察舉；被舉者先詣公府課試，以觀其能。郡國每年要向中央推舉一至二人。曹魏定爲郡國口滿十萬者舉孝廉一人，其有優異，不拘户口，並不限年齒，老幼皆可。蜀漢、孫吴亦由郡舉孝廉。晋沿魏制，尚書郎缺，從孝廉中補。

〔6〕錫：縣名。治所在今陝西白河縣東漢江南岸白石河西。東宫洗（xiǎn）馬：官名。即"太子洗馬"。東宫屬官。"洗"即"先"。先馬，即前驅。秩比六百石，掌賓贊受事，太子出行則爲前導。東漢屬太子少傅。魏晋沿置，第七品。晋屬太子詹事。

〔7〕召：錢劍夫《〈三國志〉標點商榷》云："'召'當作'皆'。"從文義而論錢説是。但無文獻根據，今仍不改字。

〔8〕詔：百衲本、殿本、盧弼《集解》本作"詔曰"。盧弼《集解》云："'曰'字衍。"校點本無"曰"字。今從之。

〔9〕抑抑：莊美貌。《詩·大雅·假樂》："威儀抑抑，德音秩秩。"毛傳："抑抑，美也。"

〔10〕后：君。此指益州刺史董榮。

〔11〕字元彦：此句與上句共十字，百衲本、殿本、盧弼《集解》本皆作正文接於"召不就"下。何焯云："元彦去承祚遠矣，此十字皆裴注之文。"（《義門讀書記》卷二七《三國志·蜀志》）錢大昕《廿二史考異》、殿本《考證》亦有相同之説。校點本即作爲裴松之注。今從之。

〔12〕親里：百衲本"里"字作"理"，殿本、盧弼《集解》本、校點本作"里"。今從殿本等。親里，謂親族。

〔13〕李雄：十六國時期成國的建立者。巴西宕渠（今四川渠縣東北）之賨人。晋惠帝太安二年（303）攻克成都，次年建立政權，稱成都王。後又稱帝，國號大成。

〔14〕安車：可乘坐之小車。古車爲立乘，此爲坐乘，故稱安車。

〔15〕冠鹿皮：戴鹿皮帽。古代隱士戴鹿皮製作的帽子。

〔16〕山藪：殿本作"田藪"，百衲本、盧弼《集解》本、校

點本作"山藪"。今從百衲本等。山藪,山野。

[17] 永和:晉穆帝司馬聃年號(345—356)。

[18] 安西將軍:官名。魏、晉時第三品。爲出鎮地方的軍事長官,或爲州刺史兼理軍務之加官。 桓溫:東晉譙國龍亢(今安徽懷遠縣西)人。晉明帝女婿,爲駙馬都尉。又爲安西將軍、荊州刺史,握長江上游兵權。(見《晉書》卷九八《桓溫傳》)

[19] 大樸:謂原始質樸之大道。

[20] 洗耳:指許由,上古之隱士。《史記》卷六一《伯夷列傳》:"堯讓天下於許由。"張守節《正義》引皇甫謐《高士傳》云:"許由字仲武。堯聞致天下而讓焉,乃退而遁於中岳潁水之陽,箕山之下隱。堯又召爲九州長,由不欲聞之,洗耳於潁水之濱。"

投淵:指北人無擇,上古之隱士。《莊子·讓王》:"舜以天下讓其友北人無擇,北人無擇曰:'異哉后之爲人也,居於畎畝之中而游堯之門!不若是而已,又欲以其辱行漫我,吾羞見之。'因自投清泠之淵。" 玄邈:清高超逸。

[21] 在三之節:三,指君、師、父。此事指春秋時晉國大夫欒共子爲晉哀侯戰死之事。《國語·晉語一》:"武公伐翼(晉都,在今山西翼城縣東),殺哀侯,止欒共子曰:'苟無死,吾以子見天子,令子爲上卿,制晉國之政。'辭曰:'成(欒共子之名)聞之:民生於三,事之如一。父生之,師教之,君食之。非父不生,非食不長,非教不知生之族也,故壹事之。唯其所在,則致死焉。報生以死,報賜以力,人之道也。'""遂鬭而死。"

[22] 靜一:鎮定寧靜,專一不變。《莊子·刻意》:"純粹而不雜,靜一而不變。"成玄英疏:"縱使千變萬化,而心恒靜一。"

流競:謂爲官職而奔走爭逐。

[23] 屯蹇:《易》之《屯》卦與《蹇》卦之並稱,皆有艱難困苦之義。

[24] 圮(pǐ)裂:分裂;破碎。

[25] 兔罝(jū):《詩·召南》之一篇。篇中有云:"肅肅兔

罝,施于中林。"兔罝,兔網。

[26] 白駒:《詩·小雅》之一篇。篇中有云:"皎皎白駒,在彼空谷。生芻一束,其人如玉。"

[27] 大雅:德高而有才的人。

[28] 鯨鯢:比喻李勢。桓温伐蜀,成漢最末之國君李勢降,送至建康,封歸義侯。(見《晋書》卷一二一《李勢載記》)

[29] 庶:《釋名·釋親屬》:"庶,摭也。拾摭之也。"王先謙《疏證補》:"《方言》:'摭,取也。'庶妾取之甚易,故以摭釋之。"

武羅:羿之賢臣。 羿:夏代東夷有窮部落之君長。善於射箭。因夏朝政衰,羿依靠夏朝百姓取代了夏的統治。但羿不理民事,沉溺於狩獵;又抛棄武羅、伯因等賢人而任用奸詐之寒浞,因被寒浞奪去了家和國。後羿被家衆所殺。(見《左傳·襄公四年》) 浞:即寒浞。

[30] 王蠋(zhú):戰國時齊國畫邑(今山東淄博市臨淄鎮西北)人,平民。《史記》卷八二《田單列傳》謂燕國軍隊攻破齊國後,聞畫邑人王蠋賢,令軍中"環畫邑三十里無入"。之後,又使人謂王蠋曰:"齊人多高子之義,吾以子爲將,封子萬家。"蠋固辭謝。燕人又曰:"子不聽,吾引三軍而屠畫邑。"王蠋曰:"忠臣不事二君,貞女不更二夫。齊王不聽吾諫,故退而耕於野。國既破亡,吾不能存;今又劫之以兵,爲君將,是助桀爲暴也。與其生而無義,固不如烹!"因自縊而死。

[31] 肥遯:《易·遯》上九:"肥遯,無不利。"孔穎達疏:"子夏傳曰:肥,饒裕也。"後世因稱退隱爲"肥遯"。

[32] 渭:指濁水。關中之涇、渭二水,涇水清而渭水濁。此濁水比喻李勢。

[33] 道消:謂顛危;覆亡。

[34] 顧瞻:《詩·檜風·匪風》:"顧瞻周道,中心怛兮!"

[35] 遷喬:比喻人的地位上升。《詩·小雅·伐木》:"伐木丁丁,鳥鳴嚶嚶。出自幽谷,遷于喬木。"

[36] 龔勝：西漢末楚人。漢哀帝時曾爲諫大夫、光祿大夫。王莽篡漢後，强行徵召勝爲太子師友祭酒，秩上卿。龔勝自知不能免，爲門人高暉及子曰："吾受漢家厚恩，亡以報，今年老矣，旦暮入地，誼豈以一身事二姓，下見故主哉？"遂閉口不飲食，積十四日死，時年七十九。（見《漢書》卷七二《龔勝傳》）

[37] 薛方：西漢末齊人。曾爲郡掾祭酒。王莽篡漢後，遣使者以安車迎方。方辭謝使者曰："堯、舜在上，下有巢（巢父）、由（許由），今明主方隆唐、虞之德，小臣欲守箕山之節也（許由隱於箕山之下）。"遂居家教授。（見《漢書》卷七二《鮑宣傳》）

[38] 園綺：指園公、綺里季。《漢書》卷七二《王貢兩龔鮑傳序》云："漢興，有園公、綺里季、夏黄公、甪（lù）里先生，此四人者，當秦之世，避而入商雒深山（在今陝西商州市東南），以待天下之定也。"

[39] 遼海：泛指今遼河流域及其以東地區。本書卷一一《管寧傳》謂東漢末，管寧、王烈等往公孫度統治的遼東，避居於山谷中。

[40] 偷薄：不敦厚。

[41] 蒲帛：蒲車與旌帛，皆朝廷禮聘賢士所用。蒲車是用蒲草裹輪的安車，行進時可安穩不顛簸。旌帛是禮聘賢士的束帛。

[42] 幽遐：指遠夷。

[43] 九服：指天下。相傳古代天子所居京都以外的地方按遠近分爲九等，稱爲九服。即侯服、甸服、男服、采服、衛服、蠻服、夷服、鎮服、藩服等。

[44] 蕭敬：即蕭敬文。晋穆帝永和初爲征西督護，因殺征虜將軍楊謹，據涪城（今四川綿陽市東涪江東岸）叛，自號益州牧。後被周撫擊敗，被殺。（見《晋書》卷五八《周訪附撫傳》）

[45] 宕渠：縣名。治所在今四川渠縣東北土溪鄉。宕渠水即今渠江及上游之南江。

[46] 馮（píng）：同"憑"。

郤正字令先，河南偃師人也。[1]祖父儉，[2]靈帝末爲益州刺史，爲盜賊所殺。會天下大亂，故正父揖因留蜀。揖爲將軍孟達營都督，[3]隨達降魏，爲中書令史。[4]正本名纂。少以父死母嫁，單煢隻立，而安貧好學，博覽墳籍。弱冠能屬文，入爲秘書吏，[5]轉爲令史，遷郎，至令。性澹於榮利，而尤耽意文章，自司馬、王、揚、班、傅、張、蔡之儔遺文篇賦，[6]及當世美書善論，益部有者，則鑽鑿推求，略皆寓目。自在內職，與宦人黃皓比屋周旋，經三十年。皓從微至貴，操弄威權，正既不爲皓所愛，亦不爲皓所憎，是以官不過六百石，而免於憂患。

依則先儒，假文見意，號曰《釋譏》，其文繼於崔駰《達旨》。[7]其辭曰：

或有譏余者曰：「聞之前記，夫事與時並，名與功偕，然則名之與事，前哲之急務也。是故創制作範，匪時不立，流稱垂名，匪功不記，名必須功而乃顯，事亦俟時以行止，身沒名滅，君子所恥。是以達人研道，探賾索微，觀天運之符表，[8]考人事之盛衰，辯者馳說，智者應機，謀夫演略，武士奮威，雲合霧集，風激電飛，量時揆宜，用取世資，小屈大申，存公忽私，雖尺枉而尋直，[9]終揚光以發輝也。今三方鼎跱，九有未乂，[10]悠悠四海，嬰丁禍敗，[11]嗟道義之沈塞，愍生民之顛沛，此誠聖賢拯救之秋，烈士樹功之會也。吾子以高朗之才，珪璋之質，兼覽博闕，留心道術，無遠不致，無幽不悉；挺身取命，幹茲奧秘，躊躇紫闥，[12]喉舌是執，九考不移，有入無出，〔一〕究古今之真偽，計時務之得失。雖時獻一策，偶進一言，釋彼官責，慰此素飱，[13]固未能輸竭忠款，盡瀝胸肝，排方入直，[14]惠彼黎元，俾吾徒草鄙並有聞焉也。盍亦綏衡緩轡，[15]回軌易塗，輿安駕肆，思馬斯徂，[16]審厲揭以投濟，[17]要夷庚之赫憮，[18]播秋蘭以芳世，副吾徒之（彼）〔披〕圖，[19]不亦盛與！"

余聞而歎曰："嗚呼，有若云乎邪！夫人心不同，實若其面，子雖光麗，既美且豔，管闚筐舉，守厥所見，未可以言八紘之形埒，[20]信萬事之精練也。"或人率爾，[21]仰而揚衡曰：[22]"是何言與！是何言與！"

余應之曰："虞帝以面從為戒，[23]孔聖以悅己為尤，[24]若子之言，良我所思，將為吾子論而釋之。昔在鴻荒，[25]曚昧肇初，三皇應籙，[26]五帝承符，[27]爰暨夏、商，前典攸書。姬衰道缺，[28]霸者翼扶，[29]嬴氏慘虐，[30]吞嚼八區，於是從橫雲起，狙詐如星，奇袤蠭動，智故萌生；或飾真以儲偽，或挾邪以干榮，或詭道以要上，或鬻技以自矜；背正崇邪，棄直就佞，忠無定分，義無常經。故鞅法窮而愿作，[31]斯義敗而姦成，[32]呂門大而宗滅，[33]韓辯立而身刑。[34]夫何故哉？利回其心，寵耀其目，赫赫龍章，[35]鑠鑠車服，媮幸苟得，如反如仄，淫邪荒迷，恣睢自極，和鸞未調而身在轅側，[36]庭宁未踐而棟折榱覆。天收其精，地縮其澤，人弔其躬，鬼芟其領。初升高岡，終隕幽壑，朝含榮潤，夕為枯魄。是以賢人君子，深圖遠慮，畏彼咎沴，超然高舉，寧曳尾於塗中，[37]穢濁世之休譽。彼豈輕主慢民，而忽於時務哉？蓋《易》著行（止）〔正〕之戒，[38]《詩》有靖恭之歎，[39]乃神之聽之而道使之然也。

自我大漢，應天順民，政治之隆，皓若陽春，俯憲坤典，[40]仰式乾文，[41]播皇澤以熙世，揚茂化之醲醇，君臣履度，各守厥真；[42]上垂詢納之弘，下有匡救之責，士無虛華之寵，民有一行之迹，粲乎亹亹，[43]尚此忠益。然而道有隆窳，物有興廢，有聲有寂，有光有翳。朱陽否於素秋，[44]玄陰抑於孟春，[45]羲和逝而望舒係，[46]運氣匿而耀靈陳。[47]沖、質不永，[48]桓、靈墜敗，[49]英雄雲布，豪傑蓋世，家挾殊議，人懷異計，故從橫者欻披其胸，狙詐者暫吐其舌也。

今天綱已綴，德樹西鄰，丕顯祖之宏規，縻好爵於士人，興五教以訓俗，[50]豐九德以濟民，[51]肅明祀以祔祭，幾皇道以輔真。[52]雖跱者未一，偽者未分，聖人垂戒，蓋均無貧；故君臣協美於朝，黎庶欣戴於野，動若重規，靜若疊矩。濟濟偉彥，元凱之倫也，[53]有過必知，顏子之仁也，[54]侃侃庶政，冉、季之治也，[55]鷹揚鷟騰，伊、望之事也；[56]總羣俊之上略，含薛氏之三計，[57]敷張、陳之秘策，[58]故力征以勤世，援華英而不遑，[59]豈暇脩枯籜於榛穢哉！

然吾不才，在朝累紀，託身所天，心焉是恃。樂滄海之廣深，歎嵩嶽之高跱，[60]聞仲尼之贊商，[61]感鄉校之益己，[62]彼平仲之和羮，[63]亦進可而替否；故矇冒瞽說，[64]時有攸獻，譬逌人之有采于市閒，[65]游童之吟詠乎疆畔，庶以增廣福祥，輸力規諫。若其合也，則以闇協明，進應靈符；如其違也，自我常分，退守己愚。進退任數，不矯不誣，循性樂天，夫何恨諸？此其所以既入不出，有而若無者也。狹屈氏之常醒，[66]濁漁父之必醉，溷柳季之卑辱，[67]褊夷、叔之高尉。[68]合不以得，違不以失，得不充詘，[69]失不慘悴；不樂前以顧軒，[70]不就後以慮輕，不鬻譽以干澤，不辭愆以忌絀。何責之釋？何殃之卹？何方之排？何直之入？[71]九考不移，固其所執也。

方今朝士山積，髦俊成羣，猶鱗介之潛乎巨海，毛羽之集乎鄧林，[72]游禽逝不爲之尠，浮魴臻不爲之殷。且陽靈幽於唐葉，[73]陰精應於商時，[74]陽盱請而洪災息，桑林禱而甘澤滋。〔二〕行止有道，啓塞有期。我師遺訓，不怨不尤，委命恭己，我又何辭？辭窮路單，將反初節，綜墳典之流芳，尋孔氏之遺藝，綴微辭以存道，憲先軌而投制,躡叔肸之優游,[75]美疎氏之遐逝,[76]收止足以言歸,汎皓然以容裔,欣環堵以恬娛,免咎悔於斯世,顧茲心之未泰,懼末塗之泥滯,仍求激而增憤,肆中懷以告誓。昔九方考精於至貴,秦牙沈思於殊形;[三]薛燭察寶以飛譽,[四]瓠梁託絃以流聲;[五]齊隸拊髀以濟文,[六]楚客潛寇以保荊;[七]雍門援琴而挾説,[八]韓哀秉轡而馳名;[九]盧敖翶翔乎玄闕,若士竦身于雲清。[一〇]余實不能齊技於數子,故乃靜然守己而自寧。"

〔一〕《尚書》曰:[77]三載考績,三考黜陟幽明。九考則二十七年。

〔二〕《淮南子》曰:[78]禹爲水,以身請于陽盱之河,[79]湯苦旱,以身禱於桑林之際,聖人之憂民,[80]如此其明也。《吕氏春秋》曰:[81]昔殷湯克夏桀而天下大旱,五年不收,[82]湯乃以身禱於桑林曰:"余一人有罪,無及萬方,萬方有罪,在余一人,無以一人之不敏,使上帝鬼神傷民之命。"[83]湯於是剪其髮,攦其爪,自以爲犠牲,用祈福于上帝。民乃甚悦。雨乃大至。

〔三〕《淮南子》曰:[84]秦穆公謂伯樂曰:"子之年長矣,子姓有可使求馬者乎?"對曰:"良馬者,可以形容筋骨相也。相天下之馬者,若滅若没,若失若亡,其一若此馬者,絶塵(卻)〔弭〕轍。[85]臣之子皆下才也,可告以良馬而不可告以天下之馬。天下之馬,臣有所與共儋纏采薪〔者〕九方堙,[86]此其相馬,非臣之下也,請見之。"穆公見之,使之求馬,三月而反,報曰:"已得馬矣,在於沙丘。"穆公曰:"何馬也?"對曰:"牝而黄。"使人往取之,牡而驪。穆公不悦,召伯樂而問之曰:"敗矣,子之所使求馬者也！毛物牝牡尚弗能知，又何馬之能知？"伯樂喟然太息曰："一至此乎！是乃所以千萬（里）臣而無數者也。[87]若堙之所觀者天機也，得其精而忘其麤，在其內而忘其外，見其所見而不見其所不見，視其所視而遺其所不視，若彼之所相者，乃有貴乎馬者。"馬至，而果天下之馬也。[88]

《淮南子》又曰：[89]伯樂、寒風、秦牙、葛青，[90]所相各異，其知馬一也。蓋九方觀其精，秦牙察其形。

〔四〕《越絕書》曰：[91]昔越王句踐有寶劍五枚，聞於天下。客有能相劍者名薛燭，王召而問之："吾有寶劍五，請以示子。"乃取豪曹、巨闕，[92]薛燭曰："皆非也。"又取純鉤、湛盧，[93]燭曰："觀其（劍鈔）〔鈲〕，[94]爛爛如列宿之行，觀其光，渾渾如水之將溢于塘，[95]觀其文，渙渙如冰將釋，[96]此所謂純鉤邪？"王曰："是也。"王曰："客有直之者，有市之鄉三，[97]駿馬千匹，千戶之都二，可乎？"薛燭曰："不可。當造此劍之時，赤堇之山破而出錫，[98]若邪之谿涸而出銅，[99]雨師掃灑，雷公擊鼓，[100]太一下觀，[101]天精下之，歐冶乃因天之精，[102]悉其伎巧，一曰純鉤，二曰湛盧。今赤堇之山已合，若邪之谿深而不測，歐冶子已死，雖傾城量金，珠玉竭河，（獨）〔猶〕不得此一物。[103]有市之鄉三，駿馬千匹，千戶之都二，亦何足言與！"

〔五〕《淮南子》曰：瓠巴鼓瑟而鱏魚聽之。[104]又曰：瓠梁之歌可隨也，[105]而以歌者不可為也。

〔六〕臣松之曰：按此謂孟嘗君田文下坐客，[106]能作雞鳴以濟其厄者也。凡作雞鳴，必先拊髀，以傚雞之拊翼也。

〔七〕《淮南子》曰：[107]楚將子發好求技道之士。楚有善為偷者，往見曰："聞君求技道之士，臣偷也，願以技備一卒。"[108]子發聞之，衣不及帶，冠不暇正，出見而禮之。左右諫曰："偷者，天下之盜也，何為禮之？"君曰："此非左右之所得與。"後無幾何，齊興兵伐楚。子發將師以當之，兵三卻。楚賢大夫皆盡其計而悉其誠,[109]齊師愈彊。於是卒偷進請曰:"臣有薄技,願爲君行之。"君曰"諾"。偷即夜出,解齊將軍之幬帳,[110]而獻之子發。子發使人歸之,曰:"卒有出採薪者,得將軍之帳,使使歸於執事。"明日又復往取枕,子發又使歸之。明日又復往取簪,子發又使歸之。齊師聞之大駭,將軍與軍吏謀曰:"今日不去,楚軍恐取吾頭矣!"即旋師而去。

〔八〕桓譚《新論》曰:[111]雍門周以琴見孟嘗君,〔孟嘗君〕曰:[112]"先生鼓琴,亦能令文悲乎?"對曰:"臣之所能令悲者,先貴而後賤,昔富而今貧,擯壓窮巷,不交四鄰;不若身材高妙,懷質抱真,逢讒罹謗,怨結而不得信;不若交歡而結愛,[113]無怨而生離,遠赴絕國,無相見期;不若幼無父母,壯無妻兒,出以野澤爲鄰,入用堀穴爲家,[114]因于朝夕,無所假貸:若此人者,[115]但聞飛鳥之號,秋風鳴條,則傷心矣,臣一爲之援琴而長太息,未有不悽惻而涕泣者也。今若足下,居則廣廈高堂,連閭洞房,[116]下羅帷,來清風;倡優在前,諂諛侍側,揚激楚,[117]舞鄭妾,[118]流聲以娛耳,練色以淫目;水戲則舫龍舟,建羽旗,鼓(釣)〔吹〕乎不測之淵;[119]野游則登平原,馳廣囿,強弩下高鳥,勇士格猛獸;置酒娛樂,沈醉忘歸:方此之時,視天地曾不若一指,雖有善鼓琴,未能動足下也。"孟嘗君曰:"固然!"雍門周曰:"然臣竊爲足下有所常悲。夫角帝而困秦者君也,[120]連五國而伐楚者又君也。天下未嘗無事,不從即衡;[121]從成則楚王,衡成則秦帝。夫以秦、楚之彊而報弱薛,[122]猶磨蕭斧而伐朝菌也,[123]有識之士,莫不爲足下寒心。天道不常盛,寒暑更進退,千秋萬歲之後,宗廟必不血食;高臺既已傾,曲池又已平,墳墓生荊棘,狐狸穴其中,游兒牧豎躑躅其足而歌其上曰:[124]'孟嘗君之尊貴,亦猶若是乎!'"於是孟嘗君喟然太息,涕淚承睫而未下。雍門周引琴而鼓之,徐動宮徵,[125]叩角羽,終而成曲,孟嘗君遂欷歔而就之曰:"先生鼓琴,令文立若亡國之人也。"

〔九〕《吕氏春秋》曰：韓哀作御。[126]

王褒《聖主得賢臣頌》曰：[127]及至駕齧膝，[128]參乘旦，[129]王良執靶，[130]韓哀附輿，縱馳騁騖，忽如景靡，過都越國，蹶如歷塊，[131]追奔電，逐遺風，周流八極，萬里一息，何其遼哉！人馬相得也。

〔一〇〕《淮南子》曰：[132]盧敖游乎北海，[133]經乎太陰，[134]入乎玄闕，至於蒙轂之上，[135]見一士焉，深目而玄準，[136]戾頸而鳶肩，豐上而殺下，[137]軒軒然方迎風而舞，[138]顧見盧敖慢然下其臂，遯逃乎碑下。盧敖俯而視之，[139]方卷龜殼而食合梨。[140]盧敖乃與之語曰："惟敖爲背羣離黨，窮觀於六合之外者，非敖而已乎！敖幼而好游，（長不喻解）〔至長不渝〕，[141]周行四極，惟北陰之不闚，今卒睹夫子於是，子殆可與敖爲交乎！"若士者齤然而笑曰：[142]"嘻乎！子中州民，寧肯而遠至此？此猶光乎日月而戴列星，陰陽之所行，四時之所生，此其比夫不名之地，猶（突）〔窔〕奥也。[143]若我南游乎冈㟍之野，[144]北息于沈墨之鄉，[145]西窮冥冥之黨，[146]東貫鴻濛之光，[147]此其下無地而上無天，聽焉無聞，視焉則眴，[148]此其外猶有（沈沈）〔汰沃〕之汜，[149]其餘一舉而千萬里，吾猶未能之在。今子游始至于此，乃語窮觀，豈不亦遠哉！然子處矣，吾與汗漫期於九垓之上，[150]吾不可以久〔駐〕。"[151]若士舉臂而竦身，遂入雲中。盧敖仰而視之，弗見乃止，曰："吾比夫子也，猶黃鵠之與壤蟲，[152]終日行不離咫尺，自以爲遠，不亦悲哉！"

[1] 河南：即河南尹。治所洛陽縣，在今河南洛陽市東北白馬寺東。　偃師：縣名。治所在今河南偃師市東。

[2] 儉：見本書卷三一《劉焉傳》。

[3] 將軍：百衲本、殿本、盧弼《集解》本作"大將軍"。盧弼《集解》云："'大'字衍。孟達未爲大將軍。"校點本即作"將

軍"。今從之。　營都督：官名。統領營事務。將軍不在時，代行其事務。

[4] 中書令史：官名。中書省掌文書的低級官吏。曹魏置，第八品。

[5] 秘書：官署名。蜀漢時管理藝文圖籍。秘書令爲其長官，屬官有郎、令史等。秘書令秩六百石，除掌藝文圖籍外，還參與起草詔令文書。

[6] 司馬王揚班傅張蔡：指司馬相如、王褒、揚雄、班固、傅毅、張衡、蔡邕，皆兩漢之學者、文學辭賦家。《史記》《漢書》《後漢書》各有其傳。

[7] 崔駰：東漢涿郡安平（今河北安平縣）人。十三歲即能通《詩》《易》《春秋》。博學有偉才，盡通古今訓詁百家之言。善寫作，與班固、傅毅同時齊名。時人有譏其太清虛守道，不求仕進者，駰因擬揚雄《解嘲》，作《達旨》以答之。（見《後漢書》卷五二《崔駰傳》）

[8] 符表：顯露的徵兆。

[9] 尋：古長度單位。八尺爲一尋。

[10] 鼎跱：鼎立。《淮南子·脩務訓》"鶴跱而不食"，高誘注："跱，立。"　九有：九州。泛指全國。

[11] 嬰丁：遭受。

[12] 紫闥：指宮廷。

[13] 素飱：謂當官不理事，白吃奉祿。按，"飱"同"飧"。《爾雅·釋言》："粲，飧也。"陸德明釋文："飧，本又作'餐'，七丹反。《字林》作'飱'，云：'吞食。'"

[14] 排方：腰帶上的一種裝飾。

[15] 綏衡：謂停車。

[16] 思馬斯徂：《詩·魯頌·駉》："思馬斯徂。"思，語首助詞。斯，那樣。徂，遠跑。

[17] 厲揭（qì）：指水之深淺。《詩·邶風·匏有苦葉》："匏

有苦葉，濟有深涉。深則厲，淺則揭。"厲，謂連衣涉水。揭，謂提起下衣涉水。

［18］夷庚：平坦大道。《左傳·成公十八年》："今將崇諸侯之姦而披其地，以塞夷庚。"杜預注："夷庚，吳晉往來之要道。"孔穎達疏："夷，平也。《詩序》云：'由庚，萬物得由其道。'是以庚爲道也。"　赫憮（wú）：寬闊。按，盧弼《集解》引何焯曰："憮，疑作'膴'。"又按，《廣韻·陌韻》："赫，盛貌。"《廣韻·虞韻》："憮，空也。"又《集韻·模韻》："膴，大也。"

［19］披圖：各本皆作"彼圖"。殿本《考證》謂《册府元龜》作"披圖"。校點本則從何焯說據《册府元龜》改爲"披圖"。今從之。披圖，展閱圖籍。按，殿本《考證》所謂的《册府元龜》，趙幼文《校箋》謂見卷七七〇。又按，宋本《册府元龜》亦作"彼"。

［20］八紘：八方極遠之地。　形埒（liè）：界域。

［21］率爾：輕率貌。

［22］揚衡：舒展眉目。《後漢書》卷六〇下《蔡邕傳》"胡老乃揚衡含笑"，李賢注："衡，眉目之間也。"

［23］面從：《尚書·益稷》舜謂禹曰："汝無面從，退後有言。"謂當面順從，背後誹議。

［24］悦己：謂奉承取悦於己。孔子以諂媚奉承的人、當面恭維背後毀謗的人、誇誇其談的人爲有害的三種朋友。（見《論語·季氏》）

［25］鴻荒：太古，混沌初開之世。

［26］三皇：《白虎通》以伏羲、神農、燧人爲三皇。

［27］五帝：《史記》卷一《五帝本紀》以黃帝、顓頊、帝嚳、堯、舜爲五帝。

［28］姬：指周朝。周人姬姓。

［29］霸者：指春秋五霸（齊桓公、晉文公、秦穆公、宋襄公、楚莊王）。

〔30〕嬴氏：指秦朝。秦人嬴姓。

〔31〕鞅：指商鞅。戰國中，秦孝公用商鞅變法，奠定了秦國富強之基礎。孝公死後，商鞅被舊貴族誣害，車裂而死。（見《史記》卷六八《商君列傳》）今傳有《商君書》二十四篇。

〔32〕斯：指李斯。秦始皇統一六國後，李斯爲丞相，反對分封制，主張焚《詩》《書》，禁私學，加强中央集權。秦始皇死後，與趙高合謀僞造遺詔，迫令秦始皇長子胡蘇自殺，立少子胡亥爲二世皇帝。後卻爲趙高所忌，被殺。（見《史記》卷八七《李斯列傳》）

〔33〕吕：指吕不韋。戰國末陽翟（今河南禹州市）大商，家累千金，僮僕萬人。因政治投機而爲秦莊襄王丞相，封文信侯。秦王政初立，被尊爲相國。有門客三千人，曾令門客編著《吕氏春秋》。及秦王政親政後，因奸情事被免職，出居封地河南，不久被遷往蜀，憂懼自殺。（見《史記》卷八五《吕不韋列傳》）

〔34〕韓：指韓非。戰國末韓國貴族。與李斯同師事荀卿。曾上書諫韓王，不見用。遂著《孤憤》《五蠹》《説難》等十餘萬言，受到秦王政重視。後出使秦國，卻被李斯、姚賈陷害，自殺於獄中。（見《史記》卷六三《韓非列傳》）

〔35〕龍章：袞龍之服和章甫之冠。

〔36〕和鸞：古代車上的鈴鐺。挂在車前橫木上稱"和"，挂在軛首或車架上稱"鸞"。

〔37〕曳尾於塗中：語出《莊子·秋水》。塗，污泥。以神龜在污泥中比喻隱士雖貧困而可逍遥全身。

〔38〕行正：各本皆作"行止"。郁松年《續後漢書札記》云："'止'當作'正'。案《易》言'行止'，惟《艮·象傳》'時止則止，時行則行'，無戒義；且與下'靖恭'爲對文未協。《易》之言'行正'者有四：《屯·初九象傳》'雖盤桓，志行正也'；《臨·初九象傳》'咸臨貞吉，志行正也'；《晉·初六象傳》'晉如摧如，獨行正也'；《未濟·九二象傳》'九二貞吉，中以行正也'。

皆慎於事始，欲進不進，不可自恃其正，意有戒詞，則此爲'行正'無疑。"吳金華《校詁》又爲郁說補證云："《魏志·崔琰傳》載其諫世子曹丕書云：'世子宜遵大路，慎以行正，思經國之遠略，內鑒近戒，外揚遠節，深爲儲副，以身爲寶。'其'行正'亦屬戒詞，可爲郁說之又一佐證。"今從郁、吳之說改。

[39] 靖恭：亦作"靖共"。恭敬地奉守。《詩·小雅·小明》："靖共爾位，正直是與。"

[40] 坤典：大地的法則。指自然規律。

[41] 乾文：天文。

[42] 真：盧弼《集解》本作"貞"，百衲本、殿本、校點本作"真"。今從百衲本等。

[43] 亹（wěi）：百衲本、殿本、盧弼《集解》本作"斖"，校點本作"亹"。按，二字同，今從校點本。《集韻·尾韻》："亹，美也。《爾雅》：'亹亹，勉也。'斖，俗。"

[44] 朱陽：指夏季。 素秋：指秋季。

[45] 玄陰：指冬季。

[46] 羲和：神話中爲日駕車之神。代指太陽。 望舒：神話中爲月駕車之神。代指月亮。

[47] 耀靈：太陽的別稱。亦喻指皇帝。

[48] 沖：指漢沖帝。二歲即皇帝位，五個月後即死。 質：指漢質帝。八歲即皇帝位，九歲卒。

[49] 桓：指漢桓帝。 靈：指漢靈帝。

[50] 五教：《左傳·文公十八年》："使布五教于四方，父義、母慈、兄友、弟共、子孝。"

[51] 九德：《逸周書·常訓解》："九德：忠、信、敬、剛、柔、和、固、貞、順。"

[52] 礿（yuè）祭：祭祀宗廟之名。《禮記·王制》："天子諸侯宗廟之祭，春曰礿，夏曰禘，秋曰嘗，冬曰烝。" 幾（jì）：通"冀"。希望。《左傳·哀公十六年》："國人望君，如歲月，日日以

幾。"杜預注:"冀君來。"陸德明釋文:"幾音冀,本或作'冀'。"

[53] 元凱:指八元、八愷。《史記·五帝本紀》:"昔高陽氏有才子八人,世得其利,謂之'八愷';高辛氏有才子八人,世謂之'八元'。此十六族者,世濟其美,不隕其名。至於堯,堯未能舉。舜舉八愷,使主后土,以揆百事,莫不時序;舉八元,使布五教於四方。"

[54] 顏子:即顏回。孔子學生。孔子曾對魯哀公曰:"有顏回者好學,不遷怒,不貳過。"(《論語·雍也》)

[55] 冉:冉求,字子有。孔子學生。曾爲季氏宰。 季:季路,即仲由。仲由字子路,又字季路。孔子學生,亦曾爲季氏宰。《史記·仲尼弟子列傳》:"季康子問孔子曰:'冉求仁乎?'曰:'千室之邑,百乘之家,求也可使治其賦。仁則吾不知也。'復問:'子路仁乎?'孔子對曰:'如求。'"

[56] 伊:伊尹,名摯。佐湯滅桀,湯尊之爲阿衡。(見《史記》卷三《殷本紀》司馬貞《索隱》引《孫子兵書》) 望:吕望,名尚。殷末,於渭濱與周西伯(文王)相遇。西伯與語大悦,曰:"吾太公望子久矣。"因號"太公望"。後佐周武王滅殷紂。(見《史記》卷三二《齊太公世家》)又《詩·大雅·大明》:"維師尚父,時維鷹揚。"

[57] 薛氏:指西漢初故楚令尹薛公。《史記》卷九一《黥布列傳》謂漢初誅殺淮陰侯韓信、梁王彭越後,淮南王黥布恐懼,發兵反。漢高祖劉邦召諸將問計,滕公薦故楚令尹薛公。高祖召薛公問之,薛公對曰:"布反不足怪也。使布出於上計,山東非漢之有也;出於中計,勝敗之數未可知也;出於下計,陛下安枕而卧也。"高祖問薛公黥布將采取何計,薛公答下計。後果如薛公所料,漢高祖很快敗滅了黥布。

[58] 張:指張良。 陳:指陳平。皆漢高祖劉邦之主要謀士。

[59] 而不遑:百衲本"而"字作"之",殿本、盧弼《集解》本、校點本作"而"。今從殿本等。

［60］嵩嶽：即中岳嵩山。在今河南登封縣北。

［61］商：指卜商。字子夏。《論語·八佾》孔子曰："起予者商也！始可與言《詩》已矣。"

［62］鄉校：春秋時諸侯之地方學校。《左傳·襄公三十一年》："鄭人游于鄉校，以論執政。然明（鄭大夫）謂子產（鄭執政）曰：'毀鄉校，何如？'子產曰：'何爲？夫人朝夕退而游焉，以議執政之善否。其所善者，吾則行之；其所惡者，吾則改之。是吾師也，若之何毀之？'" 益己：百衲本、殿本、盧弼《集解》本"己"字作"已"，校點本作"己"，蕭常及郝經之《續後漢書》皆作"己"。今從校點本。

［63］平仲：晏嬰，字平仲（一説平爲謚，仲爲字）。春秋齊國相。歷仕齊靈公、莊公、景公三代，以節儉力行著稱。（見《史記》卷六二《晏嬰列傳》） 和羹：以各種調味品配合而製成的羹湯。僞古文《尚書·説命下》："若作和羹，爾惟鹽梅。"後即以和羹比喻大臣輔助君主綜理國政。

［64］矇冒：愚暗冒昧。 瞽説：瞎説，胡説。

［65］遒人：古代帝王差遣外出了解民情的官員。

［66］屈氏：屈原。戰國楚懷王時爲三閭大夫，因遭讒諂而被放逐，故作《離騷》以述情懷。屈原又有《漁父》之作，假述其再次放逐之情懷。其中有云："漁父見而問之曰：'子非三閭大夫歟？何故而至此？'屈原曰：'舉世混濁而我獨清，衆人皆醉而我獨醒。是以見放。'"（參《史記》卷八四《屈原賈生列傳》）

［67］柳季：即柳下惠，春秋魯國賢者，本名展獲，又名展季，字禽。"柳下"蓋其所居，因以爲號。"惠"乃其妻私謚。（見《列女傳》）《論語·微子》云："柳下惠爲士師，三黜。人曰：'子未可去乎？'曰：'直道而事人，焉往而不三黜？枉道而事人，何必去父母之邦？'"

［68］夷叔：指伯夷、叔齊。殷商末孤竹君之二子。二人因互相讓位而同奔周西伯。及至，遇西伯卒，周武王東伐紂。伯夷、叔

齊諫曰："父死不葬，爰及干戈，可謂孝乎？以臣弑君，可謂仁乎？"至武王滅紂建立周王朝後，伯夷、叔齊恥食周粟餓死於首陽山。（見《史記》卷六一《伯夷列傳》）

［69］充詘：校點本"充"字作"克"，百衲本、殿本、盧弼《集解》本、蕭常及郝經之《續後漢書》均作"充"。今從百衲本等。《禮記·儒行》："儒有不隕穫於貧賤，不充詘於富貴。"鄭玄注："充詘，喜失節之貌。"孔穎達疏："言雖得富貴，不喜歡失節。"

［70］軒：《詩·小雅·六月》："戎車既安，如輊（zhì）如軒。"高亨注："輊，車向下俯。軒，車向上仰。"

［71］何直：百衲本"直"字作"責"，殿本、盧弼《集解》本、校點本、蕭常及郝經之《續後漢書》均作"直"。今從殿本等。

［72］鄧林：神話傳説中的大樹林。（見《山海經·海外北經》）

［73］陽靈：指太陽。

［74］陰精：指月亮。

［75］叔肸（xī）：百衲本、殿本"肸"字作"肹"，盧弼《集解》本、校點本、蕭常及郝經之《續後漢書》作"肸"。按，二字同，今從《集解》本等。叔肸，即羊舌肸、叔向。春秋晉大夫。《左傳·襄公二十一年》謂晉國執政范宣子殺了箕遺、黃淵、羊舌虎（叔向弟）等，又囚禁了伯華、叔向等。有人對叔向説："子離于罪，其爲不知乎！"叔向曰："與其死亡若何？《詩》曰'優哉游哉，聊以卒歲'，知也。"

［76］疎氏：百衲本、殿本、校點本作"疎氏"，盧弼《集解》本作"疏氏"。按，二字同，今從百衲本等。疎氏指疏廣。西漢人。《漢書》卷七一《疏廣傳》謂疏廣漢宣帝時官至太子太傅；其兄子受亦爲太子少傅。在位五年，廣謂受曰："吾聞'知足不辱，知止不殆'，'功遂身退，天之道'也。今仕官至二千石，宦成名立，

如此不去，懼有後悔，豈如父子相隨出關，歸老故鄉，以壽命終，不亦善乎？"受叩頭曰："從大人議。"叔侄倆遂辭官歸家，皆以壽終。

[77] 尚書：下所引見《尚書·堯典》。

[78] 淮南子：下所引見《淮南子·修務訓》。若字句與今本《淮南子》有出入，文義可通者，不做校改，反則改之。以下所引諸書皆同此例。

[79] 陽盱：古澤名。舊説在今陝西境，有隴縣、鳳翔、涇陽等縣和華陰市之説。

[80] 桑林之際：百衲本"際"字作"祭"，殿本、盧弼《集解》本、校點本、郝經《續後漢書》荀宗道注引均作"際"。按，二字義同，《廣雅·釋言》："祭，際也。"今從殿本等。　憂民：趙幼文《校箋》謂《册府元龜》卷七七〇引"憂"字作"愛"。按，宋本《册府元龜》作"憂"，今本《淮南子》亦作"憂"。

[81] 吕氏春秋：下所引見《吕氏春秋·季秋紀·順民》。

[82] 五年：殿本、盧弼《集解》本、校點本作"三年"，百衲本作"五年"。盧弼《集解》云："今本《吕氏春秋》作'五年'，《説苑》作'七年'。"今從百衲本。

[83] 使上帝鬼神傷民之命：殿本、盧弼《集解》本、校點本作"使上帝毀傷民之大命"，百衲本作"使上帝鬼神傷民之命"。盧弼《集解》謂今本《吕氏春秋》與百衲本同。今從百衲本。又《吕氏春秋》高誘注："上帝，天也。天神曰神，人神曰鬼。穀者，民之命也。旱不收，故曰傷民之命。"

[84] 淮南子：下所引見《淮南子·道應訓》。

[85] 絶塵：脚不沾塵土。形容奔馳神速。　弭轍：各本皆作"卻轍"，義不可通。郝經《續後漢書》荀宗道注引作"弭轍"，今本《淮南子》亦作"弭轍"，今據改。高誘注："弭轍，引迹疾也。"即謂不留痕迹。形容速度極快。又上兩句"若失若亡其一若此馬者"，吴金華《〈三國志〉管窺》謂此十字句讀錯亂，不知所

云。如果據王念孫《讀書雜志》删去"若亡"二字衍文，作"若失其一若此馬者"，則可通順。

[86] 儋纏：同"擔纏"。高誘注："纏，索也。" 采薪者："采薪"下各本皆無"者"字，郝經《續後漢書》苟宗道注引有"者"字，今本《淮南子》亦有，故據增。 九方堙：高誘注："人姓名。"

[87] 千萬臣：百衲本作"千萬里馬"；殿本、盧弼《集解》本、郝經《續後漢書》苟宗道注引均作"千萬里臣"；校點本又據今本《淮南子》删"里"字，作"千萬臣"。今從之。

[88] 天下之馬也：百衲本無"也"字，殿本、盧弼《集解》本、校點本皆有。今從殿本等。又按，郝經《續後漢書》苟宗道注引作"千里之馬也"，今本《淮南子》亦作"千里之馬也"。

[89] 淮南子：下所引見《淮南子·齊俗訓》。

[90] 寒風：今本《淮南子》作"韓風"。 葛青：今本《淮南子》作"管青"。高誘注："四子皆古善相馬者。"

[91] 越絕書：按，《隋書》《舊唐書》之《經籍志》、《新唐書·藝文志》謂《越絕書》十六卷，子貢撰。《四庫全書簡明目錄》則謂《越絕書》十五卷，漢袁康撰，其友吴平同定。《隋書·經籍志》稱子貢作者，謬也。原本二十五篇，今佚五篇。其事與《吴越春秋》相出入。又按，此所引《越絕書》見卷一一《越絕外傳》。

[92] 乃取：殿本、盧弼《集解》本作"乃取其"，百衲本、校點本作"乃取"。今從百衲本等。 豪曹、巨闕：皆古寶劍名。

[93] 純鈎：四部叢刊本《越絕書》作"純鈞"。下同。"純鈎"與"湛盧"皆古寶劍名。

[94] 燭曰：百衲本"燭"上有"薛"字，殿本、盧弼《集解》本、校點本無，郝經《續後漢書》苟宗道注引亦無。今從殿本等。 鈹（pī）：各本皆作"鈔"。四部叢刊本《越絕書》作"鈹"，其上又無"劍"字。盧弼《集解》引沈家本説亦同。今據

改。釾，同"鋣"。《正字通·金部》："鋣，劍鋒。"

[95] 將溢于塘：各本皆如此。四部叢刊本《越絕書》無"將"字。

[96] 冰將釋：各本皆如此。四部叢刊本《越絕書》亦無"將"字。

[97] 三：各本皆作"三"。四部叢刊本《越絕書》作"二"。下亦同。

[98] 赤堇（jǐn）：山名。在今浙江紹興市東南。相傳爲春秋歐冶子鑄劍之處。

[99] 若邪：四部叢刊本《越絕書》作"若耶"。既是山名，又是溪名。若邪山在今浙江紹興市南。若邪溪出若邪山，北流入運河。

[100] 鼓：各本皆作"鼓"。四部叢刊本《越絕書》作"橐"。

[101] 太一：亦作"太乙"。天神名。

[102] 歐冶：即歐冶子。春秋時著名的鑄劍工。

[103] 猶：各本皆作"獨"。四部叢刊本《越絕書》作"猶"。趙幼文《校箋》謂《藝文類聚》卷六〇、《白孔六帖》卷一三引《吳越春秋》"獨"字亦作"猶"，《文選》張景陽《七命》李善注引亦作"猶"，疑作"猶"字是。今從趙說，據《越絕書》改。

[104] 瓠巴：此句《淮南子·説山訓》作"瓠巴鼓瑟而淫魚出聽"。高誘注："瓠巴，楚人也，善鼓瑟。淫魚喜音，出頭於水而聽之。淫魚長，頭身相半，長丈餘，鼻正白，身正黑，口在頷下，似鬲獄魚，而身無鱗，出江中。"

[105] 瓠梁：今本《淮南子·齊俗訓》作"狐梁"。古之善歌者。

[106] 孟嘗君田文：事見《史記》卷七五《孟嘗君列傳》。

[107] 淮南子：下所引見《淮南子·道應訓》。

[108] 臣偷也願以技備一卒：盧弼《集解》云："《御覽》作'臣楚市偷也，願以技該一卒'。注：'該，備也。卒，一人。'"趙

幼文《校箋》謂此見《太平御覽》卷四七五,又見卷四九九。按,今本《淮南子》作"臣偷也,願以技齌一卒"。高誘注:"齌,備;卒,足也。"

[109] 楚賢大夫:盧弼《集解》云:"今本《淮南子》'賢'下有'良'字。"按,郝經《續後漢書》苟宗道注引亦有"良"字。

[110] 幬帳:殿本、盧弼《集解》本、校點本無"幬"字,百衲本有,今本《淮南子》亦有。今從百衲本。

[111] 桓譚:兩漢之際人。遍習《五經》,博學多通。漢哀帝、平帝之間曾為郎官。漢光武帝時曾為議郎、給事中。反對讖緯迷信,為光武帝所不容。著《新論》二十九篇,論當世行事。書已早佚,清人有數種輯本。

[112] 孟嘗君:各本皆無此三字。嚴可均輯本注云:"《蜀志》注不重言孟嘗君,蓋轉寫脱。今依《文選·笙賦》注、《別賦》注、《豪士賦序》注加。"今從嚴説增。

[113] 結愛:百衲本"愛"上有"發"字,殿本、盧弼《集解》本、校點本、郝經《續後漢書》苟宗道注引均無。今從殿本等。

[114] 穴:殿本作"坎",百衲本、盧弼《集解》本、校點本作"穴"。今從百衲本等。

[115] 此人者:殿本"者"字作"也",百衲本、盧弼《集解》本、校點本作"者"。今從百衲本等。

[116] 洞房:嚴可均《全後漢文》注"洞"字云:"陸士衡《日出東南隅行》注作'邃'。《説苑·書説篇》亦作'邃'。"

[117] 激楚:歌曲名。

[118] 鄭妾:鄭國女子。鄭國女子善歌舞。

[119] 鼓吹:百衲本、盧弼《集解》本、校點本作"鼓釣",殿本作"鼓鉤"。嚴可均輯本依沈約《宋書·樂志一》改作"鼓吹"。今從嚴改。

［120］角帝：指齊湣王與秦昭王爭强爲帝。

［121］從（zòng）：指"合從"，"合縱"。　衡：指"連衡"，"連橫"。戰國時，山東六國聯合西向抗秦，稱合從。如山東六國服從於秦，則稱連衡。蘇秦曾謂楚威王曰："從合則楚王，衡成則秦帝。"（見《史記》卷六九《蘇秦列傳》）

［122］薛：邑名。在今山東滕州市南。爲孟嘗君田文之襲封地。

［123］蕭斧：《説文·艸部》："蕭，艾蒿也。從艸，肅聲。"段玉裁注謂"蕭"與"肅"同意通用，"蕭墻、蕭斧皆訓肅"。按，斧用於刑殺，故用嚴肅之義。

［124］牧豎：百衲本"牧"字作"收"，殿本、盧弼《集解》本、校點本、郝經《續後漢書》苟宗道注引均作"牧"。今從殿本等。

［125］宫徵（zhǐ）：古代宫、商、角、徵、羽五音之二音。

［126］韓哀：《吕氏春秋·審分覽·勿躬》作"寒哀"。高誘注："'寒哀'即《世本》之'韓哀'。古'寒''韓'通。"

［127］王襃：西漢蜀郡人。善文辭，爲益州刺史上奏稱賞。漢宣帝因召之。既至，宣帝詔襃作《聖主得賢臣頌》。文見《漢書》卷六四下《王襃傳》。

［128］齧膝：《漢書·王襃傳》作"齧卻"。按，二者可通。顏師古注引孟康曰："良馬低頭，口至卻，故曰齧卻。"

［129］參乘旦：《漢書·王襃傳》作"驂乘旦"。按，二者可通。顏師古注引張晏曰："駕則旦至，故曰乘旦。"趙幼文《校箋》引王念孫《讀書雜志》曰："'乘旦'當作'乘駔'，字之誤也。'旦'與'駔'同。駔者，駿馬之名。"

［130］王良：春秋時晋人，善騎馬乘車。

［131］歷塊：顏師古注："如經歷一塊，言其速疾之甚。"

［132］淮南子：下所引見《淮南子·道應訓》。

［133］盧敖：高誘注："盧敖，燕人。秦始皇召以爲博士，使

求神仙，亡而不反也。"

［134］太陰：高誘注："太陰，北方也。玄闕，北方之山也。"

［135］蒙轂：今本《淮南子》作"蒙穀"。高誘注："蒙穀，山名。"

［136］準：今本《淮南子》作"鬈"。準，鼻子。

［137］戾頸：今本《淮南子》作"淚注"。　豐上而殺下：謂身體上部豐滿，下部瘦削。

［138］軒軒然：飛舞貌。

［139］俯：今本《淮南子》作"就"。

［140］方卷龜殼：今本《淮南子》作"方倦龜殼"。高誘注："楚人謂倨（蹲踞）爲倦。龜殼，龜甲也。"　合梨：今本《淮南子》作"蛤梨"。高誘注："蛤梨，海蚌也。"

［141］至長不渝：百衲本、殿本、盧弼《集解》本、校點本作"長不喻解"。殿本《考證》云："宋本作'至長不渝'。"則此宋本爲北宋本。今本《淮南子》亦作"至長不渝"。今從殿本《考證》説改。

［142］齤（quán）然：笑而露齒貌。《集韻·僊韻》："齤，一曰笑而見齒貌。"

［143］窔（yào）奧：窔，各本皆作"突"。郝經《續後漢書》苟宗道注引作"突"。今本《淮南子》作"窔"。按，"窔"同"突"，蓋由"突"誤爲"突"。今據今本《淮南子》改爲"窔"。窔奧，室中東南和西南二隅。比喻幽深處。《釋名·釋宮室》："室中西南隅曰奧"，"東南隅曰窔。窔，幽也。"又高誘注："言我所游不可字名之地，以盧敖所行比之，則如窔奧中也。"

［144］罔罠（làng）：空闊無邊。《詩·大雅·抑》"罔敷求先王"，鄭玄箋："罔，無也。"揚雄《太玄·應》"天網罠罠"，范望注："罠罠，廣大貌。"又按，今《二十二子》本《淮南子》作"岡㝗"，亦空曠之義。

［145］沈墨：無聲無息。"墨"通"默"。

［146］冥冥：今本《淮南子》作"窅冥"。皆有遥遠之義。黨：處所。

［147］貫：今本《淮南子》作"開"。　鴻濛：東方之野，日出之處。（本《淮南子·俶真訓》高誘注）　光：今本《淮南子》作"先"。

［148］則眴（xún）：今本《淮南子》作"無矚"。眴，目暈眩。《集韻·諄韻》："眴，目眩也。"

［149］汰沃：百衲本、殿本、盧弼《集解》本、校點本作"沈沈"。殿本《考證》云："沈沈，宋本作'汰沃'。"此宋本當爲北宋本，今本《淮南子》亦作"汰沃"。今從殿本《考證》説改。高誘注："汰沃，四海與天之際水流聲也。"　汜（sì）：高誘注："汜，涯也。"即水邊，邊際。

［150］汗漫：高誘注："汗漫，不可知之也。"　九垓：高誘注："九垓，九天之外。"　上：今本《淮南子》作"外"。

［151］久駐：各本皆無"駐"字，但語義不全。今本《淮南子》有"駐"字，因據增。

［152］壤蟲：高誘注："壤蟲，蟲之幼也。"

　　景耀六年，後主從譙周之計，遣使請降于鄧艾，其書，正所造也。明年正月，鍾會作亂成都，後主東遷洛陽，時擾攘倉卒，蜀之大臣無翼從者，惟正及殿中督汝南張通，[1]捨妻子單身隨侍。後主賴正相導宜適，[2]舉動無闕，乃慨然歎息，恨知正之晚。時論嘉之。賜爵關內侯。[3]泰始中，除安陽令，[4]遷巴西太守。泰始八年詔曰：[5]"正昔在成都，顛沛守義，不違忠節，及見受用，盡心幹事，有治理之績，其以正爲巴西太守。"咸寧四年卒。凡所著述詩論賦之屬，垂百篇。[6]

[1] 殿中督：官名。蜀漢置，爲皇帝左右親近職。　汝南：郡名。治所平輿縣，在今河南平輿縣北。

[2] 宜適：吳金華《校詁》云："宜適，禮儀也。"

[3] 關內侯：爵名。漢制二十級爵之第十九級，次於列侯，祇有封户收取租税而無封地。魏文帝定爵制爲十等，關內侯在亭侯下，仍爲虛封，無食邑。

[4] 安陽：縣名。漢代治所在今陝西洋縣北。曹魏移治今陝西石泉縣東南池河西北漢江東岸。西晉太康元年（280）改名安康縣。

[5] 泰始八年詔：盧弼《集解》云："上文有泰始中遷巴西太守，下文不應載泰始八年之詔。當爲裴注誤入正文也。"按，盧説有理，但裴松之注應有引書名，故暫不改。

[6] 垂百篇：《隋書》《舊唐書》之《經籍志》、《新唐書·藝文志》皆著録《郤正集》一卷。

評曰："杜微脩身隱静，不役當世，庶幾夷、皓之槩。[1]周羣占天有徵，杜瓊沈默慎密，諸生之純也。許、孟、來、李，博涉多聞，尹默精于《左氏》，雖不以德業爲稱，信皆一時之學士。譙周詞理淵通，爲世碩儒，有董、揚之規，[2]郤正文辭粲爛，[3]有張、蔡之風，[4]加其行止，君子有取焉。二子處晉事少，在蜀事多，故著于篇。〔一〕

〔一〕張璠以爲譙周所陳降魏之策，[5]蓋素料劉禪懦弱，心無害戾，故得行也。如遇忿肆之人，雖無他算，然矜殉鄙恥，或發怒妄誅，以立一時之威，快其斯須之意者，此亦夷滅之禍云。

［1］夷：指伯夷。　皓：指商山四皓。

［2］董：指董仲舒。　揚：指揚雄。

［3］粲爛：校點本作"燦爛"，百衲本、殿本、盧弼《集解》本作"粲爛"。今從百衲本等。《詩·唐風·葛生》："角枕粲兮，錦衾爛兮。"朱熹《集傳》："粲、爛，華美鮮明之貌。"

［4］張：指張衡。　蔡：指蔡邕。

［5］張璠：晉人，著有《後漢紀》三十卷。已佚。

三國志 卷四三

蜀書十三

黃李呂馬王張傳第十三

　　黃權字公衡，巴西閬中人也。[1]少爲郡吏，[2]州牧劉璋召爲主簿。[3]時別駕張松建議，[4]宜迎先主，使伐張魯。權諫曰："左將軍有驍名，[5]今請到，欲以部曲遇之，[6]則不滿其心，欲以賓客禮待，[7]則一國不容二君。若客有泰山之安，則主有累卵之危。可但閉境，以待河清。"[8]璋不聽，竟遣使迎先主，出權爲廣漢長。[9]及先主襲取益州，[10]將帥分下郡縣，郡縣望風景附，權閉城堅守，須劉璋稽服，乃詣降先主。[11]先主假權偏將軍。〔一〕[12]及曹公破張魯，魯走入巴中，[13]權進曰："若失漢中，[14]則三巴不振，[15]此爲割蜀之股臂也。"[16]於是先主以權爲護軍，[17]率諸將迎魯。魯已還南鄭，北降曹公，然卒破杜濩、朴胡，[18]殺夏侯淵，據漢中，皆權本謀也。

〔一〕徐衆《評》曰：權既忠諫於主，又閉城拒守，[19]得事君之禮。武王下車，[20]封比干之墓，表商容之閭，所以大顯忠賢之士，而明示所貴之旨。先主假權將軍，善矣，然猶薄少，未足彰忠義之高節，而大勸爲善者之心。

[1] 巴西：郡名。治所閬中縣，在今四川閬中市。

[2] 郡吏：盧弼《集解》本作"郡史"，百衲本、殿本、校點本作"郡吏"。今從百衲本等。

[3] 主簿：官名。漢代中央及州郡官府皆置，職爲典領文書，辦理事務。

[4] 別駕：官名。別駕從事史之簡稱，爲州牧刺史之主要屬吏，州牧刺史巡行各地時，別乘傳車從行，故名別駕。

[5] 左將軍：指劉備。漢獻帝建安初，曹操上表劉備爲左將軍。

[6] 部曲：本爲漢代軍隊的編制。《續漢書·百官志》云："大將軍營五部，部校尉一人，部下有曲。"因稱軍隊爲部曲。魏、晉以後，又稱私人武裝爲部曲。

[7] 禮待：《群書治要》卷二七引"待"下有"之"字。

[8] 河清：謂時世清平。盧弼《集解》謂"河清"《通鑑》作"時清"。

[9] 廣漢：縣名。治所在今四川射洪縣南。

[10] 益州：州牧刺史治所成都縣，在今四川成都市舊東、西城區。

[11] 乃詣降先主：盧弼《集解》云："章懷注引此無'降'字。"按，此見《後漢書》卷七五《劉焉傳》李賢注引《蜀志》。趙幼文《校箋》謂《群書治要》卷二七引亦無"降"字。

[12] 偏將軍：官名。雜號將軍中地位較低者。

[13] 巴中：地名。胡三省云："今巴州，漢巴郡宕渠縣之北界

也。三巴之地，此居其中，謂之巴中。"（《通鑑》卷六七漢獻帝建安二十年注）漢宕渠縣治所，在今四川渠縣東北。

[14] 漢中：郡名。治所南鄭縣，在今陝西漢中市東。

[15] 三巴：指巴、巴東、巴西三郡。巴郡治所江州縣，在今重慶渝中區。巴東郡治所魚復縣，在今重慶奉節縣東白帝城。

[16] 蜀：地區名。今四川成都平原一帶，秦滅蜀前爲蜀國地，故稱蜀。此則概指益州地區。

[17] 護軍：官名。統兵武職。職如將軍，而地位稍遜。

[18] 杜濩朴胡：見本書卷一《武帝紀》建安二十年。

[19] 拒守：盧弼《集解》本作"堅守"，百衲本、殿本、校點本作"拒守"。今從百衲本等。

[20] 武王：指周武王。《史記》卷四《周本紀》謂周武王滅商紂後，"命畢公釋百姓之囚，表商容之閭"；又"命閎夭封比干之墓"。

　　先主爲漢中王，猶領益州牧，以權爲治中從事。[1]及稱尊號，將東伐吳，權諫曰："吳人悍戰，又水軍順流，進易退難，臣請爲先驅以（嘗）〔當〕寇，[2]陛下宜爲後鎮。"先主不從，以權爲鎮北將軍，[3]督江北軍以防魏師；先主自在江南。及吳將（軍）陸議乘（流）〔虛〕斷圍，[4]南軍敗績，先主引退。而道隔絕，權不得還，故率將所領降于魏。有司執法，白收權妻子。先主曰："孤負黃權，權不負孤也。"待之如初。〔一〕

　　〔一〕臣松之以爲漢武用虛罔之言，滅李陵之家，[5]劉主拒憲司所執，宥黃權之室，二主得失縣邈遠矣。《詩》云"樂只君子，保艾爾後",[6] 其劉主之謂也。[7]

[1] 治中從事：官名。州牧刺史之主要屬吏，居中治事，主衆曹文書。

[2] 當寇：各本皆作"嘗寇"。盧弼《集解》謂《通鑑》"嘗寇"作"當寇"。趙幼文《校箋》謂《文選》袁彥伯《三國名臣序贊》李善注引《蜀志》、郝經《續後漢書》俱作"當"。作"當"字爲是。按，蕭常《續後漢書·黃權傳》亦作"嘗"，然作"當"爲是，今從盧、趙說改。

[3] 鎮北將軍：官名。漢末建安中置，多領兵出鎮方面。

[4] 吳將：各本作"吳將軍"。《後漢書》卷七五《劉焉傳》李賢注引《蜀志》作"吳將"，無"軍"字；《文選》袁彥伯《三國名臣序贊》李善注引《蜀志》亦同。今據之刪"軍"字。　陸議：即陸遜。遜本名議。　乘虛：各本皆作"乘流"。盧弼《集解》云："章懷注引此，'流'作'虛'。"按，此見《後漢書·劉焉傳》李賢注引《蜀志》。趙幼文《校箋》謂《北堂書鈔》卷六七、《文選》袁彥伯《三國名臣序贊》李善注引《蜀志》"流"均作"虛"。似應據以訂正。按，《北堂書鈔》僅有卷六七"四鎮將軍"條"黃權道隔降魏"陳禹謨補注引《蜀志》仍作"乘流"；蕭常及郝經之《續後漢書·黃權傳》亦作"乘流"。是唐時《蜀志》作"虛"，至宋代已作"流"。今從李賢、李善注引《蜀志》改。

[5] 李陵：西漢初名將李廣之孫。漢武帝時爲騎都尉。天漢二年（前99）貳師將軍李廣利率三萬騎擊匈奴，使李陵率步兵五千從別道以分匈奴兵力。而李陵卻與單于主力相遇，單于調集八萬餘騎圍攻。李陵邊戰邊退，漢救兵又不至，數日後矢盡糧絶，士兵死者大半。李陵被迫降匈奴。其後漢武帝遣公孫敖率兵深入匈奴迎李陵，公孫敖無功而返，卻誣言李陵教單于爲兵以備漢軍。武帝大怒，遂族誅李陵家，其母弟妻子皆被誅。（見《漢書》卷五四《李廣附陵傳》）

[6] 保艾爾後：此詩見《詩·小雅·南山有臺》。保艾，保養。又按，"艾"，百衲本作"乂"，殿本、盧弼《集解》本、校點本作"艾"，《詩經》亦作"艾"，今從殿本等。

[7] 謂：殿本、盧弼《集解》本作"所謂"，百衲本、校點本作"謂"。今從百衲本等。

魏文帝謂權曰："君捨逆效順，欲追蹤陳、韓邪？"[1]權對曰："臣過受劉（主）〔氏〕殊遇，[2]降吳不可，還蜀無路，是以歸命。且敗軍之將，免死爲幸，何古人之可慕也！"文帝善之，拜爲鎮南將軍，[3]封育陽侯，[4]加侍中，[5]使之陪乘。蜀降人或云誅權妻子，權知其虛言，未便發喪，〔一〕後得審問，果如所言。及先主薨問至，魏羣臣咸賀而權獨否。文帝察權有局量，欲試驚之，遣左右詔權，未至之間，累催相屬，馬使奔馳，交錯於道，官屬侍從莫不碎魄，而權舉止顏色自若。後領益州刺史，[6]徙占河南。[7]大將軍司馬宣王深器之，[8]問權曰："蜀中有卿輩幾人？"權笑而答曰：[9]"不圖明公見顧之重也！"宣王與諸葛亮書曰："黃公衡，快士也，每坐起歎述足下，不去口實。"景初三年，[10]蜀延熙二年，[11]權遷車騎將軍、儀同三司。〔二〕[12]明年卒，謚曰景侯。子邕嗣。邕無子，絕。

〔一〕《漢魏春秋》曰：文帝詔令發喪，權答曰："臣與劉、葛推誠相信，[13]明臣本志。疑惑未實，請須後問。"

〔二〕《蜀記》曰：魏明帝問權："天下鼎立，當以何地爲正？"權對曰："當以天文爲正。往者熒惑守心而文皇帝崩，[14]

吴、蜀二主平安，此其徵也。"

[1] 陳韓：指陳平、韓信。秦末項羽、劉邦起兵後，陳平、韓信皆先投項羽後歸劉邦。

[2] 劉氏：各本皆作"劉主"。趙幼文《校箋》謂《太平御覽》卷四六三（按，《太平御覽》引題曰梁祚《魏國統》）、《文選》袁彦伯《三國名臣序贊》李善注引"主"字俱作"氏"。按，《後漢書》卷七五《劉焉傳》李賢注引《蜀志》亦作"氏"字。今從李賢、李善注引改。

[3] 鎮南將軍：官名。曹魏時第二品，位次四征將軍，領兵如征南將軍，多爲持節都督，出鎮方面。

[4] 育陽侯：爵名。此爲名號侯。魏文帝黄初初定其位在關内侯下，虛封，不食租。趙幼文《校箋》則謂《漢書·地理志》有"南陽郡育陽"，則育陽非名號侯也。按，本書卷一《武帝紀》建安二十年十月謂"始置名號侯"，"以賞軍功"。而名號侯非一概無地名。《通鑑》卷六七黃初三年胡三省對此注云："自此以後皆名號侯。不復注其國邑，其地名難知者猶爲之注。"則名號侯亦有冠地名者，祗是有地名而不食租。

[5] 侍中：官名。曹魏時，第三品。爲門下侍中寺長官。職掌門下衆事，侍從左右，顧問應對，拾遺補闕，與騎散常侍、黄門侍郎等共平尚書奏事。晉沿置，爲門下省長官。

[6] 領益州刺史：益州乃蜀漢地，此爲遥領。

[7] 占：謂落籍定居。 河南：即河南尹。曹魏定都洛陽，仍將京都附近二十二縣合爲一行政區，稱河南尹，相當於一郡。治所即洛陽縣，在今河南洛陽市東白馬寺東。

[8] 大將軍：官名。東漢時常兼録尚書事，與太傅、太尉等共同主持政務。漢末位在三公上。三國時權任稍減，但曹魏時仍爲上公，第一品。 司馬宣王：即司馬懿。

[9] 權笑而答曰：殿本無"笑而"二字，百衲本、盧弼《集

解》本、校點本皆有。今從百衲本等。

　　[10] 景初：魏明帝曹叡年號（237—239）。

　　[11] 延熙：蜀漢後主劉禪年號（238—257）。

　　[12] 車騎將軍：官名。東漢時位比三公，常以貴戚充任。出掌征伐，入參朝政，漢靈帝時常作贈官。魏、晉時位次驃騎將軍，在諸名號將軍上，多作爲軍府名號，加授大臣、重要州郡長官，無具體職掌，二品。開府者位從公，一品。　儀同三司：謂官非三公，而授予儀制同於三公的待遇。

　　[13] 劉：指劉備。　葛：指諸葛亮。

　　[14] 熒惑：星名。即火星。　心：星宿名。二十八宿之一，即東方蒼龍七宿的第五宿，有星三顆。

　　權留蜀子崇，爲尚書郎，[1]隨衛將軍諸葛瞻拒鄧艾。[2]到涪縣，[3]瞻盤桓未進，崇屢勸瞻宜速行據險，無令敵得入平（地）。[4]瞻猶與未納，崇至于流涕。會艾長驅而前，瞻卻戰至綿竹，[5]崇帥厲軍士，期於必死，臨陣見殺。

　　[1] 尚書郎：官名。東漢之制，取孝廉之有才能者入尚書臺，初入臺稱守尚書郎中，滿一年稱尚書郎，三年稱侍郎，統稱尚書郎，秩四百石。凡置三十六員，分隸六曹尚書治事，主要掌文書起草。

　　[2] 衛將軍：官名。東漢時位次大將軍、驃騎將軍、車騎將軍，位亞三公，開府置官屬。曹魏沿置，位在諸名號將軍上。第二品。蜀漢亦置。

　　[3] 涪縣：治所在今四川綿陽市東涪江東岸。

　　[4] 平：各本"平"下有"地"字。殿本《考證》云："元本無'地'字。"張元濟《校勘記》亦謂宋本"平"下無"地"

字,殿本有"地"字。張元濟則批云:"'平'當是上脫'陰'字,不應下增'地'字。"而修補百衲本者卻於"平"下增了"地"字。梁章鉅《旁證》云:"《姜維傳》亦有'使敵不得入平'之語。"今從宋、元舊本作"平"。平,即平地。《爾雅·釋地》:"大野曰平。"郝懿行《義疏》:"按大野,地勢平,因謂之平。平與坪音義同。《說文》:坪,地平也。"

[5]綿竹:縣名。治所在今四川德陽市北黃許鎮。

李恢字德昂,建寧俞元人也。[1]仕郡督郵,[2]姑夫爨習為建伶令,[3]有違法之事,恢(坐)〔正〕習免官。[4]太守董和以習方土大姓,寢而不許。〔一〕後貢恢于州,涉道未至,聞先主自葭萌還攻劉璋。[5]恢知璋之必敗、先主必成,[6]乃託名郡使,北詣先主,遇於綿竹。先主嘉之,從至雒城,[7]遣恢至漢中交好馬超,超遂從命。成都既定,先主領益州牧,以恢為功曹書佐、主簿。[8]後為人虜所誣,引恢謀反,有司執送,先主明其不然,更遷恢為別駕從事。章武元年,[9]庲降都督鄧方卒,[10]先主問恢:"誰可代者?"恢對曰:"人之才能,各有長短,故孔子曰'其使人也器之'。[11]且夫明主在上,則臣下盡情,是以先零之役,[12]趙充國曰'莫若老臣'。臣竊不自揆,[13]惟陛下察之。"先主笑曰:"孤之本意,亦已在卿矣。"遂以恢為庲降都督,使持節、領交州刺史,[14]住平夷縣。〔二〕

〔一〕《華陽國志》曰:習後官至領軍。[15]

〔二〕臣松之訊之蜀人,云庲降地名,[16]去蜀二千餘里,時未有寧州,號爲南中,立此職以總攝之。晉泰始中,[17]始分爲寧州。[18]

[1] 建寧:郡名。蜀漢置,治所味縣,在今雲南曲靖市西。俞元:縣名。治所在今雲南澄江縣境。

[2] 仕:殿本、盧弼《集解》本作"任",百衲本、校點本作"仕"。今從百衲本等。　督郵:官名。本名督郵書掾(或督郵曹掾),省稱督郵掾、督郵。漢置,郡府屬吏,秩六百石。主要職掌除督送郵書外,又代表郡守督察諸縣,宣達教令,並兼司獄訟捕亡等。每郡督郵皆分部,有二部、三部、四部、五部不等。

[3] 建伶:縣名。治所在今雲南晉寧縣境。

[4] 違法:殿本、盧弼《集解》本、校點本作"違犯",百衲本作"違法"。郝經《續後漢書·李恢傳》亦作"違法"。今從百衲本。　恢正習免官:各本"正"字皆作"坐"。而其下言"太守董和以習方土大姓,寢而不許"。此"不許"者何謂?上文並未言對習之處分。今檢張元濟《校勘記》,是宋本"坐"字作"正",而張元濟以爲"恢與習爲親,習有罪,恢坐之而免也",故從南、北監本及汲古閣本改"正"爲"坐"。今又查《中華再造善本》所影印宋本,"坐"字亦作"正"。故今從宋本作"正"。"恢正習免官"者,謂李恢治爨習之罪而免其官(建伶令)。《周禮·夏官·大司馬》:"賊殺其親,則正之。"鄭玄注:"正之者,執而治其罪。"

[5] 葭萌:縣名。治所在今四川廣元市西南。

[6] 必成:百衲本"成"下有"也"字,殿本、盧弼《集解》本、校點本無。今從殿本等。

[7] 雒城:即雒縣。治所在今四川廣漢市北。

[8] 功曹書佐:官名。即門功曹書佐。東漢州郡長官之佐吏,功曹從事之屬員,主人事選用。蜀漢亦置。

[9] 章武:蜀漢昭烈帝劉備年號(221—223)。

［10］庲降都督：官名。漢獻帝建安十九年（214）劉備定益州後置，蜀漢沿之。爲南中諸郡最高軍政長官。初治南昌縣（今雲南鎮雄縣境），後移治平夷縣（今貴州畢節市境），後又移治味縣（今雲南曲靖市西）。

［11］其使人也器之：孔子此語見《論語·子路》。器，謂衡量其才德。

［12］先零（lián）：百衲本作"西零"，殿本、盧弼《集解》本、校點本作"先零"，蕭常及郝經之《續後漢書·李恢傳》亦作"先零"。按，西零即先零，今從殿本等。先零，族名。秦漢時羌族的一支。主要分布在今甘肅臨夏以西和青海東北一帶。漢武帝時又移居西海鹽池地區，常出入黄河、湟水一帶，進擾隴西、金城等郡。漢宣帝元康三年（前63），先零羌與諸羌結盟欲反漢。漢遣光禄大夫義渠安國往視察，義渠安國至後卻大殺羌人，因而引起羌人反叛。義渠安國又率兵討之，結果大敗。當時後將軍趙充國已七十餘歲，漢宣帝使丙吉問充國誰可爲將者，充國對曰："亡（無）逾於老臣者矣。"（見《漢書》卷六九《趙充國傳》）

［13］揆：百衲本作"量"，殿本、盧弼《集解》本、校點本作"揆"。按，二字義同，今從殿本等。

［14］持節：漢末三國皇帝授予出征或出鎮的軍事長官的一種權力。至晋代，此種權力明確爲可殺無官位人，若軍事，可殺二千石以下官員。　交州：此時刺史治所番禺縣，在今廣東廣州市。按，當時交州不屬劉備統轄，此乃遥領。

［15］領軍：官名。漢獻帝建安中曹操置，統領禁衛軍，屬丞相府。此乃統領外地軍隊之武職。

［16］庲降地名：錢劍夫《〈三國志〉標點本商榷》謂"庲降"已見本書卷四一《霍峻傳》，此條裴松之注應移於彼。

［17］泰始：晋武帝司馬炎年號（265—274）。

［18］寧州：晋泰始七年置，刺史治所滇池縣，在今雲南晋寧縣東北晋城鎮。

先主薨，高定恣睢於越嶲，[1]雍闓跋扈於建寧，[2]朱褒反叛於牂牁。[3]丞相亮南征，先由越嶲，而恢案道向建寧。諸縣大相糾合，圍恢軍於昆明。[4]時恢衆少敵倍，又未得亮聲息，紿謂南人曰：“官軍糧盡，欲規退還，吾中間久斥鄉里，乃今得旋，不能復北，欲還與汝等同計謀，故以誠相告。”南人信之，故圍守怠緩。於是恢出擊，大破之，追奔逐北，南至槃江，[5]東接牂牁，與亮聲勢相連。南土平定，恢軍功居多，封漢興亭侯，[6]加安漢將軍。[7]後軍還，南夷復叛，殺害守將。恢身往撲討，鉏盡惡類，徙其豪帥于成都，賦出叟濮耕牛、戰馬、金、銀、犀革，[8]充繼軍資，于時費用不乏。

建興七年，以交州屬吳，解恢刺史。更領建寧太守，以還居本郡。徙居漢中，九年卒。子遺嗣。恢弟子球，羽林右部督，[9]隨諸葛瞻拒鄧艾，臨陣授命，死于綿竹。

[1] 高定：《華陽國志·南中志》作“高定元”。越嶲：郡名。治所邛都縣，在今四川西昌市東南高梘鄉。

[2] 建寧：侯康《補注續》云：“建寧本益州郡，建興三年丞相亮南征後始改此名，今叙雍闓事，不宜先書建寧也。”又按，諸葛亮南征後，雖改益州郡爲建寧郡，但益州郡不完全是建寧郡，因諸葛亮在改郡名的同時，還從益州、越嶲、永昌三郡分出部分縣設置雲南郡；又益州郡之治所與建寧郡不同，益州郡治所滇池縣，改名建寧後，則移治所味縣。雍闓之叛，當在滇池縣一帶。故此確應書爲益州，不當書建寧。（參《華陽國志·南中志》）

［3］牂牁：郡名。治所且蘭縣，在今貴州凱里市西北。

［4］昆明：澤名。謝鍾英云："滇池一名昆明。《南中志》池周回二百餘里。"（《補三國疆域志補注》）盧弼《集解》亦云："昆明即滇池。"滇池在今雲南昆明市南。按，李恢從平夷縣出兵向益州郡，則被圍之地當在昆明池之東北方。

［5］槃江：即今雲南、貴州的南盤江。

［6］亭侯：爵名。漢制列侯大者食縣邑，小者食鄉亭。東漢後期遂以食鄉、亭者稱爲鄉侯、亭侯。

［7］安漢將軍：官名。建安末劉備置，班在軍師將軍上。蜀漢沿置。

［8］叟：南中地區之少數民族。《華陽國志·南中志》云："夷人大種曰'昆'，小種曰'叟'。" 濮：亦南中地區的少數民族。古代分布較廣，有百濮之稱。秦漢以後，主要分布於今西南各省。

［9］羽林右部督：官名。蜀漢置。蓋掌右部羽林宿衛軍。

　　呂凱字季平，永昌不韋人也。[一][1]仕郡五官掾、功曹。[2]時雍闓等聞先主薨於永安，[3]驕黠滋甚。都護李嚴與闓書六紙，[4]解喻利害，闓但答一紙曰："蓋聞天無二日，土無二王，今天下鼎立，正朔有三，[5]是以遠人惶惑，不知所歸也。"其桀慢如此。闓又降於吴，吴遥署闓爲永昌太守。永昌既在益州郡之西，道路壅塞，與蜀隔絕，而郡太守改易，凱與府丞蜀郡王伉帥厲吏民，[6]閉境拒闓。闓數移檄永昌，稱説云云。凱答檄曰："天降喪亂，[7]奸雄乘釁，天下切齒，萬國悲悼，臣妾大小，莫不思竭筋力，肝腦塗地，以除國難。伏惟將軍世受漢恩，以爲當躬聚黨衆，率先啓行，上以報國家，下不負先人，書功竹帛，遺名千載。何期臣僕吳越，[8]背本就末乎？昔舜勤民事，隕于蒼梧，[9]書籍嘉之，流聲無窮。崩于江浦，[10]何足可悲！文、武受命，[11]成王乃平。先帝龍興，海內望風，宰臣聰睿，自天降康。而將軍不覩盛衰之紀，成敗之符，譬如野火在原，蹈履河冰，火滅冰泮，將何所依附？曩者將軍先君雍侯，[12]造怨而封，竇融知興，[13]歸志世祖，皆流名後葉，世歌其美。今諸葛丞相英才挺出，深覩未萌，受遺託孤，翊贊季興，[14]與衆無忌，錄功忘瑕。[15]將軍若能翻然改圖，易跡更步，古人不難追，鄙土何足宰哉！蓋聞楚國不恭，[16]齊桓是責，夫差僭號，[17]晉人不長，況臣於非主，誰肯歸之邪？竊惟古義，臣無越境之交，是以前後有來無往。重承告示，發憤忘食，故略陳所懷，惟將軍察焉。"凱威恩內著，爲郡中所信，故能全其節。

〔一〕孫盛《蜀世譜》曰：初，秦徙呂不韋子弟宗族於蜀漢。[18]漢武帝時，開西南夷，置郡縣，徙呂氏以充之，因曰不韋縣。

[1] 永昌：郡名。治所不韋縣，在今雲南保山市東北金雞村。
[2] 五官掾：官名。漢代之郡國屬吏，地位僅次於功曹，祭祀居諸吏之首，無固定職掌，凡功曹及諸曹員吏出缺，即代理其職務。　功曹：官名。漢代郡太守下設功曹史，簡稱功曹，爲郡太守之佐吏，除分掌人事外，並得參與一郡之政務。
[3] 永安：縣名。治所在今重慶奉節縣東白帝城。
[4] 都護：官名。漢獻帝建安中孫權置，後又別置左、右都

護，蜀漢則分置中、左、右都護。皆掌軍事。

［5］正朔：謂帝王新頒之曆法。古代帝王改朝換代，必改正朔，以示"應天承運"。

［6］府丞：官名。漢末稱郡丞爲府丞。郡丞爲郡太守之副，佐掌衆事。

［7］喪亂：死亡之禍。此指劉備死亡。

［8］吴越：指孫吴。孫吴所轄古爲吴國、越國之地。

［9］蒼梧：地區名。指今湖南省南部、廣東省北部及廣西省東北部的廣大地區。《史記》卷一《五帝本紀》謂舜"踐帝位三十九年，南巡狩，崩於蒼梧之野，葬於江南九疑（山名。又作'九嶷山'，在今湖南寧遠縣南）"。

［10］崩于江浦：指劉備死於江邊的永安縣。

［11］文武：指周文王、武王。周武王滅殷建立周王朝兩年後即去世。成王即位後，周公輔政，平定了武庚、管叔、蔡叔之亂，又東伐淮夷及奄，天下始太平。

［12］雍侯：即雍齒。《史記》卷五五《留侯世家》謂漢高帝劉邦滅項羽即帝位後，大封功臣，但未受封者尚多，其中有一些曾犯過失者。他們因此惶恐不安，意欲謀反。高帝問留侯："爲之奈何？"留侯曰："上平生所憎，群臣所共知，誰最甚者？"高帝曰："雍齒與我故，數嘗窘辱我，我欲殺之，爲其功多，故不忍。"留侯曰："今急先封雍齒以示群臣，群臣見雍齒封，則人人自堅矣。"高帝乃置酒，封雍齒爲什方侯。群臣罷酒，皆喜曰："雍齒尚爲侯，我屬無患矣。"

［13］竇融：東漢初扶風平陵（今陝西咸陽市西北）人。累世爲河西官吏。新莽末，義軍起，莽拜融波水將軍。王莽敗後，融降劉玄，任張掖屬國都尉。劉玄敗，融聯合酒泉、敦煌等五郡，割據河西，稱行河西五郡大將軍事。漢世祖光武帝劉秀即位後，融尚受隗囂之命。隗囂還遣辯士游説竇融，欲與公孫述聯合割據。竇融因召集豪傑及諸太守計議，其中有謂劉秀爲帝乃天命所歸，然亦有異

議者。竇融精審後,決策歸投光武帝。(《後漢書》卷二三《竇融傳》)

[14] 翊贊:輔佐。 季興:潘眉《考證》云:"次於中興曰季興。《魏武帝紀》注引《三輔決錄》曰'睹漢祚將移,謂可季興'。吳雲璈鳴鈞曰:時人以後漢爲中漢,蜀漢爲季漢。"

[15] 忘瑕:趙幼文《校箋》謂蕭常《續後漢書》"忘"字作"棄"。疑作"棄"字是。

[16] 楚國不恭:《左傳·僖公四年》載齊桓公率齊、魯、宋、陳、衛、鄭等國之兵伐楚,楚成王派使者往軍前交涉,問爲何興兵犯楚?管仲代齊桓公對曰:"爾貢包茅不入,王祭不共,無以縮酒,寡人是征;昭王南征而不復,寡人是問。"楚使也毫不示弱,對曰:"貢之不入,寡君之罪也,敢不共給?昭王之不復,君其問諸水濱!"

[17] 夫差僭號:夫差,即春秋末吳王夫差。《國語·吳語》謂吳王夫差帶兵北上,與晉定公相約會盟諸侯於黃池(今河南封丘縣西南)。而"吳、晉爭長未成"(即争先歃血而作盟主之事未决),越國之軍已攻入吳國。吳王夫差便欲速戰速決,向晉方進軍。晉軍大驚,不敢應戰,僅派大夫董褐前往問話,吳王夫差指責晉國擁有兵衆,卻不去征討藐視王室的戎狄及秦、楚等國;又不講長幼之禮,攻打同姓兄弟國家。董褐最後亦指責吳國説,吳國之權威已覆蓋東海,僭越之名已爲天子所知,雖有禮儀之防,吳國之君卻已逾越。天子命圭時早有命令,稱吳國國君爲吳伯而不稱吳王。諸侯不可有兩盟主,周室也不可有兩王,如果吳國之君不鄙視冒犯天子,並以吳公自稱,晉國怎敢不順從吳之命令讓其先歃血呢!

[18] 蜀漢:趙幼文《校箋》云:"《通志》無'漢'字,是也。《史記》:'其與家屬徙蜀。'"

及丞相亮南征討闓,既發在道,而闓已爲高定部曲所殺。亮至南,上表曰:"永昌郡吏吕凱、府丞王伉等,執忠絶域,十有餘年,雍闓、高定偪其東北,而凱等守義不與交通。臣不意永昌風俗敦直乃爾!"以凱爲雲南太守,[1]封陽遷亭侯。會爲叛夷所害,子祥嗣。而王伉亦封亭侯,爲永昌太守。〔一〕

〔一〕《蜀世譜》曰:吕祥後爲晋南夷校尉,[2]祥子及孫世爲永昌太守。李雄破寧州,[3]諸吕不肯附,舉郡固守。王伉等亦守正節。

[1] 雲南:郡名。治所楪棟縣,在今雲南姚安縣北。
[2] 南夷校尉:官名。晋武帝太康五年(284)罷寧州置。(本《華陽國志・大同志》)立府,設長史、司馬等,可舉秀才、廉良,職與刺史同。第四品。
[3] 寧州:晋武帝太康五年罷,晋惠帝太安二年(303)復置。

馬忠字德信,巴西閬中人也。少養外家,姓狐,名篤,後乃復姓,改名忠。爲郡吏,建安末舉孝廉,[1]除漢昌長。[2]先主東征,敗績猇亭,[3]巴西太守閻芝發諸縣兵五千人以補遺闕,遣忠送往。先主已還永安,見忠與語,謂尚書令劉巴曰:[4]"雖亡黃權,復得狐篤,此爲世不乏賢也。"建興元年,[5]丞相亮開府,以忠爲門下督。[6]三年,亮入南,拜忠牂牁太守。郡丞朱褒(反)叛亂之後,[7]忠撫育卹理,甚有威惠。八年,召爲丞相參軍,[8]副長史蔣琬署留府事。[9]又領州治中從事。明年,亮出祁山,[10]忠詣亮所,經營戎事。軍還，督將軍張嶷等討汶山郡叛羌。[11]十一年，南夷豪帥劉胄反，擾亂諸郡。徵庲降都督張翼還，以忠代翼。忠遂斬胄，平南土。加忠監軍、奮威將軍，[12]封博陽亭侯。初，建寧郡殺太守正昂，[13]縛太守張裔於吳，故都督常駐平夷縣。至忠，乃移治味縣，處民夷之間。又越巂郡亦久失土地，忠率將太守張嶷開復舊郡，由此就加安南將軍，[14]進封彭鄉（亭）侯。[15]延熙五年還朝，因至漢中，見大司馬蔣琬，[16]宣傳詔旨，加拜鎮南大將軍。[17]七年春，大將軍費禕北禦魏敵，留忠成都，平尚書事。[18]禕還，忠乃歸南。十二年卒，子脩嗣。〔一〕

〔一〕脩弟恢。恢子義，晉建寧太守。

[1] 建安：漢獻帝劉協年號（196—220）。　孝廉：漢代選拔官吏的主要科目。孝指孝子，廉指廉潔之士。原本爲二科，後混同爲一科，也不再限於孝子和廉吏。東漢後期定制爲不滿四十歲者不得察舉；被舉者先詣公府課試，以觀其能。郡國每年要向中央推舉一至二人。

[2] 漢昌：縣名。治所在今四川巴中市。

[3] 猇亭：地名。在今湖北枝城市北長江東岸。

[4] 尚書令：官名。蜀漢時仍爲尚書臺長官，秩千石。掌、下尚書曹文書衆事，選用署置官吏；總典臺中綱紀法度，無所不統。後又總統國事，權力增大。

[5] 建興：蜀漢後主劉禪年號（223—237）。

[6] 門下督：官名。漢代郡縣官府置門下督，主盜賊事，亦稱門下督盜賊。東漢末，丞相府、將軍府亦置。三國沿襲。

［7］郡承朱襃叛亂之後：百衲本、盧弼《集解》本、校點本"承"字作"丞"，殿本作"承"。今從殿本。又百衲本、殿本、盧弼《集解》本、校點本"朱襃"下皆有"反"字。盧弼《集解補》云："林國贊曰：'反字衍。蓋謂忠承襃叛亂之後能撫育耳。'弼按當作'郡承朱襃叛亂之後'。"按，郝經《續後漢書·馬忠傳》正作"郡承朱襃叛亂之後"。今從郝經書與盧說改。

［8］丞相參軍：官名。即丞相府參軍，職任頗重。

［9］長史：官名。即丞相府長史。丞相府幕僚之長，協助丞相署理相府諸曹，監領府事。若丞相出征，則置行軍長史，掌軍旅行伍；又置留府長史，掌留守事。位皆崇重。

［10］祁山：山名。在今甘肅禮縣東。

［11］汶山郡：治所綿虒道，在今四川汶川縣西南綿虒鎮。

［12］監軍：官名。魏晉諸州或闕都督，則置監諸軍事，簡稱監軍，爲該地區之軍政長官。　奮威將軍：官名。漢爲雜號將軍。魏、晉定爲四品。

［13］建寧郡：盧弼《集解》引錢大昕曰："考益州郡之改建寧，在丞相亮南征以後，此時不當云建寧也。"

［14］安南將軍：官名。漢獻帝建安初置，三國沿置，爲出鎮南方地區之軍事長官，或作爲刺史等地方官兼理軍務之加官。

［15］彭鄉侯：百衲本、殿本、盧弼《集解》本、校點本作"彭鄉亭侯"。潘眉《考證》云："'亭'字當衍。《華陽國志》作'彭鄉侯'。"今從之。　鄉侯：爵名。漢制列侯大者食縣邑，小者食鄉、亭。東漢後期，遂以食鄉、亭者稱爲鄉侯、亭侯。

［16］大司馬：官名。東漢初改大司馬爲太尉，爲三公之一。漢靈帝時，又與太尉並置，而位在三公上。蜀漢亦置，位頗重，然不常置。

［17］鎮南大將軍：官名。蜀漢置，職掌與鎮南將軍同，唯資深者任此職。馬忠加此官仍駐南中。

［18］平尚書事：職銜名義。加此銜者，得參與論決尚書政事。

在蜀漢，位次於錄尚書事。

忠爲人寬濟有度量，但詼啁大笑，忿怒不形於色。然處事能斷，威恩並立，是以蠻夷畏而愛之。及卒，莫不自致喪庭，流涕盡哀，爲之立廟祀，迄今猶在。

張表，時名士，清望踰忠。閻宇，[1]宿有功幹，於事精勤。繼踵在忠後，其威風稱績，皆不及忠。〔一〕

〔一〕《益部耆舊傳》曰：張表，肅子也。《華陽國志》云：表，張松子，[2]未詳。閻宇字文平，南郡人也。[3]

[1]閻宇：本書卷四一《霍峻傳》裴松之注引《襄陽記》謂後主時閻宇爲右大將軍，都督巴東，爲領軍。

[2]張松子：《華陽國志·益梁寧三州先漢以來士女目錄》則云："安南將軍張表，字伯。"原注："成都人也。伯父肅，廣漢太守。父松，字子喬，州牧劉璋別駕從事。"與《益部耆舊傳》所言不同。

[3]南郡：治所江陵縣，在今湖北荆州市江陵縣。

王平字子均，巴西宕渠人也。[1]本養外家何氏，後復姓王。隨杜濩、朴胡詣洛陽，[2]假校尉，[3]從曹公征漢中，因降先主，拜牙門將、裨將軍。[4]建興六年，屬參軍馬謖先鋒。謖舍水上山，舉措煩擾，平連規諫謖，謖不能用，大敗於街亭。[5]衆盡星散，惟平所領千人鳴鼓自持，魏將張郃疑其伏兵，不往偪也。於是平徐徐收合諸營遺迸，率將士而還。丞相亮既誅馬謖及將軍張休、李盛，奪將軍黃襲等兵，平特見崇顯，加拜參軍，統五部兼當營事，[6]進位討寇將軍，[7]封亭侯。九年，亮圍祁山，平別守南圍。魏大將軍司馬宣王攻亮，張郃攻平，平堅守不動，郃不能克。十二年，亮卒於武功，[8]軍退還，魏延作亂，一戰而敗，平之功也。遷後典軍、安漢將軍，[9]副車騎將軍吳壹住漢中，又領漢中太守。十五年，進封安漢侯，[10]代壹督漢中。延熙元年，大將軍蔣琬住沔陽，[11]平更爲前護軍，[12]署琬府事。六年，琬還住涪，拜平前監軍、鎮北大將軍，[13]統漢中。

　　七年春，魏大將軍曹爽率步騎十餘萬向漢川，[14]前鋒已在駱谷。[15]時漢中守兵不滿三萬，諸將大驚。或曰："今力不足以拒敵，聽當固守漢、樂二城，[16]遇賊令入，[17]比爾間，涪軍足得救關。"[18]平曰："不然。漢中去涪垂千里。賊若得關，便爲禍也。今宜先遣劉護軍、杜參軍據興勢，[19]平爲後拒；若賊分向黃金，[20]平率千人下自臨之，比爾間，涪軍行至，此計之上也。"惟護軍劉敏與平意同，[21]即便施行。涪諸軍及大將軍費禕自成都相繼而至，魏軍退還，如平本策。是時，鄧芝在東，[22]馬忠在南，平在北境，咸著名迹。

　　平生長戎旅，手不能書，其所識不過十字，[23]而口授作書，皆有意理。使人讀《史》《漢》諸紀傳，[24]聽之，備知其大義，往往論說不失其指。尊履法度，言不戲謔，從朝至夕，端坐徹日，憺無武將之體，[25]然性狹侵疑，[26]爲人自輕，[27]以此爲損焉。十一年卒，子訓嗣。

　　初，平同郡漢昌句扶_{句古候反}忠勇寬厚，數有戰功，功名爵位亞平，官至左將軍，[28]封宕渠侯。〔一〕

　　〔一〕《華陽國志》曰：後張翼、廖化並爲大將軍，時人語曰："前有王、句，後有張、廖。"

　　[1] 宕渠：縣名。治所在今四川渠縣東北土溪鄉。
　　[2] 洛陽：縣名。東漢京都，在今河南洛陽市東北白馬寺東。
　　[3] 校尉：官名。漢代軍職之稱。東漢末位次於中郎將。
　　[4] 牙門將：官名。魏文帝黃初中置，爲統兵武職，位在裨將軍下。蜀漢、孫吳、兩晉亦置。魏、晉皆五品。　裨將軍：官名。雜號將軍之低級者。
　　[5] 街亭：地名。在今甘肅秦安縣東北九十里隴城鎮。
　　[6] 五部：諸葛亮平定南中後組建的少數民族部隊。《華陽國志·南中志》云："移南中勁卒青羌萬餘家於蜀，爲五部，所當無前，號爲飛軍。"
　　[7] 討寇將軍：官名。蜀漢、曹魏皆置。統兵出征，或爲太守等地方官之加官。
　　[8] 武功：縣名。治所在今陝西扶風縣東南。
　　[9] 後典軍：官名。統兵之武職。
　　[10] 安漢：縣名。治所在今四川南充市北。
　　[11] 沔陽：縣名。治所在今陝西勉縣東舊州鋪。
　　[12] 前護軍：官名。蜀漢置。
　　[13] 前監軍：官名。蜀漢置。統兵。　鎮北大將軍：官名。鎮北將軍位次四征將軍，領兵如征北將軍，資深者爲大將軍。
　　[14] 漢川：泛指漢中平原。
　　[15] 駱谷：秦嶺的一條谷道，全長四百多里，北口在陝西周

至縣西南，南口在洋縣北。

[16] 聽當：吳金華《校詁》云："聽當"即"但可"之意。

漢、樂二城：漢城在今陝西勉縣東南漢水之南，樂城在今陝西城固縣西漢水之南。

[17] 令人：殿本、盧弼《集解》本作"今人"，百衲本、校點本作"令人"。今從百衲本等。

[18] 關：指陽平關。在今陝西勉縣西北白馬城。

[19] 劉護軍：即劉敏。見本書卷四四《蔣琬傳》。　杜參軍：即杜祺。見本書卷三九《呂乂傳》及卷四〇《李嚴傳》裴松之注引亮公文上尚書。　興勢：山名。在今陝西洋縣北。

[20] 黃金：山谷名。在今陝西洋縣東北。

[21] 護軍：官名。諸要鎮及將軍出征者皆置此官。

[22] 鄧芝在東：當時鄧芝爲江州督。江州治所在今重慶渝中區。故云在東。

[23] 其：百衲本作"而"，殿本、盧弼《集解》本、校點本作"其"。今從殿本等。

[24] 史漢：指《史記》《漢書》。　紀傳：百衲本、殿本作"記傳"，今從盧弼《集解》本、校點本作"紀傳"。

[25] 嫿（huò）：通"嫿"。文雅，文靜。《説文》："嫿，静好也。"

[26] 侵疑：易於懷疑。

[27] 爲人自輕：以爲別人輕視自己。

[28] 左將軍：官名。東漢時位如上卿，與前、後、右將軍掌京師兵衛和邊防屯警。魏晋亦置，第三品。權位漸低，略高於一般雜號將軍，不典禁兵，不與朝政，僅領兵征戰。蜀漢亦置。

張嶷字伯岐，巴西（郡）南充國人也。[一][1] 弱冠爲縣功曹。先主定蜀之際，山寇攻縣，縣長捐家逃亡，巍冒白刃，攜負夫人，夫人得免。由是顯名，州召爲從事。[2]時郡內士人龔祿、姚伷位二千石，[3]當世有聲名，皆與巍友善。建興五年，丞相亮北住漢中，廣漢、綿竹山賊張慕等鈔盜軍資，[4]劫掠吏民，巍以都尉將兵討之。[5]巍度其鳥散，難以戰禽，乃詐與和親，尅期置酒。酒酣，巍身率左右，因斬慕等五十餘級，渠帥悉殄。尋其餘類，[6]旬日清泰。後得疾病困篤，家素貧匱，廣漢太守蜀郡何祇，名爲通厚，巍宿與疎闊，乃自轝詣祇，託以治疾。祇傾財醫療，數年除愈。[7]其黨道信義皆此類也。拜爲牙門將，屬馬忠，北討汶山叛羌，南平四郡蠻夷，[8]輒有籌畫戰克之功。〔二〕十四年，武都氐王苻健請降，[9]遣將軍張尉往迎，過期不到，大將軍蔣琬深以爲念。巍平之曰：[10]"苻健求附款至，必無他變，素聞健弟狡黠，[11]又夷狄不能同功，將有乖離，是以稽留耳。"數日，問至，健弟果將四百户就魏，獨健來從。

〔一〕《益部耆舊傳》曰：巍出自孤微，而少有通壯之節。[12]
〔二〕《益部耆舊傳》曰：巍受兵三百人，[13]隨馬忠討叛羌。巍別督數營在先，至他里。[14]邑所在高峻，巍隨山立上四五里。羌於要厄作石門，於門上施牀，積石於其上，過者下石槌擊之，無不糜爛。巍度不可得攻，乃使譯告曉之曰：[15]"汝汶山諸種反叛，傷害良善，天子命將討滅惡類。汝等若稽顙過軍，資給糧費，福祿永隆，其報百倍。若終不從，大兵致誅，雷擊電下，雖追悔之，亦無益也。"耆帥得命，即出詣巍，給糧過軍。軍前討餘種，餘種聞他里已下，悉恐怖失所，或迎軍出降，或奔竄山谷，放兵攻擊，軍以克捷。後南夷劉胄又反，以馬忠爲督庲降討胄，嶷復屬焉，戰鬭常冠軍首，遂斬胄。平南事訖，牂牱、興古獠種復反，[16]忠令嶷領諸營往討，嶷内招降得二千人，悉傅詣漢中。

[1] 巴西：校點本作"巴郡"，百衲本、殿本、盧弼《集解》本作"巴西郡"。錢大昭《辨疑》謂"郡"爲衍文。按，蕭常《續後漢書·張嶷傳》正作"巴西"。今從錢說及蕭常書。　南充國：侯國名。治所在今四川南部縣。

[2] 從事：官名。漢代州牧刺史的佐吏，有別駕從事史、治中從事史、兵曹從事史、部從事史等，均可簡稱爲從事。

[3] 龔禄：字德緒，巴西安漢人。見本書卷四五《季漢輔臣贊》。　姚伷：字子緒，巴西閬中人。見《季漢輔臣贊》。　位二千石：趙幼文《校箋》謂蕭常《續後漢書》"位"下有"至"字。

[4] 廣漢：郡名。治所雒縣，在今四川廣漢市北。

[5] 都尉：官名。西漢時郡置都尉，輔佐郡守並掌本郡軍事。東漢廢除，但如有緊急軍事，亦臨時設置。蜀漢亦如此。

[6] 尋：討伐。《國語·周語中》："夫三軍之所尋，將蠻夷戎狄之驕逸不虔，於是乎致武。"韋昭注："尋，討也。"

[7] 除愈：趙幼文《校箋》謂《白孔六帖》卷二六引"除"字作"乃"。按，蕭常《續後漢書·張嶷傳》作"而"。

[8] 四郡：指南中四郡。

[9] 武都：郡名。治所下辨縣，在今甘肅成縣西。　苻健：百衲本、盧弼《集解》本作"符健"，殿本、校點本作"苻健"，今從殿本等。

[10] 平：潘眉《考證》云："平同評。《淮南子·時則訓》注：'平正讀評議之平。'"

[11] 健弟：苻健弟苻雙。《晉書》卷一《宣帝紀》謂魏明帝青龍三年（235）"武都氐（王）苻雙、强端帥其屬六千餘人來

降"。

　　[12] 通壯：豁達豪壯。

　　[13] 兵三百人：殿本、盧弼《集解》本、校點本"兵"下有"馬"字，百衲本無。按，既言"三百人"，則不當有"馬"字，今從百衲本。

　　[14] 他里：潘眉《考證》云："他里，汶山縣名。"謝鍾英則云："他里，羌中邑名。吳江潘眉以爲汶山郡縣名，非是。地缺。"（《補三國疆域志補注》）

　　[15] 告曉：趙幼文《校箋》謂《册府元龜》卷九四八引"告"字作"先"。

　　[16] 興古：郡名。治所宛溫縣，在今雲南硯山縣北小維摩附近。

　　初，越巂郡自丞相亮討高定之後，叟夷數反，殺太守龔祿、焦璜，[1]是後太守不敢之郡，只住〔安定〕〔安上〕縣，[2]去郡八百餘里，其郡徒有名而已。時論欲復舊郡，除嶷爲越巂太守，嶷將所領往之郡，誘以恩信，蠻夷皆服，頗來降附。北徼捉馬最驍勁，[3]不承節度，嶷乃往討，生縛其帥魏狼，又解縱告喻，使招懷餘類。表拜狼爲邑侯，種落三千餘户皆安土供職。諸種聞之，多漸降服，嶷以功賜爵關内侯。[4]

　　蘇祁邑君冬逢、逢弟隗渠等，[5]已降復反。嶷誅逢。逢妻，旄牛王女，[6]嶷以計原之。而渠逃入西徼。渠剛猛捷悍，[7]爲諸種深所畏憚，遣所親二人詐降嶷，實取消息。嶷覺之，許以重賞，使爲反間，二人遂合謀殺渠。渠死，諸種皆安。又斯都耆帥李求承，[8]昔手殺龔祿，嶷求募捕得，數其宿惡而誅之。

始嶷以郡郭宇頹壞，更築小塢。在官三年，徙還故郡，繕治城郭，夷種男女莫不致力。

　　定莋、臺登、卑水三縣去郡三百餘里，[9]舊出鹽鐵及漆，而夷徼久自固食。[10]嶷率所領奪取，署長吏焉。[11]嶷之到定莋，定莋率豪狼岑，槃木王舅，[12]甚爲蠻夷所信任，忿嶷自侵，不自來詣。嶷使壯士數十直往收致，撻而殺之，持尸還種，厚加賞賜，喻以狼岑之惡，且曰："無得妄動，動即殄矣！"種類咸面縛謝過。嶷殺牛饗宴，重申恩信，遂獲鹽鐵，器用周贍。

　　漢嘉郡界旄牛夷種類四千餘戶，[13]其率狼路欲爲姑壻冬逢報怨，遣叔父離將逢衆相度形勢。嶷逆遣親近齎牛酒勞賜，又令離姊（逆）〔冬〕逢妻宣暢意旨。[14]離既受賜，并見其姊，姊弟歡悅，悉率所領將詣嶷，[15]嶷厚加賞待，[16]遣還。旄牛由是輒不爲患。

　　郡有舊道，經旄牛中至成都，既平且近；自旄牛絶道，已百餘年，更由安上，既險且遠。嶷遣左右齎貨幣賜路，重令路姑喻意，路乃率兄弟妻子悉詣嶷，嶷與盟誓，開通舊道，千里肅清，復古亭驛。奏封路爲旄牛眗毗王，遣使將路朝貢。後主於是加嶷撫戎將軍，[17]領郡如故。

　　嶷初見費禕爲大將軍，恣性汎愛，待信新附太過，嶷書戒之曰："昔岑彭率師，[18]來歙杖節，[19]咸見害於刺客。今明將軍位尊權重，宜鑒前事，少以爲警。"後禕果爲魏降人郭脩所害。

　　吳太傅諸葛恪以初破魏軍，[20]大興兵衆以圖攻取。

侍中諸葛瞻，[21]丞相亮之子，恪從弟也，巖與書曰："東主初崩，[22]帝實幼弱，太傅受寄託之重，[23]亦何容易！親以周公之才，猶有管、蔡流言之變，[24]霍光受任，亦有燕、蓋、上官逆亂之謀，[25]賴成、昭之明，以免斯難耳。昔每聞東主殺生賞罰，不任下人，[26]又今以垂没之命，卒召太傅，屬以後事，誠實可慮。加吳、楚剽急，[27]乃昔所記，而太傅離少主，履敵庭，恐非良計長算之術也。雖云東家綱紀肅然，上下輯睦，百有一失，非明者之慮邪？取古則今，今則古也，自非郎君進忠言於太傅，[28]誰復有盡言者也？旋軍廣農，務行德惠，數年之中，東西並舉，實爲不晚，願深採察。"恪竟以此夷族。巖識見多如是類。

在郡十五年，邦域安穆。屢乞求還，乃徵詣成都。(夷民)〔民夷〕戀慕，[29]扶轂泣涕，[30]過旄牛邑，邑君禭負來迎，及追尋至蜀郡界，其督相率隨巖朝貢者百餘人。[31]巖至，拜盪寇將軍，[32]慷慨壯烈，士人咸多貴之，然放蕩少禮，人亦以此譏焉，〔一〕是歲延熙十七年也。魏狄道長李簡密書請降，[33]衞將軍姜維率巖等因簡之資以出隴西。〔二〕[34]既到狄道，簡悉率城中吏民出迎軍。軍前與魏將徐質交鋒，巖臨陣隕身，然其所殺傷亦過倍。既亡，封長子瑛西鄉侯，次子護雄襲爵。南土越嶲民夷聞巖死，無不悲泣，爲巖立廟，四時水旱輒祀之。〔三〕

〔一〕《益部耆舊傳》曰：時車騎將軍夏侯霸謂巖曰："雖與足下疎闊，然託心如舊，宜明此意。"巖答曰："僕未知子，子未知我，大道在彼，何云託心乎！願三年之後徐陳斯言。"有識之士以爲美談。

〔二〕《益部耆舊傳》曰：巍風淫固疾，至都寢篤，扶杖然後能起。李簡請降，衆議狐疑，而巍曰必然。姜維之出，時論以巍初還，股疾不能在行中，由是巍自乞肆力中原，致身敵庭。臨發，辭後主曰："臣當值聖明，受恩過量，加以疾病在身，常恐一朝隕没，辜負榮遇。天不違願，得豫戎事。若涼州克定，臣爲藩表守將；若有未捷，殺身以報。"後主慨然爲之流涕。

〔三〕《益部耆舊傳》曰：余觀張巍儀貌辭令，不能駭人，而其策略足以入算，果烈足以立威，爲臣有忠誠之節，處類有亮直之風，而動必顧典，後主深崇之。雖古之英士，何以遠踰哉！

《蜀世譜》曰：巍孫奕，晉梁州刺史。[35]

[1] 龔禄：《季漢輔臣贊》謂龔禄"建興三年爲越嶲太守，隨丞相亮南征，爲蠻夷所害，時年三十一"。此傳則言龔禄被殺在平南中之後，必有一誤。　焦璜：《華陽國志·南中志》云："先主薨後，越嶲叟帥高定元殺郡將軍焦璜，舉郡稱王以叛。"是焦璜被殺亦在諸葛亮平定南中之前，與此傳所言不同。

[2] 安上：各本皆作"安定"。錢大昕云："兩漢、晉、宋諸志，益州部無安定縣。以《華陽國志》考之，蓋安上縣也。安上縣屬越嶲，《晉志》亦不載。"（《廿二史考異》卷一六）校點本即從錢説改"安定"爲"安上"。今從之。安上縣，治所當在今四川屏山縣地。

[3] 捉馬：越嶲郡北部的少數民族部落名。

[4] 關内侯：爵名。漢制二十級爵之十九級，次於列侯，祇有封户收租税而無封地。

[5] 蘇祁：縣名。治所在今四川西昌市西北禮州鎮。

[6] 旄牛：本古代少數民族的一支。漢武帝開西南夷，於此設

縣，因稱旄牛縣。縣治所在今四川漢源縣南大渡河南岸。

〔7〕悍：百衲本作"捍"，殿本、盧弼《集解》本、校點本作"悍"。今從殿本等。

〔8〕斯都耆帥李求承：《華陽國志·蜀志》作"斯都耆帥李承之"。斯都，少數民族的一支，分布於今涼山州與雅安地區相連的一帶。

〔9〕定莋：縣名。治所在今四川鹽源縣東北衛城。　臺登：縣名。治所在今四川冕寧縣南瀘沽。　卑水：縣名。治所在今四川昭覺縣境。

〔10〕固食：謂封閉不外出爲己所用。

〔11〕長吏：指縣令長。

〔12〕率豪：蕭常《續後漢書·張嶷傳》作"豪率"。　槃木：少數民族部落名。

〔13〕漢嘉郡：治所漢嘉縣，在今四川蘆山縣蘆陽鎮。

〔14〕離姊冬逢妻：各本皆作"離姊逆逢妻"。潘眉《考證》云："'姊'字衍文。逢妻即離姊，不當更有'姊'字在'逆'字上也。下云'離既受賜，并見其姊，姊弟歡悦'，可見。"校點本即據潘説删"姊"字。趙幼文《校箋》則謂蕭常《續後漢書》"逆"字作"冬"，是也。按，趙説是。上文已言狼路欲爲其姑婿冬逢報怨，已遣其"叔父離，將逢衆相度形勢"，張嶷即遣親近賫牛酒勞賜離等，怎麽張嶷又能令離迎逢妻宣暢意旨呢？蓋張嶷誅冬逢後，得到逢妻諒解，故張嶷纔能"令離姊冬逢妻宣暢意旨"，也纔有下文所説的"離既受賜，并見其姊，姊弟歡悦"。故從蕭常書改"逆"爲"冬"。

〔15〕所領將：趙幼文《校箋》謂蕭常《續後漢書》無"將"字。

〔16〕賞待：盧弼《集解》本作"賞賜"，百衲本、殿本、校點本作"賞待"。今從百衲本等。

〔17〕撫戎將軍：官名。蜀漢置。以張嶷安撫戎夷有功，特置之。

［18］岑彭：漢光武帝劉秀之功臣。光武帝即位後爲廷尉，行大將軍事。後率軍討伐割據蜀的公孫述，彭至武陽（今四川彭山縣東），公孫述遣刺客詐爲亡奴降，彭未警惕，當夜即被刺殺。（見《後漢書》卷一七《岑彭傳》）

［19］來歙：漢光武帝初爲中郎將。後擊敗隗囂，受命留屯長安監護諸將。及岑彭討公孫述，來歙率衆自隴右進軍，當攻陷下辨（今甘肅成縣西）後，公孫述即遣刺客刺殺來歙。（見《後漢書》卷一五《來歙傳》）

［20］太傅：官名。東漢時爲上公，如兼録尚書事，則行使宰相職權。三國沿置，仍爲上公。曹魏第一品，掌善導，不常設。

［21］侍中：官名。東漢時秩比二千石。職掌門下衆事，侍從左右，顧問應對。漢靈帝時置侍中寺，不再隸屬少府。獻帝時定員六人，與給事黄門侍郎出入禁中，近侍帷幄，省尚書事。蜀漢沿置。

［22］東主：指孫權。按地理方位，吴在東，蜀漢在西，故稱東主。

［23］寄託之重：百衲本此句重復，殿本、盧弼《集解》本、校點本不重。按，不重語義已明，今從殿本等。

［24］管蔡：指管叔鮮、蔡叔度。與周武王、周公同爲周文王子。周武王死後，成王年幼，周公攝政輔成王。管叔等流言"周公將不利於成王"，并與武庚等叛亂。周公乃奉成王命東伐，終誅管叔，殺武庚，放蔡叔。（見《史記》卷三三《魯周公世家》）

［25］燕：指燕王劉旦。漢昭帝之異母兄。　蓋：指蓋主，鄂邑蓋長公主，漢昭帝之姊。　上官：指上官桀。漢武帝去世前，以霍光爲大司馬、大將軍，金日磾爲車騎將軍，上官桀爲左將軍，桑弘羊爲御史大夫，並受遺詔輔昭帝。昭帝時年八歲，即位後，政事皆決於霍光。上官桀等因而不滿，遂與常懷怨望的燕王旦、蓋主、桑弘羊等通謀，誣霍光圖謀不軌。昭帝不信，謂霍光爲忠臣。上官桀等乃謀令蓋主設酒請霍光，將伏兵殺之，並廢昭帝立燕王旦。結

果陰謀敗露，霍光誅殺上官桀等。燕王、蓋主皆自殺。（見《漢書》卷六八《霍光傳》）

[26] 殺生：趙幼文《校箋》謂蕭常《續後漢書》作"生殺"當從。　不任：殿本、盧弼《集解》本作"不牟"，百衲本、校點本作"不任"。今從百衲本等。

[27] 剽急：勇猛敏捷。《史記》卷五五《留侯世家》謂黥布反，漢高祖將統兵往征討，留侯張良曰："楚人剽疾，願上無與楚人争鋒。"

[28] 郎君：漢制二千石以上官員得任其子爲郎，後來門生故吏因稱長官或師之子弟爲郎君。

[29] 民夷：各本皆作"夷民"。《太平御覽》卷二四〇"蕩寇將軍"條引《蜀志》作"民夷"。校點本即據《太平御覽》改。今從之。

[30] 泣涕：盧弼《集解》本作"涕泣"，百衲本、殿本、校點本作"泣涕"。今從百衲本等。

[31] 其督相率：殿本作"其偕督率"，盧弼《集解》本作"其皆督率"，百衲本、校點本作"其督相率"。今從百衲本等。

[32] 蕩寇將軍：官名。東漢末置，爲雜號將軍，統兵出征。

[33] 狄道：少數民族聚居之縣稱"道"。狄道治所在今甘肅臨洮縣。

[34] 隴西：郡名。東漢時治所狄道，曹魏時移治襄武縣，在今甘肅隴西縣東南。

[35] 梁州：魏元帝景元四年（263）分益州置，刺史治所沔陽縣（今陝西勉縣東舊州鋪）。晉武帝太康三年（282）移治所於南鄭縣（今陝西漢中市東）。其後治所屢有遷徙，先後治西城縣（今陝西安康市西北漢江北岸）、苞中縣（今陝西漢中市西北大鐘寺）、城固縣（今陝西城固縣東）等。

評曰：黃權弘雅思量，李恢公亮志業，呂凱守節不回，馬忠擾而能毅，〔一〕王平忠勇而嚴整，張嶷識斷明果，咸以所長，顯名發迹，遇其時也。

〔一〕《尚書》曰：擾而毅。[1]鄭玄注曰：擾，馴也。致果曰毅。

[1] 擾而能毅：《尚書·皋陶謨》之辭。孔安國傳："擾，順也。致果爲毅。"孔穎達疏："和順而能果毅也。"

三國志 卷四四

蜀書十四

蔣琬費禕姜維傳第十四

　　蔣琬字公琰，零陵湘鄉人也。[1]弱冠與外弟泉陵劉敏俱知名，琬以州書佐隨先主入蜀，[2]除廣都長。[3]先主嘗因游觀奄至廣都，見琬衆事不理，時又沈醉，先主大怒，將加罪戮。軍師將軍諸葛亮請曰：[4]"蔣琬，社稷之器，非百里之才也。[5]其爲政以安民爲本，不以脩飾爲先，願主公重加察之。"先主雅敬亮，乃不加罪，倉卒但免官而已。琬見推之後，夜夢有一牛頭在門前，流血滂沱，意甚惡之，呼問占夢趙直。直曰："夫見血者，事分明也。牛角及鼻，'公'字之象，君位必當至公，大吉之徵也。"頃之，爲什邡令。[6]先主爲漢中王，[7]琬入爲尚書郎。[8]建興元年，[9]丞相亮開府，辟琬爲東曹掾。[10]舉茂才，[11]琬固讓劉邕、陰化、龐延、廖淳，[12]亮教答曰："思惟背親捨德，以殄百姓，[13]衆人既不隱於心，[14]實又使遠近不解其義，是以君宜顯其功舉，以明此選之清重也。"遷爲參軍。[15]五年，亮住漢中，琬與長史張裔統留府事。[16]八年，代裔爲長史，加撫軍將軍。[17]亮數外出，琬常足食足兵以相供給。亮每言："公琰託志忠雅，當與吾共贊王業者也。"密表後主曰："臣若不幸，後事宜以付琬。"

亮卒，以琬爲尚書令，[18]俄而加行都護，[19]假節，[20]領益州刺史，[21]遷大將軍，[22]錄尚書事，[23]封安陽亭侯。[24]時新喪元帥，遠近危悚。琬出類拔萃，處羣僚之右，既無戚容，又無喜色，神守舉止，有如平日，由是衆望漸服。延熙元年，[25]詔琬曰："寇難未弭，曹叡驕凶，遼東三郡苦其暴虐，[26]遂相糾結，與之離隔。叡大興衆役，[27]還相攻伐。曩秦之亡，勝、廣首難，[28]今有此變，斯乃天時。君其治嚴，總帥諸軍屯住漢中，須吳舉動，東西掎角，以乘其釁。"又命琬開府，[29]明年就加爲大司馬。[30]

東曹掾楊戲素性簡略，琬與言論，時不應答。或欲搆戲於琬曰："公與戲語而不見應，戲之慢上，不亦甚乎！"琬曰："人心不同，各如其面；面從後言，[31]古人之所誡也。戲欲贊吾是耶，則非其本心，欲反吾言，則顯吾之非，是以默然，是戲之快也。"又督農楊敏曾毀琬曰：[32]"作事憒憒，誠非及前人。"[33]或以白琬，主者請推治敏，琬曰："吾實不如前人，無可推也。"主者重據聽不推，則乞問其憒憒之狀。琬曰："苟其不如，則事不當理，事不當理，則憒憒矣。復何問邪？"後敏坐事繫獄，衆人猶懼其必死，琬心無適莫,[34]得免重罪。其好惡存道,[35]皆此類也。

琬以爲昔諸葛亮數闚秦川,[36]道險運艱,竟不能克,不若乘水東下。乃多作舟船,欲由漢沔襲魏興、上庸。[37]會舊疾連動,未時得行。而衆論咸謂如不克捷,還路甚難,非長策也。於是遣尚書令費禕、中監軍姜維等喻指。[38]琬承命上疏曰:"芟穢弭難,臣職是掌。自臣奉辭漢中,已經六年,臣既闇弱,加嬰疾疢,[39]規方無成,夙夜憂慘。今魏跨帶九州,[40]根蔕滋蔓,平除未易。若東西并力,首尾掎角,雖未能速得如志,且當分裂蠶食,先摧其支黨。然吳期二三,連不克果,俯仰惟艱,實忘寢食。輒與費禕等議,以涼州胡塞之要,[41]進退有資,賊之所惜;且羌、胡乃心思漢如渴,又昔偏軍入羌,郭淮破走,算其長短,以爲事首,宜以姜維爲涼州刺史。若維征行,銜持河右,[42]臣當帥軍爲維鎮繼。今涪水陸四通,[43]惟急是應,若東北有虞,赴之不難。"由是琬遂還住涪。疾轉增劇,至九年卒,謚曰恭。

子斌嗣,爲綏武將軍、漢城護軍。[44]魏(大)將軍鍾會至漢城,[45]與斌書曰:"巴蜀賢智文武之士多矣,至於足下、諸葛思遠,[46]譬諸草木,吾氣類也。桑梓之敬,[47]古今所敦。西到,欲奉瞻尊大君公侯墓,當洒掃墳塋,[48]奉祠致敬。願告其所在!"斌答書曰:"知惟臭味意眷之隆,[49]雅託通流,未拒來謂也。亡考昔遭疾疢,亡於涪縣,卜云其吉,遂安厝之。[50]知君西邁,乃欲屈駕脩敬墳墓。視予猶父,[51]顏子之仁也,聞命感愴，以增情思。"會得斌書報，嘉歎意義，及至涪，如其書云。

後主既降鄧艾，斌詣會於涪，待以交友之禮。隨會至成都，爲亂兵所殺。斌弟顯，爲太子僕，[52]會亦愛其才學，與斌同時死。

劉敏，左護軍、揚威將軍，[53]與鎮北大將軍王平俱鎮漢中。[54]魏遣大將軍曹爽襲蜀時，[55]議者或謂但可守城，不出拒敵，必自引退。敏以爲男女布野，農穀棲畝，若聽敵入，則大事去矣。遂帥所領與平據興勢，[56]多張旗幟，彌亘百餘里。會大將軍費禕從成都至，魏軍即退，敏以功封雲亭侯。

[1] 零陵：郡名。治所泉陵縣，在今湖南永州市。　湘鄉：縣名。治所在今湖南湘鄉市。

[2] 書佐：官名。漢代，州、郡、縣府皆分曹治事，諸曹下各有書佐，職主起草和繕寫文書。此州書佐位次從事。

[3] 廣都：縣名。治所在今四川雙流縣東南中興鎮。

[4] 軍師將軍：官名。東漢初曾置。漢末劉備又置，諸葛亮爲之，權勢極重。

[5] 百里之才：謂縣令、長之才。

[6] 什邡：縣名。治所在今四川什邡縣南。

[7] 漢中：郡名。治所南鄭縣，在今陝西漢中市東。

[8] 尚書郎：官名。東漢之制，取孝廉之有才能者入尚書臺，初入臺稱守尚書郎中，滿一年稱尚書郎，三年稱侍郎，統稱尚書郎，秩四百石。凡置三十六員，分隸六曹尚書治事，主要掌文書起草。

[9] 建興：蜀漢後主劉禪年號（223—237）。

〔10〕東曹掾：官名。東漢三公府及大將軍府均置有東曹掾，秩比四百石，主二千石長吏遷除及軍吏。

〔11〕茂才：即秀才，東漢人避光武帝劉秀諱改，爲漢代薦舉人才科目之一。東漢之制，州牧刺史歲舉一人。三國沿之，或稱秀才。

〔12〕劉邕：字南和。見本書卷四五《楊戲傳》載《季漢輔臣贊》。 陰化：本書卷四五《鄧芝傳》亦提到陰化，但行事不詳。龐延：本書卷一五《張既傳》有"扶風龐延"，但此人似在曹魏不在蜀漢。其餘行事不詳。 廖淳：即廖化。廖化本名淳。

〔13〕殄百姓：謂消除百姓任人唯親之議論。

〔14〕隱：安穩。《廣雅·釋詁一》："隱，安也。"

〔15〕參軍：官名。此指丞相參軍，丞相府之僚屬，職任頗重。

〔16〕長史：官名。此指丞相府長史，爲丞相府幕僚之長，協助丞相署理相府諸曹，監領府事。若丞相出征，則置行軍長史掌軍旅行伍；又置留府長史掌留守事。位皆崇重。

〔17〕撫軍將軍：官名。蜀漢置，爲丞相留府長史蔣琬之加官。

〔18〕尚書令：官名。蜀漢時仍爲尚書臺長官，秩千石。掌下尚書曹文書衆事，選用署置官吏；總典臺中綱紀法度，無所不統。後又總統國事，權力增大。

〔19〕都護：官名。蜀漢置中、左、右都護，皆掌軍事。

〔20〕假節：漢末三國時期，皇帝賜予臣下的一種權力。至晋代，此種權力明確爲因軍事可殺犯軍令者。

〔21〕益州：刺史治所成都縣，在今四川成都市舊東、西城區。

〔22〕大將軍：官名。東漢時常兼錄尚書事，與太傅、太尉等共同主持政務。三國時權任稍減，蜀漢爲最高軍事長官。

〔23〕錄尚書事：職銜名義。錄爲總領之意。東漢以來，政歸尚書，錄尚書事，則總攬朝政，位在三公上，爲上公。自魏晋以後，公卿權重者亦爲之。（本《晋書》卷二四《職官志》）

〔24〕亭侯：爵名。漢制列侯大者食縣邑，小者食鄉、亭。東

漢後期遂以食鄉、亭者稱爲鄉侯、亭侯。

　　[25] 延熙：蜀漢後主劉禪年號（238—257）。

　　[26] 遼東三郡：指遼東、樂浪、玄菟三郡。時爲公孫淵所統轄。淵本係魏之遼東太守，又封樂浪公。而淵卻自立爲燕王，與魏對立。

　　[27] 大興衆役：指魏明帝景初二年（238）初，命司馬懿率大軍討公孫淵。

　　[28] 勝廣：指陳勝、吳廣。

　　[29] 開府：指開設府署，辟置僚屬。漢代祇許三公開府。漢獻帝初又許車騎將軍開府。三國時期開府的高級官員增多。

　　[30] 大司馬：官名。東漢初改大司馬爲太尉，爲三公之一。漢靈帝時，又與太尉並置，而位在三公上。蜀漢亦置，位頗重，然不常置。

　　[31] 面從後言：《尚書·益稷》舜謂禹曰："汝無面從，退有後言。"

　　[32] 督農：官名。蜀漢置，掌督供軍糧。

　　[33] 前人：指諸葛亮。

　　[34] 無適（dí）莫：謂無偏見。《論語·里仁》："子曰：'君子之於天下也，無適也，無莫也。'"朱熹《集注》：適，專主也。莫，不肯也。

　　[35] 好惡：百衲本"惡"字作"意"，殿本、盧弼《集解》本、校點本作"惡"，郝經《續後漢書·蔣琬傳》亦作"惡"。今從殿本等。

　　[36] 秦川：地區名。指今陝西、甘肅秦嶺以北渭水平原一帶。

　　[37] 漢沔：即漢水。古時漢水始出嶓冢山稱漾水，東南流經沔縣稱沔水，經襃城縣納襃水則稱漢水。即今陝西之漢江。　魏興：郡名。治所西城縣，在今陝西安康市西北漢江北岸；後又移治洵口，在今陝西旬陽縣附近。　上庸：郡名。治所上庸縣，在今湖北竹山縣西南。

［38］中監軍：官名。蜀漢置，統兵。位在前、後、右護軍之上，地位頗重。

［39］疾疢（chèn）：疾病。

［40］九州：盧弼《集解》云："司、豫、冀、兖、徐、青、涼、并、幽共九州也。然魏當時尚有揚州、荆州之半，又分置雍州、秦州，實不止九州也。"

［41］涼州：曹魏時，刺史治所姑臧縣，在今甘肅武威市。

［42］河右：地區名。即河西。指黄河上游以西之地，即今甘肅河西走廊一帶。

［43］涪：縣名。治所在今四川綿陽市東涪江東岸。

［44］綏武將軍：官名。蜀漢置。雜號將軍。　漢城：城名。諸葛亮所築，在今陝西勉縣東南漢水之南。　護軍：官名。此爲軍事要鎮之長官。

［45］將軍：各本皆作"大將軍"。按，本書卷三五《鍾會傳》，鍾會未做過大將軍，當時曹魏之大將軍乃司馬昭。魏伐蜀時鍾會僅爲鎮西將軍，鄧艾爲征西將軍，位尚在鍾會前。盧弼《集解》云："'軍'字衍，或衍'大'字。"今從盧説删"大"字。

［46］諸葛思遠：諸葛瞻字思遠。

［47］桑梓：《詩·小雅·小弁》："維桑與梓，必恭敬止。"孔穎達疏："凡人父所樹者，維桑與梓，見之必加恭敬之止，況父身乎，固當恭敬之矣。"

［48］墳塋：盧弼《集解》本作"塋墳"，百衲本、殿本、校點本作"墳塋"。今從百衲本等。

［49］臭（xiù）味：比喻同類。《左傳·襄公八年》：季武子對范宣子曰："誰敢哉？今譬于草木，寡君在（于）君，君之臭味也。"杜預注："言同類。"

［50］安厝：安葬。蔣琬墓在今四川綿陽市西山。

［51］視予猶父：殿本、盧弼《集解》本作"視子猶父"，百衲本、校點本作"視予猶父"。今從百衲本等。《論語·先進》：

"顏淵死，門人欲厚葬之。子曰：'不可。'門人厚葬之。子曰：'回也視予猶父也，予不得視猶子也。'"

[52] 太子僕：官名。東漢時隸屬太子少傅，秩千石，主東宮車馬，職如太僕。蜀漢沿置。

[53] 劉敏：吳金華《〈三國志〉待質錄》謂綜觀本書附傳體例，"劉敏"下當有"者"字，蕭常《續後漢書》即有，當有所本。　左護軍：官名。建安中曹操、孫權皆置，統軍。蜀漢、孫吳亦置。　揚威將軍：官名。漢末建安中曹操置，爲領兵之官。蜀漢、孫吳亦置。

[54] 鎮北大將軍：官名。鎮北將軍位次四征將軍，領兵如征北將軍，資深者爲大將軍。

[55] 大將軍：官名。東漢時常兼錄尚書事，與太傅、太尉等共同主持政務。漢末位在三公上。三國時權任稍減，但曹魏時仍爲上公，第一品。

[56] 興勢：山名。在今陝西洋縣北。

　　費禕字文偉，江夏鄳人也。鄳音盲。[1]少孤，依族父伯仁。伯仁姑，益州牧劉璋之母也。璋遣使迎仁，[2]仁將禕游學入蜀。會先主定蜀，禕遂留益土，與汝南許叔龍、南郡董允齊名。[3]時許靖喪子，允與禕欲共會其葬所。允白父和請車，和遣開後鹿車給之。[4]允有難載之色，禕便從前先上。及至喪所，諸葛亮及諸貴人悉集，車乘甚鮮，允猶神色未泰，而禕晏然自若。持車人還，和問之，知其如此，乃謂允曰："吾常疑汝於文偉優劣未別也，而今而後，吾意了矣。"

　　先主立太子，禕與允俱爲舍人，[5]遷庶子。[6]後主踐位，爲黃門侍郎。[7]丞相亮南征還，羣寮於數十里逢迎，年位多在禕右，而亮特命禕同載，由是衆人莫不易觀。亮以初從南歸，以禕爲昭信校尉使吳。[8]孫權性既滑稽，[9]嘲啁無方，諸葛恪、羊衜等才博果辯，論難鋒至，禕辭順義篤，據理以答，終不能屈。〔一〕權甚器之，謂禕曰："君天下淑德，必當股肱蜀朝，恐不能數來也。"〔二〕還，遷爲侍中。[10]亮北住漢中，請禕爲參軍。以奉使稱旨，頻煩至吳。建興八年，轉爲中護軍，[11]後又爲司馬。[12]值軍師魏延與長史楊儀相憎惡，[13]每至並坐爭論，延或舉刃擬儀，儀泣涕橫集。禕常入其坐間，諫喻分別，終亮之世，各盡延、儀之用者，禕匡救之力也。亮卒，禕爲後軍師。頃之，代蔣琬爲尚書令。〔三〕琬自漢中還涪，禕遷大將軍，錄尚書事。

〔一〕《禕別傳》曰：[14]孫權每别酌好酒以飲禕，視其已醉，然後問以國事，並論當世之務，辭難累至。禕輒辭以醉，退而撰次所問，事事條答，無所遺失。

〔二〕《禕別傳》曰：權乃以手中常所執寶刀贈之，[15]禕答曰："臣以不才，[16]何以堪明命？然刀所以討不庭、禁暴亂者也，但願大王勉建功業，同獎漢室，臣雖闇弱，終不負東顧。"[17]

〔三〕《禕別傳》曰：于時軍國多事，[18]公務煩猥，禕識悟過人，每省讀書記，舉目暫視，已究其意旨，其速數倍於人，終亦不忘。常以朝晡聽事，[19]其間接納賓客，飲食嬉戲，加之博弈，[20]每盡人之歡，事亦不廢。董允代禕爲尚書令，欲斅禕之所行，[21]旬日之中，事多愆滯。允乃歎曰："人才力相縣若此甚遠，此非吾之所及也。聽事終日，猶有不暇爾。"

［1］江夏：郡名。漢代治所西陵縣，在今湖北新洲縣西。東漢末及魏晉，治所多有遷移。　鄳（méng）：縣名。治所在今河南信陽市東北。

［2］遣使：百衲本無"遣"字，殿本、盧弼《集解》本、校點本有，郝經《續後漢書·費禕傳》亦無。而二者義同，今從殿本等。　迎仁：錢大昭《辨疑》云："上言'伯仁'，下單言'仁'，非史例也。"

［3］汝南：郡名。治所平輿縣，在今河南平輿縣北。　許叔龍：未詳。　南郡：治所江陵縣，在今湖北荆州市江陵縣。

［4］鹿車：古代的一種小車。蓋車身後面無遮擋者稱開後鹿車。

［5］舍人：官名。即太子舍人。東漢時秩二百石，輪流宿衛如三署郎中，無定員。隸太子少傅，太子闕位則隸少府。三國沿置。

［6］庶子：官名。即太子庶子。東漢時隸屬太子少傅，秩四百石。值宿東宮，職比郎官，無員額。三國沿置。

［7］黃門侍郎：官名。即給事黃門侍郎。東漢時秩六百石。掌侍從左右，給事禁中，關通中外。初無員數，漢獻帝定爲六員，與侍中出入禁中，近侍帷幄，省尚書奏事。三國沿置，魏定爲五品。

［8］昭信校尉：官名。蜀漢置，授予出國使臣。

［9］滑（gǔ）稽：謂能言善辯，言辭流利。《史記》卷一二六《滑稽列傳》司馬貞《索隱》："滑，亂也；稽，同也。言辯捷之人言非若是，説是若非，言能亂異同也。"

［10］侍中：官名。曹魏時第三品。爲門下侍中寺長官。職掌門下衆事，侍從左右，顧問應對，拾遺補闕，與騎散常侍、黃門侍郎等共平尚書奏事。晉沿置，爲門下省長官。

［11］中護軍：官名。東漢置，掌軍中參謀，協調諸部。蜀漢沿置。

［12］司馬：官名。此爲丞相司馬，丞相府之僚屬，掌參贊軍務，地位頗高。

［13］軍師：官名。丞相府之前軍師。（見本書卷四〇《魏延傳》）蜀漢丞相府置有中、前、後軍師，典掌軍政，兼負監軍之任，位在監軍之上。

［14］禕別傳：《隋書》《舊唐書》之《經籍志》、《新唐書·藝文志》皆未著錄。

［15］常所執：盧弼《集解》本作"所執"，百衲本、殿本、校點本作"常所執"。今從百衲本等。

［16］臣以不才：趙幼文《校箋》謂《白孔六帖》卷一五（當作一三）、《太平御覽》卷三四五、卷四七八引"臣"下無"以"字，郝經《續後漢書》同。

［17］東顧：趙幼文《校箋》謂《白孔六帖》、《太平御覽》卷三四五引"東"字作"來"，卷四七八引作"采"，亦是"來"字之形誤。

［18］軍國：百衲本作"戰國"，殿本、盧弼《集解》本、校點本作"軍國"。今從殿本等。

［19］朝晡（bū）：早晚。

［20］博弈：六博與圍棋。六博是一種擲采下棋的比賽游戲。棋局分十二道，棋子十二枚，六白六黑。

［21］斅（xiào）：效法。《廣韻·效韻》："斅，學也。"

延熙七年，魏軍次于興勢，假禕節，率眾往禦之。光祿大夫來敏至禕許別，[1]求共圍棊。于時羽檄交馳，人馬擐甲，嚴駕已訖，禕與敏留意對戲，色無厭倦。敏曰："向聊觀試君耳！君信可人，必能辦賊者也。"[2]禕至，敵遂退，封成鄉侯。〔一〕[3]琬固讓州職，禕復領益州刺史。禕當國功名，略與琬比。〔二〕十一年，出住漢中。自琬及禕，雖自身在外，慶賞威刑，[4]皆遥先諮斷，然後乃行，其推任如此。後十四年夏，還成都，成都望氣者云都邑無宰相位，[5]故冬復北屯漢壽。[6]（延熙）十五年，[7]命禕開府。十六年歲首大會，魏降人郭脩在坐。[8]禕歡飲沈醉，爲脩手刃所害，諡曰敬侯。子承嗣，爲黃門侍郎。承弟恭，尚公主。〔三〕禕長女配太子璿爲妃。

〔一〕殷基《通語》曰：[9]司馬懿誅曹爽，禕設甲乙論平其是非。甲以爲曹爽兄弟凡品庸人，苟以宗子枝屬，得蒙顧命之任，而驕奢僭逸，交非其人，私樹朋黨，謀以亂國。懿奮誅討，一朝殄盡，此所以稱其任，副士民之望也。乙以爲懿感曹仲付己不一，[10]豈爽與相干？事勢不專，以此陰成疵瑕。初無忠告侃爾之訓，[11]一朝屠戮，攘其不意，[12]豈大人經國篤本之事乎！若爽信有謀主之心，大逆已搆，而發兵之日，更以芳委爽兄弟。[13]懿父子從後閉門舉兵，蹙而向芳，必無悉，[14]寧忠臣爲君深慮之謂乎？以此推之，爽無大惡明矣。若懿以爽奢僭，廢之刑之可也，滅其尺口，[15]被以不義，絕子丹血食，[16]及何晏子魏之親甥，亦與同戮，爲僭濫不當矣。

〔二〕《禕別傳》曰：禕雅性謙素，家不積財。兒子皆令布衣素食，出入不從車騎，無異凡人。

〔三〕《禕別傳》曰：恭爲尚書郎，顯名當世，[17]早卒。

[1] 光祿大夫：官名。東漢時秩比二千石，掌顧問應對，無常事，屬光祿勳。蜀漢沿置。

[2] 辦：百衲本、盧弼《集解》本作"辨"，殿本、校點本作"辦"。二字古雖可通，今仍從殿本等。

[3] 鄉侯：爵名。漢制列侯大者食縣邑，小者食鄉、亭。東漢後期，遂以食鄉、亭者稱爲鄉侯、亭侯。

[4] 威刑：盧弼《集解》本、校點本作"刑威"，百衲本、殿

本作"威刑",郝經《續後漢書》亦作"威刑"。今從百衲本等。

[5] 望氣者:觀察雲氣以預測吉凶的方士。

[6] 漢壽:縣名。治所在今四川廣元市西南昭化鎮。

[7] 十五年:各本"十五年"上皆有"延熙"二字。盧弼《集解》云:"前有'延熙'二字,此衍。"今從盧説刪。

[8] 郭脩:百衲本、盧弼《集解》本、校點本作"郭循",殿本作"郭脩"。雖"循""脩"二字易誤,而本書卷四《齊王芳紀》與裴松之注引《魏氏春秋》、卷四三《張嶷傳》、卷六四《諸葛恪傳》裴松之注引《志林》皆作"郭脩"。故從殿本。下同。

[9] 殷基:本書卷五二《顧雍附邵傳》裴松之注謂吳零陵太守殷禮之子基,作《通語》;又裴松之注引《文士傳》亦云:"禮子基,無難督,以才學知名,著《通語》數十篇。"

[10] 感:盧弼《集解》本作"憾",百衲本、殿本、校點本作"感"。按,二字通,此"感"亦"憾"。《史記》卷三一《吳太伯世家》:"美哉,猶有感。"司馬貞《索隱》:"感,讀爲'憾',字省耳,胡暗反。"今從百衲本等。 曹仲:即魏明帝曹叡。曹叡字元仲。 付:殿本、盧弼《集解》本作"附",百衲本、校點本作"付"。今從百衲本等。

[11] 初無:完全無。 侃爾:和悦之貌。

[12] 攙:百衲本、殿本、盧弼《集解》本作"讒"。盧弼云:"'讒'當作'攙'。"校點本正作"攙"。今從之。攙,搶先。《通鑑》卷七二魏明帝青龍二年:"延大怒,攙儀未發,率所領徑先南歸。"胡三省注:"自後争前曰攙,今人猶言攙先。"

[13] 芳:指魏少帝齊王曹芳。

[14] 悉:盧弼《集解》引何焯説,謂"悉"下元本尚有一字不辨。"寧"字屬下句讀。

[15] 尺口:指嬰兒。

[16] 子丹:曹真字子丹。

[17] 當世:盧弼《集解》本作"當時",百衲本、殿本、校

點本作"當世"。今從百衲本等。

姜維字伯約，天水冀人也。[1]少孤，與母居。好鄭氏學。[一][2]仕郡上計掾，[3]州辟爲從事。[4]以父囧昔爲郡功曹，[5]值羌戎叛亂，身衛郡將，[6]没於戰場，賜維官中郎，[7]參本郡軍事。建興六年，丞相諸葛亮軍向祁山，[8]時天水太守適出案行，維及功曹梁緒、主簿尹賞、主記梁虔等從行。[9]太守聞蜀軍垂至，而諸縣響應，疑維等皆有異心，於是夜亡保上邽。[10]維等覺太守去，追遲，至城門，城門已閉，不納。維等相率還冀，冀亦不入維等。[11]維等乃俱詣諸葛亮。會馬謖敗於街亭，[12]亮拔將西縣千餘家及維等還，[13]故維遂與母相失。[二]亮辟維爲倉曹掾，[14]加奉義將軍，[15]封當陽亭侯，時年二十七。亮與留府長史張裔、參軍蔣琬書曰："姜伯約忠勤時事，思慮精密，考其所有，永南、季常諸人不如也。[16]其人涼州上士也。"又曰："須先教中虎步兵五六千人。[17]姜伯約甚敏於軍事，既有膽義，深解兵意。此人心存漢室，而才兼於人，畢教軍事，當遣詣宫，覲見主上。"後遷中監軍、征西將軍。[18]

〔一〕《傅子》曰：維爲人好立功名，陰養死士，不脩布衣之業。

〔二〕《魏略》曰：天水太守馬遵將維及諸官屬隨雍州刺史郭淮偶自西至洛門案行，[19]會聞亮已到祁山，淮顧遵曰："是欲不善！"遂驅東還上邽。遵念所治冀縣界在西偏，[20]又恐吏民樂亂，遂亦隨淮去。[21]時維謂遵曰："明府當還冀。"[22]遵謂維等曰："卿諸人(回)〔叵〕復信,[23]皆賊也。"各自行。維亦無如遵何,而家在冀,遂與郡吏上官子脩等還冀。冀中吏民見維等大喜,便推令見亮。[24]二人不獲已,乃共詣亮。亮見,大悅。未及遣迎冀中人,會亮前鋒為張郃、費(縣)〔瑤〕等所破,[25]遂將維等卻縮。維不得還,遂入蜀。諸軍攻冀,皆得維母妻子,亦以維本無去意,故不沒其家,[26]但繫保官以延之。[27]此語與本傳不同。

孫盛《雜記》曰:[28]初,姜維詣亮,與母相失,(復)〔後〕得母書,[29]令求當歸。[30]維曰:"良田百頃,不在一畝,但有遠志,[31]不在當歸也。"[32]

[1] 天水:郡名。治所冀縣,在今甘肅甘谷縣東。

[2] 鄭氏學:指鄭玄之學。東漢末,鄭玄兼通古、今文經學,曾遍注群經。

[3] 上計掾:官名。漢代郡國遣吏至京都向朝廷呈上計簿,匯報本郡國的戶口、錢糧、獄訟、盜賊等情況。此事稱為上計,所遣之吏稱為上計掾或上計吏。

[4] 州辟:殿本、盧弼《集解》本作"州郡",百衲本、校點本作"州辟"。今從百衲本等。 從事:官名。漢代州牧刺史的佐吏,有別駕從事史、治中從事史、兵曹從事史、部從事史等,均可簡稱為從事。

[5] 功曹:官名。漢代郡太守下設功曹史,簡稱功曹,為郡太守之佐吏,除分掌人事外,得參與一郡之政務。魏、晉沿置。

[6] 郡將:郡太守。

[7] 中郎:官名。東漢時分屬五官、左、右三署中郎將,名義上仍職宿衛,實際上成為後備官員,無固定職掌,或給事於中央諸機構。三國兩晉或罷三署,仍置中郎為儲備官員之一。

[8] 祁山:山名。在今甘肅禮縣東。

［9］主簿：官名。漢代中央及州郡官府均置，職爲典領文書，辦理事務。　主記：官名。又稱主記室史，簡稱主記史、主記。漢代郡府之屬吏，掌記錄、書簿等。

［10］上邽：縣名。治所在今甘肅天水市。

［11］維等：盧弼《集解》本、校點本作"維等"，百衲本、殿本作"維"。按，上下文皆言"維等"，此亦當作"維等"。今從《集解》本等。

［12］街亭：地名。在今甘肅秦安縣東北九十里隴城鎮。

［13］西縣：治所在今甘肅天水市西南。

［14］倉曹掾：官名。此爲丞相府之屬吏，主倉穀事。

［15］奉義將軍：官名。蜀漢置，屬雜號將軍。

［16］永南：李邵字永南。　季常：馬良字季常。

［17］中虎步兵：梁章鉅《旁證》云："《水經·渭水注》云：諸葛亮表曰'臣遣虎步監孟琰據武功水東'。案蜀官有虎步監，蓋羽林監之比，有中、左、右三營。"又按，這支部隊負責侍衛及外出征戰。

［18］征西將軍：東漢和帝時置，地位不高，與雜號將軍同。獻帝建安中曹操執政，列爲四征將軍之一，地位提高，秩二千石。蜀漢沿置。

［19］雍州：刺史治所長安，在今陝西西安市西北。　西：縣名。即西縣。　洛門：地名。在今甘肅甘谷縣西。

［20］在：殿本、盧弼《集解》本作"乎"，百衲本、校點本作"在"。今從百衲本等。

［21］遂亦：盧弼《集解》作"亦"，百衲本、殿本、校點本作"遂亦"。今從百衲本等。

［22］明府：對太守的敬稱。

［23］叵：各本皆作"回"。校點本從何焯說改爲"叵"。今從之。

［24］推令：殿本、盧弼《集解》本作"令"，百衲本、校點

本作"推令"。今從百衲本等。

［25］費瑶：各本皆作"費繇"。梁章鉅《旁證》云："'繇'字誤，當作'瑶'，見後《輔臣贊》吳壹注。"又按，本書卷四〇《魏延傳》亦作"費瑶"，今據改。

［26］没：百衲本作"殺"，殿本、盧弼《集解》本、校點本作"没"。今從殿本等。

［27］保官：梁章鉅《旁證》謂"官"當作"宫"，漢代少府有保宫令、丞，主領工徒役作。彼時刑獄繁多，郡邸官寺皆别置獄，保宫亦有獄。沈家本《瑣言》則謂"官"字不誤。本書卷三《明帝紀》太和元年（227）注即有"保官空虚"之説。何義門謂魏制，凡鎮守部曲將及外官長吏並納質任，有口家應從坐者，收繋保官。則保官乃收質任之所，未必爲"保宫"之誤。

［28］孫盛雜記曰：趙幼文《校箋》謂郝經《續後漢書》苟宗道注引此在前注"此語與本傳不同"句下，是也。今誤入"覲見主上"句下。按，趙説是，前段裴松之注引《魏略》叙述姜維離魏歸蜀之事，並言及維母及妻子。孫盛《雜記》所言，正是姜維歸諸葛亮與母相失事。應在《魏略》之後。今從趙説改移。

［29］後：各本作"復"。趙幼文《校箋》謂《通鑑考異》引"復"字作"後"，郝經《續後漢書》苟宗道注引同。今從趙所引改。

［30］令：趙幼文《校箋》謂《晉書·五行志》作"並"，《太平御覽》卷三一〇引同。　當歸：植物名。草本，莖高二三尺，根作藥用。

［31］遠志：植物名。草本，莖細，高七八寸，根作藥用。

［32］不在：趙幼文《校箋》謂《太平御覽》卷三一〇引"在"字作"見"。按，《晉書·五行志中》引姜維報書爲："良田百頃，不計一畝，但見遠志，無有當歸。"

十二年，亮卒，維還成都，爲右監軍、輔漢將軍，[1]統諸軍，進封平襄侯。[2]延熙元年，隨大將軍蔣琬住漢中。琬既遷大司馬，以維爲司馬，[3]數率偏軍西入。六年，遷鎮西大將軍，[4]領涼州刺史。十年，遷衛將軍，[5]與大將軍費禕共錄尚書事。是歲，汶山平康夷反，[6]維率衆討定之。又出隴西、南安、金城界，[7]與魏（大）將軍郭淮、夏侯霸等戰於洮西。[8]胡王治無戴等舉部落降，維將還安處之。十二年，假維節，復出西平，[9]不克而還。維自以練西方風俗，兼負其才武，欲誘諸羌、胡以爲羽翼，謂自隴以西可斷而有也。[10]每欲興軍大舉，費禕常裁制不從，與其兵不過萬人。〔一〕

　　〔一〕《漢晉春秋》曰：費禕謂維曰："吾等不如丞相亦已遠矣；[11]丞相猶不能定中夏，況吾等乎！且不如保國治民，敬守社稷，如其功業，以俟能者，無以爲希冀徼倖而決成敗於一舉。若不如志，悔之無及。"

　　[1] 右監軍：官名。蜀漢置。統兵，位在前、後、左、右護軍上。

　　[2] 平襄：縣名。治所在今甘肅通渭縣西。

　　[3] 司馬：官名。此爲大司馬府之僚屬，掌參贊軍務，地位頗高。

　　[4] 鎮西大將軍：官名。職掌與鎮西將軍同，唯資深者爲大將軍。蜀漢亦置。

　　[5] 衛將軍：官名。東漢時位次大將軍、驃騎將軍、車騎將軍，位亞三公，開府置官屬。曹魏沿置，位在諸名號將軍上。第二

品。蜀漢亦置。

　　[6] 汶山：郡名。治所綿虒道，在今四川汶川縣西南綿虒鎮。
　　平康：縣名。治所在今四川松潘縣東風鄉。（本蒲孝榮《四川歷代政區今釋》）

　　[7] 隴西：郡名。治所襄武縣，在今甘肅隴西縣東南。　南安：郡名。治所獂（huán）道，在今甘肅隴西縣東南渭水東岸。
　　金城：郡名。曹魏時治所榆中縣，在今甘肅榆中縣西北黃河南岸。

　　[8] 將軍。各本皆作"大將軍"。按，本書卷四四《郭淮傳》，郭淮在世時未做過大將軍，僅死後追贈大將軍。當時淮與姜維作戰，職爲前將軍，夏侯霸爲討蜀護軍。盧弼《集解》云："'大'字衍，或衍'軍'字。"按，郝經《續後漢書》正作"將軍"。今從郝經書及盧説删"大"字。　洮西：地區名。指洮水以西地區。洮水爲黃河上游支流，源出於今甘肅、青海兩省交界之西傾山，東流至今甘肅岷縣，又折向北流，至永靖縣入黃河。古稱這段洮水以西之地爲洮西。

　　[9] 西平：郡名。治所西都縣，在今青海西寧市。

　　[10] 隴：山名。又稱隴阪。在今陝西隴縣與甘肅清水縣、張家川回族自治縣之間。

　　[11] 丞相：指諸葛亮。

　　十六年春，禕卒。夏，維率數萬人出石營，[1]經董亭，[2]圍南安，魏雍州刺史陳泰解圍至洛門，維糧盡退還。明年，加督中外軍事。[3]復出隴西，守狄道長李簡舉城降。[4]進圍襄武，與魏將徐質交鋒，斬首破敵，魏軍敗退。維乘勝多所降下，拔（河間）〔河關〕、狄道、臨洮三縣民還。[5]後十八年，復與車騎將軍夏侯霸等俱出狄道，[6]大破魏雍州刺史王經於洮西，經衆死者數萬人。經退保狄道城,維圍之。魏征西將軍陳泰進兵解圍,[7]維卻住鍾題。[8]

十九年春,就遷維爲大將軍。更整勒戎馬,與鎮西大將軍胡濟期會上邽,濟失誓不至,故維爲魏大將鄧艾所破於段谷,[9]星散流離,死者甚衆。衆庶由是怨讟,而隴已西亦騷動不寧,維謝過引負,求自貶削。爲後將軍,[10]行大將軍事。

二十年,魏征東大將軍諸葛誕反於淮南,[11]分關中兵東下。[12]維欲乘虛向秦川,復率數萬人出駱谷,[13]徑至沈嶺。[14]時長城積穀甚多而守兵乃少,[15]聞維方到,衆皆惶懼。魏大將(軍)司馬望拒之,[16]鄧艾亦自隴右,[17]皆軍于長城。維前住芒水,[18]皆倚山爲營。[19]望、艾傍渭堅圍,維數下挑戰,望、艾不應。景耀元年,[20]維聞誕破敗,乃還成都。復拜大將軍。

初,先主留魏延鎮漢中,皆實兵諸圍以禦外敵,敵若來攻,使不得入。及興勢之役,王平捍拒曹爽,皆承此制。維建議,以爲錯守諸圍,雖合《周易》"重門"之義,[21]然適可禦敵,不獲大利。不若使聞敵至,諸圍皆斂兵聚穀,退就漢、樂二城,使敵不得入平,[22]且重關鎮守以捍之。有事之日,令游軍並進以伺其虛,敵攻關不克,野無散穀,千里縣糧,自然疲乏。引退之日,然後諸城並出,與游軍并力搏之,此殄敵之術也。於是令督漢中胡濟卻住漢壽,監軍王含守樂城,[23]護軍蔣斌守漢城,又於西安、建威、武衞、石門、武城、建昌、臨遠皆立圍守。[24]

五年，維率衆出（漢）侯和，[25]爲鄧艾所破，還住沓中。[26]維本覊旅託國，累年攻戰，功績不立，而宦官黃皓等弄權於內，右大將軍閻宇與皓協比，[27]而皓陰欲廢維樹宇。維亦疑之，故自危懼，不復還成都。〔一〕六年，維表後主：「聞鍾會治兵關中，欲規進取，宜並遣張翼、廖化督諸軍分護陽安關口、陰平橋頭以防未然。」[28]皓徵信鬼巫，謂敵終不自致，啓後主寢其事，而羣臣不知。及鍾會將向駱谷，鄧艾將入沓中，然後乃遣右車騎廖化詣沓中爲維援，[29]左車騎張翼、輔國大將軍董厥等詣陽安關口以爲諸圍外助。[30]比至陰平，[31]聞魏將諸葛緒向建威，故住待之。月餘，維爲鄧艾所摧，還住陰平。[32]鍾會攻圍漢、樂二城，遣別將進攻關口，[33]蔣舒開城出降，傅僉格鬬而死。〔二〕會攻樂城，不能克，聞關口已下，長驅而前。翼、厥甫至漢壽，維、化亦舍陰平而退，適與翼、厥合，皆還保劍閣以拒會。[34]會與維書曰：「公侯以文武之德，懷邁世之略，功濟巴、漢，聲暢華夏，遠近莫不歸名。每惟疇昔，嘗同大化，[35]吳札、鄭僑，[36]能喻斯好。」維不答書，列營守險。會不能克，糧運縣遠，將議還歸。

　　〔一〕《華陽國志》曰：維惡黃皓恣擅，啓後主欲殺之。後主曰：「皓趨走小臣耳，往董允切齒，吾常恨之，君何足介意！」維見皓枝附葉連，懼於失言，遜辭而出。後主勑皓詣維陳謝。維說皓求沓中種麥，以避內逼耳。

　　〔二〕《漢晉春秋》曰：蔣舒將出降，乃詭謂傅僉曰：「今賊至不擊而閉城自守，非良圖也。"儉曰："受命保城，惟全爲功，今違命出戰，若喪師負國，死無益矣。"舒曰："子以保城獲全爲功，我以出戰克敵爲功，請各行其志。"遂率衆出。儉謂其戰也，至陰平，以降胡烈。烈乘虛襲城，儉格鬭而死，魏人義之。

《蜀記》曰：蔣舒爲武興督，[37]在事無稱。蜀令人代之，[38]因留舒助漢中守。舒恨，故開城出降。

[1] 石營：地名。在今甘肅武山縣西南。

[2] 董亭：地名。在今甘肅武山縣南。

[3] 督中外軍事：職銜名。加此銜者，得總統中央禁衛軍和地方軍等内外諸軍。

[4] 狄道：殿本、盧弼《集解》本"狄道"下還有"狄道"二字，百衲本、校點本無。今從百衲本等。狄道治所在今甘肅臨洮縣。

[5] 河關：各本皆作"河間"，校點本從何焯說改爲"河關"。今從之。河關縣治所在今甘肅臨夏縣西北。　臨洮：縣名。治所在今甘肅岷縣。

[6] 車騎將軍：官名。東漢時位比三公，常以貴戚充任。出掌征伐，入參朝政。漢靈帝時常作加官或贈官。三國沿置，位次驃騎將軍，在諸名號大將軍上。

[7] 征西將軍：官名。秩二千石，第二品，位次三公。多授予都督雍、涼二州諸軍事，領兵屯駐長安。資深者爲征西大將軍。

[8] 鍾題：地名。在今甘肅臨洮縣南洮河西。（本謝鍾英《補三國疆域志補注》）

[9] 段谷：地名。在今甘肅天水市西南。

[10] 後將軍：官名。東漢時位如上卿，與前、左、右將軍掌京師兵衛與邊防屯警。魏晉亦置，第三品。權位漸低，略高於一般雜號將軍，不典禁兵，不與朝政，僅領兵征戰。蜀漢亦置。

〔11〕征東大將軍：官名。魏征東將軍第二品，位次三公，資深者爲大將軍。　淮南：郡名。治所壽春縣，在今安徽壽縣。

〔12〕關中：地區名。泛指函谷關以內之地，包括今陝西和甘肅、寧夏、内蒙古的部分地區。當時魏以長安爲中心駐有重兵以防蜀漢。

〔13〕駱谷：秦嶺的一條谷道，全長四百多里，北口在今陝西周至縣西南，南口在洋縣北。

〔14〕沈嶺：在今陝西周至縣西南。因姜維出兵至此，後又名姜維嶺。

〔15〕長城：地名。在今陝西周至縣東南。

〔16〕大將：各本皆作"大將軍"。而司馬望未做過大將軍，據《晉書》卷三七《安平獻王孚附望傳》，當時司馬望爲征西將軍、持節、都督雍涼二州諸軍事。以上稱"魏大將鄧艾"例之，刪去"軍"字。

〔17〕隴右：地區名。指隴山以西之地。約當今甘肅隴山、六盤山以西和黃河以東一帶。

〔18〕芒水：百衲本、盧弼《集解》本作"亡水"，殿本、校點本作"芒水"。今從殿本等。芒水即今陝西周至縣渭水支流黑河。

〔19〕皆倚山：盧弼《集解》云："'皆'字疑衍。"

〔20〕景耀：蜀漢後主劉禪年號（258—263）。

〔21〕重門：《易・繫辭下》："重門擊柝，以待暴客。"謂設置多重門，並敲擊木柝以巡夜，以防備盜賊侵入。

〔22〕漢樂二城：漢城在今陝西勉縣東南漢水之南，樂城在今陝西城固縣西漢水之南。　平：平地。《爾雅・釋地》："大野曰平。"郝懿行《義疏》："按大野，地勢平，因謂之平。平與坪音義同。《說文》：坪，地平也。"

〔23〕監軍：官名。東漢末，監軍或掌軍務，魏晉時，諸州或重要軍鎮關都督，則置監諸軍事，簡稱監軍，爲該地區軍政長官。

〔24〕建威：城名。在今甘肅西和縣北。　武衛：地名。在今

甘肅成縣境。　武城：地名。在今甘肅武山縣西南。　西安石門建昌臨遠：皆地名。未詳其址。趙一清《補注》云："其城在今階、成、鳳、沔間。"即在清代之階州（今甘肅武都縣）、成縣（今甘肅成縣）、鳳縣（今陝西鳳縣東北）、沔縣（今陝西勉縣西）之間。

［25］侯和：各本"侯和"上皆有"漢"字，而本書卷四《陳留王紀》景元三年（262）、卷三三《後主傳》景耀五年（262）及卷二八《鄧艾傳》景元三年所述皆同一件事，均作"侯和"，今據以刪"漢"字。趙幼文《校箋》謂蕭常《續後漢書》"侯"上亦無"漢"字。侯和，地名。在今甘肅卓尼縣東北。

［26］沓中：地名。在今甘肅舟曲縣西北。

［27］右大將軍：官名。東漢初年曾置，旋罷。蜀漢後主景耀中復置，位次大將軍。

［28］陽安關：即今陽安關，在今陝西寧强縣西北。　陰平橋：在今甘肅文縣城南白水江上。

［29］右車騎：即右車騎將軍。東漢末及蜀漢後主時均曾分置左、右車騎將軍，爲領兵武職。

［30］輔國大將軍：官名。新莽末劉永割據政權曾置。蜀漢景耀四年復置，即以尚書令董厥爲之，與諸葛瞻共同輔政。

［31］陰平：縣名。治所在今甘肅文縣西北。

［32］還住陰平：《讀史方輿記要》卷五九"文縣"下云："今縣東七里麻關谷口有鄧艾城，相傳艾入蜀時所築；旁有姜維城，爲維與鄧艾相守處。"（參趙一清《注補》）

［33］關口：即陽安關口。

［34］還：校點本作"退"，百衲本、殿本、盧弼《集解》本皆作"還"。今從百衲本等。　劍閣：地名。在今四川劍閣縣東北劍門關。

［35］大化：指魏王朝之教化。

［36］吳札：春秋時吳公子季札，吳王壽夢之少子，封於延陵，故稱延陵季札，延陵季子。（見《史記》卷三一《吳太伯世家》）

僑：百衲本、校點本作"喬"，殿本、盧弼《集解》本作"僑"。二字古雖可通，今仍從殿本等。鄭僑，即春秋鄭國公孫僑，字子產。爲鄭國執政二十餘年。《左傳·襄公二十九年》謂季札"聘于鄭，見子產，如舊相識。與之縞帶，子產獻紵衣焉"。

[37] 武興：城名。在今陝西略陽縣。蜀漢於此置督鎮守。

[38] 令：殿本、校點本作"命"，百衲本、盧弼《集解》本作"令"。今從百衲本等。

而鄧艾自陰平由景谷道傍入，[1]遂破諸葛瞻於緜竹。[2]後主請降於艾，艾前據成都。維等初聞瞻破，或聞後主欲固守成都，或聞欲南入建寧，[3]於是引軍由廣漢、郪道以審虛實。[4]尋被後主敕令，乃投戈放甲，詣會於涪軍前，將士咸怒，拔刀斫石。〔一〕[5]

〔一〕干寶《晋紀》云：會謂維曰："來何遲也？"維正色流涕曰："今日見此爲速矣！"會甚奇之。

[1] 景谷道：即沿今四川青川縣白水鎮西之青川河河谷的道路。此道是古代由陰平入蜀，經白水至平武之正道。（本劉琳《華陽國志校注》卷二注）

[2] 緜竹：縣名。治所在今四川德陽市北黄許鎮。

[3] 或聞欲南入建寧：殿本、盧弼《集解》本、校點本在此句上有"或聞欲東入吳"一句，百衲本無，郝經《續後漢書》亦無，四庫館臣並注云："與《通志》同。"是宋代《蜀志》本無此句。按，《譙周傳》後主使群臣會議，會上有人提出東奔吳，又有人提出奔南中，譙周當即駁倒二說，而後主猶有入南中之意。蓋最後傳出之言，即固守成都與入南二意。今從百衲本。建寧，郡名。治所味縣，在今雲南曲靖市西。

［4］廣漢：縣名。治所在今四川射洪縣南。 郪：縣名。治所在今三臺縣南郪江鎮。

［5］斫：校點本作"砍"，百衲本、殿本、盧弼《集解》本作"斫"，蕭常及郝經之《續後漢書》皆作"斫"。今從百衲本等。

會厚待維等，皆權還其印號節蓋。會與維出則同轝，坐則同席，謂長史杜預曰：[1]"以伯約比中土名士，公休、太初不能勝也。"〔一〕[2]會既構鄧艾，艾檻車徵，因將維等詣成都，自稱益州牧以叛。〔二〕欲授維兵五萬人，使爲前驅。魏將士憤發，[3]殺會及維，維妻子皆伏誅。〔三〕

〔一〕《世語》曰：時蜀官屬皆天下英俊，無出維右。

〔二〕《漢晉春秋》曰：會陰懷異圖，維見而知其心，謂可構成擾亂以圖克復也，乃詭說會曰："聞君自淮南已來，算無遺策，[4]晉道克昌，[5]皆君之力。今復定蜀，威德振世，民高其功，主畏其謀，欲以此安歸乎！夫韓信不背漢於擾攘，[6]以見疑於既平，大夫種不從范蠡於五湖，[7]卒伏劍而妄死，彼豈闇主愚臣哉？利害使之然也。今君大功既立，大德已著，何不法陶朱公泛舟絕迹，[8]全功保身，登峨嵋之嶺，[9]而從赤松游乎？"[10]會曰："君言遠矣，我不能行，且爲今之道，[11]或未盡於此也。"維曰："其他則君智力之所能，無煩於老夫矣。"由是情好歡甚。

《華陽國志》曰：維教會誅北來諸將，既死，徐欲殺會，盡坑魏兵，還復蜀祚，密書與後主曰："願陛下忍數日之辱，臣欲使社稷危而復安，日月幽而復明。"

孫盛《晉陽秋》曰：盛以永和初從安西將軍平蜀，見諸故老，[12]及姜維既降之後密與劉禪表疏，說欲僞服事鍾會，因殺之以復蜀土，會事不捷，遂至泯滅，蜀人於今傷之。盛以爲，古人云"非所困而困焉名必辱,非所據而據焉身必危,既辱且危,死其將至",[13]其姜維之謂乎!鄧艾之入江由,[14]士衆鮮少,維進不能奮節綿竹之下,退不能總帥五將,擁衞蜀主,思後圖之計,[15]而乃反覆於逆順之間,希違情於難冀之會,以衰弱之國,而屢觀兵於三秦,[16]已滅之邦,冀理外之奇舉,不亦闇哉!

臣松之以爲盛之譏維,又爲不當。于時鍾會大衆既造劍閣,維與諸將列營守險,會不得進,已議還計,全蜀之功,幾乎立矣。但鄧艾詭道傍入,出於其後,諸葛瞻既敗,成都自潰。維若回軍救內,則會乘其背。當時之勢,焉得兩濟?而責維不能奮節綿竹,擁衞蜀主,非其理也。會欲盡坑魏將以舉大事,授維重兵,使爲前驅。若令魏將皆死,兵事在維手,殺會復蜀,不爲難矣。[17]夫功成理外,然後爲奇,不可以事有差(牙)〔互〕,[18]而抑謂不然。設使田單之計,[19]邂逅不會,[20]復可謂之愚闇哉!

〔三〕《世語》曰:維死時見剖,膽如(斗)〔升〕大。[21]

[1] 長史:官名。此爲鍾會鎮西將軍府長史,職責是總理幕府事。 杜預:事見本書卷一六《杜畿附恕傳》及裴松之注引王隱《晉書》。

[2] 公休:諸葛誕字公休。 太初:夏侯玄字太初。

[3] 憤發:校點本"發"字作"怒",百衲本、殿本、盧弼《集解》本、郝經《續後漢書》皆作"發"。今從百衲本等。

[4] 算無遺策:指征毌丘儉、諸葛誕,鍾會爲司馬氏出謀劃策。

[5] 晉:指司馬昭之晉王國。

[6] 韓信:楚漢戰爭中,漢王劉邦立韓信爲齊王後,楚王項羽曾使武涉往說韓信反漢聯楚,三分天下。韓信拒之。齊人蒯通又說韓信反漢自立,韓信亦不從。蒯通又謂信曰:"今足下戴震主之威,挾不賞之功,歸楚,楚人不信;歸漢,漢人震恐,足下欲持是安歸

乎？"韓信亦不從。至劉邦滅項羽爲帝後，徙韓信爲楚王。次年有人上書告楚王信反，漢高帝劉邦親往縛信，載於後車。信曰："果若人言：'狡兔死，良狗亨；高鳥盡，良弓藏；故國破，謀臣亡。'天下已定，我固當亨！"至洛陽，赦爲淮陰侯。後韓信被呂后所殺。（見《史記》卷九二《淮陰侯列傳》）

　　[7] 大夫種：即文種，春秋時越王勾踐的大夫。越王勾踐被吳王夫差擊敗，困於會稽山上，用大夫范蠡之計，遣大夫種卑辭厚禮求和於吳，又以美女寶器賄賂吳太宰嚭，終得吳王許和罷兵。勾踐回國後，任用文種、范蠡整頓國政，十年生聚，十年教訓，終于轉弱爲強，擊滅吳國。越滅吳後，范蠡乃率其私屬離越浮海而去，至齊，與大夫種書曰："蜚鳥盡，良弓藏；狡兔死，走狗烹。越王爲人長頸鳥喙，可與共患難，不可與共樂。子何不去？"文種未行動，祇稱病不朝。有人讒誣文種將作亂，越王勾踐乃賜文種劍曰："子教寡人伐吳七術，寡人用其三術而敗吳，其四在子，子爲我從先王試之。"文種遂自殺。（見《史記》卷四一《越王勾踐世家》）　　五湖：《國語·越語》韋昭注即太湖。

　　[8] 陶朱公：即范蠡。范蠡離越至齊後，又止於陶（山名。在今山東肥城縣西北），自稱陶朱公。（見《史記》卷四一《越王勾踐世家》）

　　[9] 峨嵋：山名。在今四川峨眉山市西南。有大峨、中峨、小峨三山。

　　[10] 赤松：即赤松子。傳說中的仙人。《列仙傳》謂爲神農時雨師，能入火不燒，至崑崙山隨風雨上下。

　　[11] 爲今之道：趙幼文《校箋》謂《藝文類聚》卷二五、《太平御覽》卷四六引"今"字作"全"，《太平御覽》"全"下還有"身"字。

　　[12] 永和：晋穆帝司馬聃年號（345—356）。　　安西將軍：此安西將軍指桓溫。永和二年十一月桓溫率師伐蜀，三年三月攻克成都，成漢李勢降。（見《晋書》卷八《穆帝紀》）　　見諸故老：

趙幼文《校箋》謂《册府元龜》卷七六〇引"老"下有"言"字。

[13] 死其將至：以上所引見《易·繫辭下》。其，即"期"。《經籍籑詁》卷四："其，《易·繫辭》'死其將至'，《釋文》：'其，本作期。'"

[14] 江由：又作"江油"。地名。蜀漢於此置江油戍，在今四川平武縣東南南壩鎮。

[15] 後圖之計：百衲本"計"字作"語"，殿本、盧弼《集解》本、校點本作"計"。今從殿本等。

[16] 三秦：地區名。秦末，項羽破秦入關，三分秦關中之地，以秦降將章邯爲雍王，司馬欣爲塞王，董翳爲翟王。合稱三秦。其地相當於今陝西關中及甘肅東部。

[17] 矣：殿本、盧弼《集解》本作"也"，百衲本、校點本作"矣"。今從百衲本等。

[18] 差互：盧弼《集解》本作"差手"，百衲本、殿本、校點本作"差牙"。盧弼云："宋本手作牙。按當作互。"周一良《札記》云："牙當是互字之誤，差互猶乖互也。隸書互字或寫作互，唐人猶多如此寫。"今從盧、周說改"牙"爲"互"。

[19] 田單之計：戰國後期，燕昭王使樂毅帥軍攻破齊國，先後攻下七十餘城，唯即墨、莒二城不下。田單被即墨城民推擁爲將軍以守即墨。適值燕昭王卒，惠王立。而惠王與樂毅有矛盾，田單乃施反間計，使惠王用騎劫代樂毅爲將；田單又激勵即墨城民，用火牛擊敗燕軍，一舉收復七十餘城。（見《史記》卷八二《田單列傳》）

[20] 不會：盧弼《集解》云："元本'會'作'集'。"趙幼文《校箋》云："考《詩·小雅·黍苗》'我行既集'鄭箋：'集猶成也。'作'集'字是。"

[21] 升：各本皆作"斗"。《通鑑》卷七八魏元帝咸熙元年胡三省注謂膽如斗大，"斗非身所能容，恐當作'升'"。梁章鉅《旁證》又引顧炎武曰："升、斗二字，上升下斗，漢隸如此。此誤

'升'爲'斗'耳。"校點本即據胡、顧之說改"斗"爲"升"。今從之。亦有以爲此爲形容誇張之詞，不必改字。（見錢劍夫《〈三國志〉標點本商榷》）

郤正著論論維曰："姜伯約據上將之重，處羣臣之右，宅舍弊薄，資財無餘，側室無妾媵之褻，後庭無聲樂之娛，衣服取供，輿馬取備，飲食節制，不奢不約，官給費用，隨手消盡；察其所以然者，非以激貪厲濁，[1]抑情自割也，直謂如是爲足，不在多求。凡人之談，常譽成毀敗，扶高抑下，咸以姜維投厝無所，身死宗滅，以是貶削，不復料摘，[2]異乎《春秋》褒貶之義矣。如姜維之樂學不倦，清素節約，自一時之儀表也。"〔一〕

〔一〕孫盛曰：異哉郤氏之論也！夫士雖百行，操業萬殊，至於忠孝義節，百行之冠冕也。姜維策名魏室，[3]而外奔蜀朝，違君徇利，不可謂忠；捐親苟免，不可謂孝；害加舊邦，不可謂義；敗不死難，不可謂節；且德政未敷而疲民以逞，居禦侮之任而致敵喪守，[4]於夫智勇，莫可云也：凡斯六者，維無一焉。實有魏之逋臣，亡國之亂相，而云人之儀表，斯亦惑矣。[5]縱維好書而微自藻潔，豈異夫盜者分財之義，而程鄭降階之善也？[6]

臣松之以爲郤正此論，取其可稱，不論維始終行事皆可準則也。所云"一時儀表"，止在好學與儉素耳。本傳及《魏略》皆云維本無叛心，以急逼歸蜀。盛相譏貶，惟可責其背母。餘既過苦，又非所以難郤正也。

[1] 激貪厲濁：謂激勵貪婪穢濁者使之廉潔。

［2］料擿（tī）：估量辨別。

［3］策名：將名字書寫於策上。古者始仕，必先書名於策。

［4］禦侮：《詩·大雅·綿》："予曰有禦侮。"毛傳："武臣折衝曰禦侮。"此指大將軍。

［5］斯亦：百衲本作"亦"，殿本、盧弼《集解》本、校點本作"斯亦"。今從殿本等。

［6］程鄭降階：《左傳·襄公二十四年》："晋侯嬖程鄭，使佐下軍。鄭行人公孫揮如晋聘，程鄭問焉，曰：'敢問降階何由？'子羽（公孫揮）不能對，歸以語然明。"降階即降級。程鄭本嬖幸小人而得升卿位，自知無資望而欲降級。

維昔所俱至蜀，梁緒官至大鴻臚，[1]尹賞執金吾，[2]梁虔大長秋，[3]皆先蜀亡没。

［1］大鴻臚：官名。漢列卿之一，秩中二千石。掌少數民族君長、諸侯王、列侯之迎送、接待，安排朝會、封授、襲爵及奪爵削土之典禮；諸侯王死，則奉詔護理喪事，宣讀誅策謚號；百官朝會，掌贊襄引導；兼管京都之郡國邸舍及郡國上計吏之接待；又兼管少數民族之朝貢使節及侍子。三國沿置，魏爲三品。

［2］執金吾：官名。漢代秩中二千石，掌宫外及京都警衛，皇帝出行，則充護衛及儀仗。三國沿置。

［3］大長秋：官名。東漢時秩二千石。爲管理皇后宫中事務的最高官員，其職尊顯，多由高級宦官擔任。三國兩晋沿置，或由士人擔任。

評曰：蔣琬方整有威重，費禕寬濟而博愛，咸承諸葛之成規，因循而不革，是以邊境無虞，邦家和一，然猶未盡治小之宜，居静之理也。[一]姜維粗有文武，志立功名，而翫衆黷旅，明斷不周，終致隕斃。[1]《老子》有云："治大國者猶烹小鮮。"[2]況於區區蕞爾，而可屢擾乎哉?〔二〕

〔一〕臣松之以爲蔣、費爲相，克遵畫一，未嘗徇功妄動，有所虧喪，外卻駱谷之師，內保寧緝之實，治小之宜，居靜之理，何以過於此哉！今譏其未盡而不著其事，[3]故使覽者不知所謂也。

〔二〕干寶曰：姜維爲蜀相，國亡主辱弗之死，而死於鍾會之亂，惜哉！非死之難，處死之難也。是以古之烈士，見危授命，投節如歸，非不愛死也，固知命之不長而懼不得其所也。

[1] 終致：百衲本無"致"字，殿本、盧弼《集解》本、校點本有。今從殿本等。

[2] 治大國者猶烹小鮮：《老子》第六十章："治大國，若烹小鮮。"小鮮即小魚。謂烹治小魚時，不能多翻動，因魚身太小，翻動便爛。治大國亦如此，不可多擾動人民。

[3] 譏其未盡而不著其事：何焯謂評語"皆承祚在晉之遜詞，裴注駁之，或未喻其旨也"。(《義門讀書記》卷二七《三國志·蜀志》)

三國志 卷四五

蜀書十五

鄧張宗楊傳第十五

鄧芝字伯苗，義陽新野人，[1]漢司徒禹之後也。[2]漢末入蜀，未見知待。時益州從事張裕善相，[3]芝往從之。裕謂芝曰："君年過七十，位至大將軍，[4]封侯。"芝聞巴西太守龐羲好士，[5]往依焉。先主定益州，芝為郫邸閣督。[6]先主出至郫，與語，大奇之，擢為郫令，遷廣漢太守。[7]所在清嚴有治績，入為尚書。[8]

先主薨於永安。[9]先是，吳王孫權請和，先主累遣（宋）〔宗〕瑋、費禕等與相報答。[10]丞相諸葛亮深慮權聞先主殂隕，恐有異計，未知所如，芝見亮曰："今主上幼弱，初在位，宜遣大使重申吳好。"亮答之曰："吾思之久矣，未得其人耳，今日始得之。"芝問："其人為誰？"亮曰："即使君也。"乃遣芝脩好於權。權果狐疑，不時見芝，芝乃自表請見權曰："臣今來亦欲為吳，非但為蜀也。"權乃見之，語芝曰："孤誠願與蜀和親，然恐蜀主幼弱，國小勢偪，爲魏所乘，不自保全，以此猶豫耳。"芝對曰："吳、蜀二國四州之地，[11]大王命世之英，諸葛亮亦一時之傑也。蜀有重險之固，[12]吳有三江之阻，[13]合此二長，共爲脣齒，進可并兼天下，退可鼎足而立，此理之自然也。大王今若委質於魏，[14]魏必上望大王之入朝，下求太子之内侍，若不從命，則奉辭伐叛，蜀必順流見可而進，如此，江南之地非復大王之有也。"權默然良久曰："君言是也。"遂自絶魏，與蜀連和，遣張温報聘於蜀。蜀復令芝重往，權謂芝曰："若天下太平，二主分治，不亦樂乎！"芝對曰："夫天無二日，土無二王，如并魏之後，大王未深識天命者也，[15]君各茂其德，臣各盡其忠，將提枹鼓，則戰爭方始耳。"權大笑曰："君之誠款，乃當爾邪！"權與亮書曰："丁厷掞張，〔一〕[16]陰化不盡；[17]和合二國，唯有鄧芝。"及亮北住漢中，[18]以芝爲中監軍、揚武將軍。[19]亮卒，遷前軍師、前將軍，[20]領兗州刺史，[21]封陽武亭侯，[22]頃之，爲督江州。[23]權數與芝相聞，餽遺優渥。延熙六年，[24]就遷爲車騎將軍，[25]後假節。[26]十一年，涪陵國人殺都尉反叛，[27]芝率軍征討，即梟其渠帥，百姓安堵。〔二〕十四年卒。

　　〔一〕掞音夷念反，或作豔。臣松之案《漢書·禮樂志》曰"長離前掞光耀明"。[28]左思《蜀都賦》"摛藻掞天庭"。孫權蓋謂丁厷之言多浮豔也。

　　〔二〕《華陽國志》曰：芝征涪陵，見玄猿緣山。芝性好弩，手自射猨，中之。猨拔其箭，卷木葉塞其創。芝曰："嘻，吾違物之性，其將死矣！"一曰：芝見猨抱子在樹上，引弩射之，中猨母，其子爲拔箭，以木葉塞創。芝乃歎息，投弩水中，自知當死。

[1] 義陽：郡名。治所安昌縣，在今湖北棗陽市東南。錢大昕云："義陽不在蜀境内，漢末亦未有義陽郡，蓋史據魏晉之郡縣書之。"（《廿二史考異》卷一六）　新野：縣名。治所在今河南新野縣。

[2] 司徒：官名。東漢時與太尉、司空並爲三公，共同行使宰相職能。位次太尉。本職掌民政。　禹：即鄧禹。漢光武帝劉秀之功臣。劉秀即帝位後，禹任大司徒。（見《後漢書》卷一六《鄧禹傳》）

[3] 益州：東漢末刺史先治雒縣（今四川廣漢市北），後治成都縣（今四川成都市舊東、西城區）。　從事：官名。漢代州牧刺史的佐吏，有別駕從事史、治中從事史、兵曹從事史、部從事史等，均可簡稱爲從事。

[4] 大將軍：官名。東漢時常兼録尚書事，與太傅、太尉等共同主持政務。漢末位在三公上。

[5] 巴西：郡名。治所閬中縣，在今四川閬中市。

[6] 郫：縣名。治所在今四川郫縣郫筒鎮。　邸閣督：官名。東漢末置。置於有邸閣之郡縣，主管邸閣之資糧。

[7] 廣漢：郡名。治所即雒縣。

[8] 尚書：官名。東漢有六曹尚書，即三公曹、民曹、客曹、二千石曹、吏曹、中都官曹等，秩皆六百石，皆稱尚書，不加曹號。（本《晉書‧職官志》）蜀漢沿置。

[9] 永安：宫名。在永安縣城内。劉備稱帝之次年，改魚復縣爲永安縣，治所在今重慶奉節縣東白帝城。故其行宫亦稱永安宫。

[10] 宗瑋：各本皆作"宋瑋"。殿本《考證》云："《先主

傳》作'宗瑋'。"又《華陽國志·劉先主志》、蕭常及郝經之《續後漢書》、《通鑑》卷六九魏文帝黃初三年亦作"宗瑋",今據改。

[11] 四州：指荆、揚、交、益四州。

[12] 重險：胡三省云："重險,謂外有斜、駱、子午之險,内有劍閣之險也。"(《通鑑》卷七〇魏文帝黃初四年注)

[13] 三江：古之三江說法甚多,此當指以長江爲主的諸江。

[14] 委質：向君主獻上禮物,表示臣服。

[15] 天命者也：趙幼文《校箋》謂《藝文類聚》卷二五引無"者也"二字。按,蕭常《續後漢書》亦無"者也"二字。

[16] 丁厷（hóng）：《華陽國志·劉後主志》作"丁宏"。生平事迹不詳。

[17] 陰化：又見本書卷四四《蔣琬傳》。陰、丁二人蓋曾使吴。

[18] 漢中：郡名。治所南鄭縣,在今陝西漢中市東。

[19] 中監軍：官名。蜀漢置。統兵,位在前、後、左、右護軍之上,地位頗重。　揚武將軍：官名。東漢光武帝建武初置,漢末曹操亦置。主統兵出征。

[20] 前軍師：官名。漢獻帝建安中曹操置。爲丞相府主要僚屬,在中軍師下。參議軍國大事。蜀漢亦置。　前將軍：官名。東漢時,位如上卿,與左、右、後將軍掌京師兵衛與邊防屯警。魏晉亦置,第三品。權位漸低,略高於一般雜號將軍,不典禁兵,不與朝政,僅領兵征戰。蜀漢亦置。

[21] 兖州：魏刺史治所廩丘縣,在今山東鄆城縣西北。當時兖州乃魏地,此爲虚名遥領。

[22] 亭侯：爵名。漢制列侯大者食縣邑,小者食鄉、亭。東漢後期遂以食鄉、亭者稱爲鄉侯、亭侯。

[23] 督：官名。此爲地方軍事長官。　江州：縣名。治所在今重慶渝中區。

[24] 延熙：蜀漢後主劉禪年號（238—257）。

［25］車騎將軍：官名。東漢時位比三公，常以貴戚充任。出掌征伐，入參朝政。漢靈帝時常作加官或贈官。三國沿置，位次驃騎將軍，在諸名號大將軍上。

［26］假節：漢末三國時期，皇帝賜予臣下的一種權力。至晉代，此種權力明確爲因軍事可殺犯軍令者。

［27］涪陵國：即涪陵屬國。治所涪陵縣，在今重慶彭水縣。都尉：官名。此爲屬國都尉，管理屬國事務的行政長官。

［28］長離：今傳《漢書·禮樂志》作"長麗"。顏師古注引臣瓚曰："長麗，靈鳥也。"

芝爲大將（軍）二十餘年，[1]賞罰明斷，善卹卒伍。身之衣食資仰於官，不苟素儉，然終不治私産，妻子不免飢寒，死之日家無餘財。性剛簡，不飾意氣，[2]不得士類之和。於時人少所敬貴，唯器異姜維云。子良，襲爵，景耀中爲尚書左選郎，[3]晉朝廣漢太守。

［1］大將：各本皆作"大將軍"。錢大昕云："芝止爲車騎將軍，未嘗爲大將軍，'大'字衍。"（《廿二史考異》卷一六）校點本即從錢説刪"大"字。趙幼文《校箋》則謂《藝文類聚》卷五九、《太平御覽》卷二七五及卷二八〇引俱無"軍"字，作"大將"。按，"大將"亦非官職名，高級將軍可泛稱之，今從趙説改。

［2］意氣：志向與氣概。

［3］景耀：蜀漢後主劉禪年號（258—263）。　尚書左選郎：官名。蜀漢尚書臺有選曹郎，又有左、右選郎，掌銓選官吏事務。

張翼字伯恭，犍爲武陽人也。[1]高祖父司空浩，[2]曾祖父廣陵太守綱，[3]皆有名迹。[一]先主定益州，領牧，翼爲書佐。[4]建安末，[5]舉孝廉，[6]爲江陽長，[7]徙涪陵令，遷梓潼太守，[8]累遷至廣漢、蜀郡太守。[9]建興九年，[10]爲庲降都督、綏南中郎將。[11]翼性持法嚴，不得殊俗之歡心。耆率劉冑背叛作亂，翼舉兵討冑。冑未破，會被徵當還，羣下咸以爲宜便馳騎即罪，翼曰："不然。吾以蠻夷蠢動，不稱職故還耳，然代人未至，吾方臨戰場，當運糧積穀，爲滅賊之資，豈可以黜退之故而廢公家之務乎？"於是統攝不懈，代到乃發。馬忠因其成基以破殄冑，丞相亮聞而善之。亮出武功，[12]以翼爲前軍都督，[13]領扶風太守。[14]亮卒，拜前領軍，[15]追論討劉冑功，賜爵關內侯。[16]延熙元年，入爲尚書，稍遷督建威，[17]假節，進封都亭侯，[18]征西大將軍。[19]

〔一〕《益部耆舊傳》曰：浩字叔明，治《律》《春秋》，游學京師，與廣漢鐔粲、漢中李郃、蜀郡張霸共結爲友善。大將軍鄧騭辟浩，稍遷尚書僕射，[20]出爲彭城相，[21]薦隱士閭丘邈等，徵拜廷尉。[22]延光三年，[23]安帝議廢太子，唯浩與太常桓焉、太僕來歷議以爲不可。[24]順帝初立，拜浩司空，年八十三卒。

《續漢書》曰：綱字文紀，少以三公子經明行脩舉孝廉，不就；司徒辟，以高第爲侍御史。[25]漢安元年，[26]拜光祿大夫，[27]與侍中杜喬等八人同日受詔，[28]持節分出，[29]案行天下貪廉，墨綬有罪便收，[30]刺史二千石以驛表聞，威惠清忠，名振郡國，號曰八儁。[31]是時，大將軍梁冀侵擾百姓，[32]喬等七人皆奉命四出，唯綱獨埋車輪於洛陽都亭不去，[33]曰："豺狼當路，安問狐狸？"遂上書曰："大將軍梁冀、河南尹不疑，[34]蒙外戚之援，荷國厚恩，以狗彘之姿，安居阿保，[35]不能敷揚五教，[36]翼贊日月，而專爲封豕長蛇，[37]肆其貪饕，甘心好貨，縱恣無厭，多樹諂諛以害忠良，誠天威所不赦，大辟所宜加也。[38]謹條其無君之心十五事於左，皆忠臣之所切齒也。"書奏御，京師震悚。時冀妹爲皇后，內寵方盛，冀兄弟權重於人主，順帝雖知綱言不誣，然無心治冀。冀深恨綱。會廣陵賊張嬰等衆數萬人殺刺史、二千石，[39]冀欲陷綱，乃諷尚書以綱爲廣陵太守；若不爲嬰所殺，則欲以法中之。前太守往，輒多請兵，及綱受拜，詔問當得兵馬幾何，綱對曰無用兵馬，遂單車之官，徑詣嬰壘門，示以禍福。嬰大驚懼，走欲閉門。綱又於門外罷遣吏兵，留所親者十餘人，以書語其長老素爲嬰所信者，請與相見，問以本變，因示以詔恩，使還請嬰。嬰見綱意誠，即出見綱。綱延置上坐，問其疾苦，[40]禮畢，乃謂之曰："前後二千石，多非其人，杜塞國恩，肆其私求。鄉郡遠，天子不能朝夕聞也，故民人相聚以避害。二千石信有罪矣；爲之者乃非義也。忠臣不欺君以自榮，孝子不捐父以求福，天子聖（人）〔仁〕，[41]欲文德以來之，故使太守來，思以爵祿相榮，不願以刑也。今誠轉禍爲福之時也；若聞義不服，天子赫然發怒，大兵雲合，豈不危乎！宜深計其利害。"嬰聞，泣曰："荒裔愚人，數爲二千石所侵枉，不堪其困，故遂相聚偷生。明府仁及草木，乃嬰等更生之澤，但恐投兵之日，不免孥戮耳。"綱曰："豈其然乎！要之以天地，誓之以日月，方當相顯以爵位，何禍之有乎？"嬰曰："苟赦其罪，得全首領以就農畝，則抱戴沒齒，爵祿非所望也。"嬰雖爲大賊，起於狂暴，自以爲必死，及得綱言，曠然開明，乃辭還營。明日，遂將所部萬餘人，與妻子面縛詣綱降。綱悉釋縛慰納，謂嬰曰："卿諸人一旦解散，方垂盪然，當條名上之，必受封賞。"嬰曰："乞歸故業，不願以穢名汙明時也。"綱以其至誠，乃各從其意，親爲安處居宅。子弟欲爲吏者，隨才任職，欲爲民者，勸以農桑，田業並豐，南州晏然。論功，綱當封，爲冀所遏絕，故不得侯。天子美其功，微欲用之。嬰等上書，乞留在郡二歲。建康元年，[42]病卒官，時年三十六。[43]嬰等三百餘人，皆衰杖送綱喪至（洛）〔武〕陽，[44]葬訖，爲起冢立祠，四時奉祭，思慕如喪考妣。天子追念不已，下詔褒揚，除一子爲郎。[45]

[1]犍爲：郡名。治所武陽縣，在今四川彭山縣東北江口。

[2]司空：官名。東漢時與太尉、司徒並爲三公，共同行使宰相職能，而位列三公之末。本職掌土木營建與水利工程。　浩：各本皆作"浩"。《後漢書》卷五六《張晧傳》作"晧"。"晧"亦作"皓"。徐紹楨《質疑》云："據皓字叔明，自以'皓'爲正。然浩、皓並從告聲，古亦得以同音通用。《孟子》'浩然之氣'，《文選》（班孟堅）《答賓戲》引此語（李善）注載項岱曰：'皓，白也。'是'浩'字亦有作'皓'者矣。"又按，"皓首"亦作"浩首"。今從徐説不改"浩"字。

[3]廣陵：郡名。治所廣陵縣，在今江蘇揚州市西北蜀岡上。
　綱：據《後漢書》卷五六《張晧附綱傳》，張綱爲廣陵太守在漢順帝漢安（142—144）中，治績甚著，卒於郡。

[4]書佐：官名。漢代州、郡、縣府皆分曹治事，諸曹下各有書佐，職主起草和繕寫文書。此爲州書佐，位次從事。

[5]建安：漢獻帝劉協年號（196—220）。

[6]孝廉：漢代選拔官吏的主要科目。孝指孝子，廉指廉潔之士。原本爲二科，後混同爲一科，也不再限於孝子和廉吏。東漢後期定制爲不滿四十歲者不得察舉；被舉者先詣公府課試，以觀其能。郡國每年要向中央推舉一至二人。

[7]江陽：縣名。治所在今四川瀘州市。

[8]梓潼：郡名。治所梓潼縣，在今四川梓潼縣。

[9]蜀郡：治所即成都縣。

［10］建興：蜀漢後主劉禪年號（223—237）。

［11］庲降都督：官名。漢獻帝建安十九年劉備定益州後置，蜀漢沿之。爲南中諸郡最高軍政長官。初治南昌縣（今雲南鎮雄縣境），後移治平夷縣（今貴州畢節市境），後又移治味縣（今雲南曲靖市西）。　綏南中郎將：官名。蜀漢置，加授庲降都督，鎮南中。

［12］武功：縣名。治所在今陝西扶風縣東南。

［13］前軍都督：官名。蜀漢置。爲前軍統帥。

［14］扶風：郡名。治所槐里縣，在今陝西興平市東南。扶風乃魏地，此爲虛名遥領。

［15］前領軍：官名。蜀漢置。蓋督領前部軍。

［16］關內侯：爵名。漢制二十級爵之十九級，次於列侯，祇有封户收取租税而無封地。

［17］建威：城名。在今甘肅西和縣北。

［18］都亭侯：爵名。位在鄉侯下，食禄於都亭。都亭，城郭附近之亭。

［19］征西大將軍：官名。東漢和帝時置征西將軍，地位不高，與雜號將軍同。獻帝劉協建安中曹操執政時，列爲四征將軍之一，地位提高，秩二千石。資深者爲大將軍。

［20］尚書僕射（yè）：官名。秩六百石，尚書臺的副長官，尚書令不在，則代理其事。

［21］彭城：王國名。治所彭城縣，在今江蘇徐州市。　相：官名。王國相由朝廷直接委派，掌握王國行政大權，相當於郡太守。

［22］廷尉：官名。秩中二千石，列卿之一，掌司法刑獄。

［23］延光：漢安帝劉祜年號（122—125）。

［24］太常：官名。東漢時仍爲列卿之首，秩中二千石。掌禮儀祭祀，選試博士等。　太僕：官名。東漢時秩中二千石，列卿之一，掌皇帝車馬，兼管官府畜牧業及兵器製作、織綬等。

〔25〕侍御史：官名。秩六百石，掌察舉非法，受公卿群吏奏事，有違失者則舉劾。

〔26〕漢安：漢順帝劉保年號（142—144）。

〔27〕光禄大夫：官名。秩比二千石。掌顧問應對，無常事，屬光禄勳。

〔28〕侍中：官名。秩比二千石。職掌門下衆事，侍從左右，顧問應對。漢靈帝時置侍中寺，不再隸屬少府。獻帝時定員六人，與給事黄門侍郎出入禁中，近侍帷幄，省尚書事。

〔29〕持節：漢朝官吏奉使外出時，由皇帝授予節杖，以提高其威權。

〔30〕墨綬：指縣令、長。漢代秩六百石之官吏，用銅印墨綬。縣令、長即如此。

〔31〕八雋：百衲本"雋"字作"寯"，殿本、盧弼《集解》本、校點本作"雋"。今從殿本等。

〔32〕梁冀：東漢安定烏氏（今甘肅平涼市西北）人。因其妹爲漢順帝皇后，故爲大將軍。（見《後漢書》卷三四《梁統附冀傳》）

〔33〕埋車輪：謂停車不行。　都亭：城外之亭。

〔34〕河南尹：官名。秩二千石。東漢建都洛陽，將京都附近二十一縣合爲一行政區，稱河南尹，相當於一郡；河南尹的長官亦名河南尹，地區名與官名相同。　不疑：即梁不疑。梁冀之弟。

〔35〕阿保：指皇帝左右近臣。

〔36〕五教：指五種教化，即父義、母慈、兄友、弟恭、子孝。

〔37〕封豕長蛇：大豬與長蛇。比喻貪暴者。《廣雅·釋詁一》："封，大也。"又《左傳·定公四年》"吳爲封豕長蛇"，杜預注："言吳貪害如蛇豕。"

〔38〕大辟：死刑。

〔39〕二千石：指郡太守。

〔40〕問其疾苦：百衲本"其"字作"於"，殿本、盧弼《集

解》本、校點本作"其"。今從殿本等。

[41] 捐父:校點本"捐"字作"損",百衲本、殿本、盧弼《集解》本作"捐"。今從百衲本等。《説文·手部》:"捐,棄也。"

聖仁:各本皆作"聖人"。《後漢書》卷五六《張晧附綱傳》作"仁聖"。校點本則從何焯説作"聖仁"。今從校點本。

[42] 建康:漢順帝劉保年號(144)。

[43] 三十六:《後漢書·張晧附綱傳》作"四十六"。

[44] 武陽:各本皆作"雒陽"或"洛陽"。《後漢書·張晧附綱傳》作"犍爲"。按,張綱乃犍爲武陽人,死後當歸葬故土。盧弼《集解》云:"'雒'字或爲'武'字之誤。"今從盧説,改"雒"爲"武"。

[45] 郎:郎官的泛稱。西漢光禄勳的屬官郎中、中郎、侍郎、議郎等皆可稱爲郎,無定員,多至千餘人;東漢於光禄勳下又設有五官、左、右中郎將署,合稱三署,主管諸中郎、侍郎、郎中等,亦無定員,多達二千餘人;又尚書、黃門等機構亦設專職郎官。光禄勳下之郎官,掌守衛皇宫殿廊門户,出充車騎扈從,備顧問應對,守衛陵園寢廟等,任滿一定期限,即可遷補内外官職,故郎官機構,實爲儲備官吏的機構。東漢時,舉孝廉者多爲郎官。

十八年,與衛將軍姜維俱還成都。[1]維議復出軍,唯翼廷争,以爲國小民勞,不宜黷武。維不聽,將翼等行,進翼位鎮南大將軍。[2]維至狄道,[3]大破魏雍州刺史王經,[4]經衆死於洮水者以萬計。[5]翼曰:"可止矣,不宜復進,進或毁此大功。"維大怒,曰:"爲蛇畫足。"[6]維竟圍經於狄道城,不能克。自翼建異論,維心與翼不善,然常牽率同行,翼亦不得已而往。景耀二年,遷左車騎將軍,[7]領冀州刺史。[8]六年,與維

咸在劍閣，[9]共詣降鍾會于涪。[10]明年正月，隨會至成都，爲亂兵所殺。[一]

〔一〕《華陽國志》曰：翼子微，篤志好學，官至廣漢太守。

[1] 衛將軍：官名。東漢時位次大將軍、驃騎將軍、車騎將軍，位亞三公，開府置官屬。曹魏沿置，位在諸名號將軍上。第二品。蜀漢亦置。

[2] 鎮南大將軍：官名。蜀漢置，職掌與鎮南將軍同，唯資深者任此職。

[3] 狄道：漢制少數民族聚居縣稱道。狄道治所在今甘肅臨洮縣。

[4] 雍州：魏刺史治所長安，在今陝西西安市西北。

[5] 洮水：即今甘肅黃河支流洮河。

[6] 爲蛇畫足：《華陽國志·劉後主志》所載，此語爲張翼之言。翼曰："可矣，不宜進，或毀此成功，爲蛇畫足。"《通鑑》卷七九魏高貴鄉公正元二年亦以"爲蛇畫足"爲張翼語。但以"維大怒曰"四字爲衍文，似覺不妥。如"爲蛇畫足"爲姜維語，則維謂張翼之言爲多餘的廢話，似亦可通。今仍依原文，不作改動。

[7] 左車騎將軍：官名。東漢末及蜀漢後主時均曾分置左、右車騎將軍，爲領兵武職。

[8] 冀州：魏刺史治信都縣，在今河北冀縣。冀州爲魏地，此乃虛名遙領。

[9] 劍閣：地名。在今四川劍閣縣東北劍門關。

[10] 涪：縣名。治所在今四川綿陽市東涪江東岸。

宗預字德豔，南陽安衆人也。[1]建安中，隨張飛入蜀。建興初，丞相亮以爲主簿，[2]遷參軍、右中郎將。[3]及亮卒，吳慮魏或承衰取蜀，增巴丘守兵萬人，[4]一欲以爲救援，二欲以事分割也。蜀聞之，亦益永安之守，以防非常。預將命使吳，孫權問預曰：「東之與西，譬猶一家，而聞西更增白帝之守，[5]何也？」預對曰：「臣以爲東益巴丘之戍，西增白帝之守，皆事勢宜然，俱不足以相問也。」權大笑，嘉其抗盡，[6]甚愛待之，見敬亞於鄧芝、費禕。遷爲侍中，徙尚書。延熙十年，爲屯騎校尉。[7]時車騎將軍鄧芝自江州還，來朝，謂預曰：「禮，六十不服戎，[8]而卿甫受兵，何也？」預答曰：「卿七十不還兵，我六十何爲不受邪？」〔一〕芝性驕傲，自大將軍費禕等皆避下之，而預獨不爲屈。預復東聘吳，孫權捉預手，涕泣而別曰：「君每銜命結二國之好。今君年長，孤亦衰老，恐不復相見！」遺預大珠一斛，〔二〕乃還。遷後將軍，[9]督永安，就拜征西大將軍，賜爵關內侯。景耀元年，以疾徵還成都。後爲鎮軍大將軍，[10]領兗州刺史。時都護諸葛瞻初統朝事，[11]廖化過預，欲與預共詣瞻許。預曰：「吾等年踰七十，所竊已過，但少一死耳，何求於年少輩而屑屑造門邪？」[12]遂不往。

〔一〕臣松之以爲芝以年啁預，是不自顧。然預之此答，觸人所忌。[13]載之記牒，近爲煩文。

〔二〕《吳歷》曰：預臨別，謂孫權曰：「蜀土僻小，雖云鄰國，東西相賴，吳不可無蜀，蜀不可無吳，君臣憑恃，唯陛下重垂神慮。」又自說「年老多病，恐不復得奉聖顏」。

孫盛曰：夫帝王之保，[14]唯道與義，道義既建，雖小可大，殷、周是也。苟任詐力，雖彊必敗，秦、項是也。況乎居偏鄙之城，恃山水之固，而欲連橫萬里，永相資賴哉？[15]昔九國建合從之計，[16]而秦人卒併六合；囂、述營輔車之謀，[17]而光武終兼隴、蜀。夫以九國之彊，隴、（漢）〔蜀〕之大，[18]莫能相救，坐觀屠覆。何者？道德之基不固，而彊弱之心難一故也。而云"吳不可無蜀，蜀不可無吳"，豈不諂哉！

[1] 南陽：郡名。治所宛縣，在今河南南陽市。 安衆：縣名。治所在今河南鎮平縣東南。

[2] 主簿：官名。此爲丞相府主簿。主錄省衆事，職權甚重。

[3] 參軍：官名。此指丞相參軍，丞相府之僚屬，職任頗重。

右中郎將：官名。秩比二千石。漢代光禄勳下設五官、左、右三署，各置中郎將統領一署，各主其署郎官，爲皇帝侍衛。

[4] 承衰：趙幼文《校箋》謂《册府元龜》卷六五九引"承"字作"乘"。按，二字可通。朱駿聲《説文通訓定聲·升部》："承，假借爲乘。" 巴丘：城名。在今湖南岳陽市西南部。

[5] 白帝：城名。即永安縣城。東漢初公孫述在白帝山上築城，稱白帝城。

[6] 抗盡：殿本、盧弼《集解》本、校點本"盡"字作"直"，百衲本作"盡"。盧弼《集解》云："《御覽》'直'作'盡'。《通鑑》作'盡'。胡三省曰：'謂抗言不爲吳屈，又盡情無所隱也。'"趙幼文《校箋》謂此《太平御覽》見卷二一九，又《册府元龜》卷六五九引與郝經《續後漢書》亦作"盡"。今從百衲本。

[7] 屯騎校尉：官名。東漢時秩比二千石。掌京師宿衛兵。三國沿置，職位略輕。

[8] 六十不服戎：《禮記·王制》云："六十不與服戎，七十不與賓客之事。"

[9] 後將軍：官名。東漢時位如上卿，與前、左、右將軍掌京師兵衛與邊防屯警。魏晉亦置，第三品。權位漸低，略高於一般雜號將軍，不典禁兵，不與朝政，僅領兵征戰。蜀漢亦置。

[10] 鎮軍大將軍：官名。魏文帝黃初六年（225）置，權任很重。蜀漢亦置。

[11] 都護：官名。蜀漢置中、左、右三都護，皆掌軍事。

[12] 屑屑：《漢書》卷九九上《王莽傳上》："晨夜屑屑，寒暑勤勤。"顏師古注："屑屑猶切切，動作之意也。"

[13] 所忌：百衲本"忌"字作"能"，殿本、盧弼《集解》本、校點本作"忌"，郝經《續後漢書·宗預傳》苟宗道注引亦作"忌"。今從殿本等。

[14] 保：殿本《考證》云："保，元本作'寶'。"按，二字通。朱駿聲《説文通訓定聲·孚部》："保，假借又爲寶。"

[15] 永相：盧弼《集解》本作"求相"，百衲本、殿本、校點本作"永相"。今從百衲本等。

[16] 九國：指戰國後期韓、魏、燕、楚、齊、趙、宋、衛、中山等九國。（本《史記》卷六《秦始皇本紀》太史公引賈誼論）

[17] 嚻述：指東漢初之隗嚻、公孫述。隗嚻割據隴右，公孫述割據巴蜀。 輔車之謀：相依之謀。隗嚻後臣服公孫述，"述以嚻爲朔寧王，遣兵往來，爲之援勢"。（見《後漢書》卷一三《隗嚻傳》）

[18] 隴蜀：各本皆作"隴、漢"。錢劍夫云："'漢'應作'蜀'。"（《〈三國志〉標點本商榷》）按，錢説有理，雖郝經《續後漢書·宗預傳》苟宗道注引亦作"漢"，而作"漢"不通，故據錢説改。

廖化字元儉，本名淳，襄陽人也。[1]爲前將軍關羽主簿，[2]羽敗，屬吳。思歸先主，乃詐死，時人謂爲信然，因攜持老母晝夜西行。會先主東征，遇於秭歸。[3]先主大悅，以化爲宜都太守。[4]先主薨，爲丞相參軍，後爲督廣武，[5]稍遷至右車騎將軍，假節，領并州刺史，[6]封中鄉侯，[7]以果烈稱。官位與張翼齊，而在宗預之右。〔一〕

〔一〕《漢晉春秋》曰：景耀五年，姜維率衆出狄道，廖化曰：" '兵不戢，必自焚'，[8]伯約之謂也。[9]智不出敵，而力少於寇，用之無厭，將何以能立？[10]《詩》云'不自我先，不自我後'，[11]今日之事也。"[12]

[1] 襄陽：郡名。治所襄陽縣，在今湖北襄陽市。

[2] 主簿：官名。此指前將軍府主簿，職責是典領文書，辦理事務。

[3] 秭歸：縣名。治所在今湖北秭歸縣。

[4] 宜都：郡名。治所夷道縣，在今湖北枝江市。

[5] 廣武：縣名。治所在今四川青川縣西南青溪鎮。

[6] 并州：魏并州刺史治晉陽縣，在今山西太原市西南古城營西古城。按，并州乃魏境，此亦虛名遙領。

[7] 鄉侯：爵名。漢制列侯大者食縣邑，小者食鄉、亭。東漢後期，遂以食鄉、亭者稱爲鄉侯、亭侯。

[8] 必自焚：《左傳·隱公四年》：衆仲曰："夫兵，猶火也；弗戢，將自焚也。"

[9] 伯約：姜維字伯約。

[10] 將何以能立：殿本、盧弼《集解》本、校點本無"將"字，百衲本有。郝經《續後漢書·廖化傳》作"將何以立"。盧弼《集解》云："《通鑑》作'將何以存'。"今從百衲本。

[11] 不自我後：《詩·小雅·正月》："不自我先，不自我

後。"謂所生之時代正碰上亂世灾禍。

　　[12] 事：趙幼文《校箋》謂蕭常《續後漢書》作"謂"。

　　咸熙元年春，[1]化、預俱内徙洛陽，[2]道病卒。

　　[1] 咸熙：魏元帝曹奂年號（264—265）。
　　[2] 洛陽：縣名。曹魏都城，在今河南洛陽市東北白馬寺東。

　　楊戲字文然，[1]犍爲武陽人也。少與巴西程祁公弘、巴郡楊汰季儒、蜀郡張表伯達並知名。[2]戲每推祁以爲冠首，丞相亮深識之。[3]戲年二十餘，從州書佐爲督軍從事，[4]職典刑獄，論法决疑，號爲平當，府辟爲屬、主簿。[5]亮卒，爲尚書右選部郎，刺史蔣琬請爲治中從事史。[6]琬以大將軍開府，又辟爲東曹掾，[7]遷南中郎、參軍，[8]副貳庲降都督，領建寧太守。[9]以疾徵還成都，拜護軍、監軍，[10]出領梓潼太守，入爲射聲校尉，[11]所在清約不煩。延熙二十年，隨大將軍姜維出軍至芒水。[12]戲素心不服維，酒後言笑，每有傲弄之辭。維外寬内忌，意不能堪，[13]軍還，有司承旨奏戲，免爲庶人。後景耀四年卒。

　　戲性雖簡惰省略，未嘗以甘言加人，過情接物。書符指事，希有盈紙。然篤於舊故，居誠存厚。與巴西韓儼、黎韜童幼相親厚，後儼痼疾廢頓，韜無行見捐，戲經紀振卹，恩好如初。又時人謂譙周無當世才，少歸敬者，唯戲重之，嘗稱曰：[14]"吾等後世，終自不如此長兒也。"[15]有識以此貴戲。

張表有威儀風觀，始名位與戲齊，後至尚書，督庲降、後將軍，先戲没。祁、汝各早死。[一]

〔一〕戲同縣後進有李密者，字令伯。《華陽國志》曰：[16]密祖父光，朱提太守。[17]父早亡。母何氏，更適人。密見養於祖母。治《春秋左氏傳》，博覽多所通涉，機警辯捷。事祖母以孝聞，其侍疾則泣涕側息，[18]日夜不解帶，膳飲湯藥，必自口嘗。本郡禮命不應，州辟從事，尚書郎，[19]大將軍主簿，太子洗馬，[20]奉使聘吳。吳主問蜀馬多少，對曰：「官用有餘，（人）〔民〕間自足。」[21]吳主與羣臣汎論道義，謂寧爲人弟，密曰：「願爲人兄矣。」吳主曰：「何以爲兄？」密曰：「爲兄供養之日長。」吳主及羣臣皆稱善。蜀平後，征西將軍鄧艾聞其名，[22]請爲主簿，及書招，欲與相見，皆不往。以祖母年老，心在色養。晉武帝立太子，徵爲太子洗馬，詔書累下，郡縣偪遣，於是密上疏曰：[23]「臣以險釁，夙遭閔凶，[24]生孩六月，慈父見背，[25]行年四歲，舅奪母志。祖母劉，愍臣孤弱，躬見撫養。[26]臣少多疾病，九歲不行，零丁孤苦，至於成立。既無伯叔，終鮮兄弟，門衰祚薄，晚有兒息。外無朞功強近之親，[27]内無應門五尺之童，煢煢孑立，形影相弔。而劉早嬰疾病，常在牀蓐，臣侍湯藥，未曾廢離。逮奉聖朝，沐浴清化，前太守臣逵察臣孝廉，[28]後刺史臣榮舉臣秀才，[29]臣以供養無主，辭不赴命。詔書特下，拜臣郎中，尋蒙國恩，除臣洗馬，猥以微賤，當侍東宮，非臣隕首所能上報。臣具以表聞，辭不就職。詔書切峻，責臣逋慢，郡縣偪迫，催臣上道，州司臨門，急於星火。臣欲奉詔奔馳，則劉病日篤，苟順私情，則告訴不許，臣之進退，實爲狼狽。伏惟聖朝以孝治天下，凡在故老，猶蒙矜愍，況臣孤苦，特爲尤甚。且臣少仕偽朝，歷職郎署，本圖宦達，不矜名節。今臣亡國賤俘，至微至陋，猥蒙拔擢，寵命優渥，豈敢盤桓，有所希冀？但以劉日薄西山，氣息奄奄，人命危淺，朝不慮夕。臣無祖母，無以至今日，祖母無臣，亦無以終餘年，母孫二人，更相爲命，是以區區不敢廢遠。臣今年四十有四，祖母劉今年九十有六，是臣盡節於陛下之日長，報養劉之日短也。烏鳥私情，願乞終養。臣之辛苦，非徒蜀之人士及二州牧伯所見明知，[30]皇天后土，實所共鑒。[31]願陛下矜愍愚誠，聽臣微志，[32]庶劉僥倖，保卒餘年。臣生當隕首，死當結草，[33]臣不勝犬馬怖懼之情！"武帝覽表曰："密不空有名也。"嘉其誠款，賜奴婢二人，下郡縣供養其祖母奉膳。及祖母卒，服終，（從）〔徙〕尚書郎，[34]爲河內溫縣令，[35]政化嚴明。中山諸王每過溫縣，[36]必責求供給，溫吏民患之。及密至，中山王過縣，欲求芻荛薪蒸，[37]密牋引高祖過沛，[38]賓禮老幼，桑梓之供，一無煩擾，"伏惟明王孝思惟則，[39]動識先戒，本國望風，式歌且舞，誅求之碎，所未聞命"。自後諸王過，不敢有煩。隴西王司馬子舒深敬友密，[40]而貴勢之家憚其公直。密去官，爲州大中正，[41]性方直，不曲意勢位。後失荀勖、張華指，[42]左遷漢中太守，諸王多以爲冤。一年去官，年六十四卒。著《述理論》十篇，安東將軍胡（熊）〔羆〕與皇甫士安並善之。[43]

[1] 楊戲：潘眉《考證》謂《華陽國志》作"楊羲"。"羲""戲"古字通。然則楊戲之"戲"，當讀作平聲。

[2] 巴郡：治所江州縣，在今重慶渝中區。

[3] 深識之：趙幼文《校箋》謂《册府元龜》卷七七六引"識"字作"器"。

[4] 督軍從事：官名。州府屬官。漢獻帝建安初，袁紹爲冀州牧曾置。蜀漢益州亦置，典刑獄，論法決疑。

[5] 府：指丞相府。　屬：官名。漢代三公府及其他重要官府皆分曹治事，各曹置掾屬。正曰掾，副曰屬。三國亦然。

[6] 治中從事史：官名。簡稱治中。爲州牧刺史的主要屬吏，

居中治事，主衆曹文書。

　　[7] 東曹掾：官名。東漢三公府及大將軍府均置有東曹掾，秩比四百石，主二千石長吏遷除及軍吏。

　　[8] 南中郎：官名。即南中郎將。東漢末置，與東、西、北中郎將並稱四中郎將，主率軍征伐。蜀漢亦置。　參軍：官名。三國時期，諸開府將軍置參軍事官，掌參謀軍務。

　　[9] 建寧：郡名。治所味縣，在今雲南曲靖市西。

　　[10] 護軍：官名。統兵武職，職如將軍，而地位稍遜。　監軍：官名。三國時期，諸軍出征，多置監軍監視將帥，權勢頗重。

　　[11] 射聲校尉：官名。東漢時秩比二千石，掌京師宿衛兵。三國沿置，職位略輕。

　　[12] 芒水：百衲本、盧弼《集解》本作"亡水"，殿本、校點本作"芒水"。今從殿本等。芒水即今陝西周至縣渭水支流黑河。

　　[13] 意：殿本、盧弼《集解》本作"竟"，百衲本、校點本作"意"。今從百衲本等。

　　[14] 嘗：百衲本作"常"，殿本、盧弼《集解》本、校點本作"嘗"，郝經《續後漢書·楊戲傳》亦作"嘗"。今從殿本等。

　　[15] 長兒：梁章鉅《旁證》云："按《周傳》，'身長八尺'，故稱長兒。"

　　[16] 華陽國志：今本《華陽國志》卷一一《後賢志》有《李宓傳》，除文字不可通者外，一般不作校對。

　　[17] 朱（shū）提（shí）：郡名。治所朱提縣，在今雲南昭通市。

　　[18] 側息：百衲本"側"字作"惻"，殿本、盧弼《集解》本、校點本作"側"，《華陽國志》卷一一、《晉書》卷八八《李密傳》亦作"側"。今從殿本等。側息，謂側身呼吸，不敢大口出氣。

　　[19] 尚書郎：官名。東漢之制，取孝廉之有才能者入尚書臺，初入臺稱守尚書郎中，滿一年稱尚書郎，三年稱侍郎，統稱尚書郎，秩四百石。凡置三十六員，分隸六曹尚書治事，主要掌文

書起草。

　　[20] 太子洗（xiǎn）馬：官名。東宮屬官。"洗"亦作"先"。先馬，即前驅。秩比六百石，掌賓贊受事，太子出行則爲前導。東漢屬太子少傅。三國沿置。

　　[21] 民間：各本皆作"人間"。吳金華《校詁》云："前既言'官'，後當言'民'，此以'人'對，殊爲不類。此'人'蓋出唐人避諱之筆。《華陽國志》卷十一'人'作'民'，當據以改回。"吳説在理，今從改。

　　[22] 征西將軍：官名。秩二千石，第二品，位次三公。多授予都督雍、凉二州諸軍事，領兵屯駐長安。資深者爲征西大將軍。

　　[23] 上疏：百衲本作"上疏"，殿本、盧弼《集解》本、校點本作"上書"。按，《華陽國志》及《晉書》之《李密傳》均作"上疏"，今從百衲本。

　　[24] 險釁：艱難灾禍。　閔凶：憂慮之凶事。指父死。

　　[25] 見背：百衲本"背"字作"肯"，殿本、盧弼《集解》本、校點本作"背"，《華陽國志》及《晉書》之《李密傳》亦作"背"。今從殿本等。《荀子·解蔽篇》"背而走"楊倞注："背，棄去也。"

　　[26] 躬見：盧弼《集解》本作"躬親"，百衲本、殿本、校點本、《華陽國志》均作"躬見"。今從百衲本等。

　　[27] 朞功：古代喪服的名稱。朞，服喪一年。功，按親疏關係分爲大功和小功，大功服喪九月，小功服喪五月。

　　[28] 逵：姓及事迹不詳。

　　[29] 榮：本書卷四二《譙周傳》裴松之注引《益部耆舊傳》有益州刺史董榮，當即此人。　秀才：漢魏選舉科目之一。東漢稱"茂才"，曹魏定爲州舉秀才，郡舉孝廉。晉朝沿之。

　　[30] 非徒蜀之人士及二州牧伯所見明知：《華陽國志·李宓傳》同此。趙幼文《校箋》謂《冊府元龜》卷七五二引"徒"字作"但"，"所"上有"之"字，無"見"字。按，《冊府元龜》

所引同《晉書·李密傳》。

[31]實所共鑒：《華陽國志·李宓傳》同此。趙幼文《校箋》謂《册府元龜》引"鑒"下有"伏見"二字。按，宋本《册府元龜》尚無"共"字，《晉書·李密傳》同。

[32]微志：殿本、盧弼《集解》本作"微言"，百衲本、校點本、《華陽國志》作"微志"。今從百衲本等。

[33]死當結草：《左傳·宣公十五年》謂晉國魏武子有一愛妾，無子。武子病，囑子魏顆在己死後嫁其妾，而至病危時又囑以妾殉葬。武子死後，魏顆以病危時人昏亂，其言不可從，遂仍嫁其妾。至秦晉輔氏之戰，魏顆見一老人結草將秦將杜回絆倒，因得俘獲杜回。夜裏魏顆夢見老人相告，謂爲妾之父，特來報答魏顆嫁妾之恩。

[34]徙：各本皆作"從"。而李密入晉後未做過尚書郎，"從"不可通。盧弼《集解》謂《華陽國志·李宓傳》作"徙"，今據改。

[35]溫縣：治所在今河南溫縣西南。溫縣乃司馬氏故里。

[36]中山諸王：始封之中山王乃司馬耽，晉武帝之從兄弟。咸寧三年（277）耽由濟南王徙封爲中山王。中山國治所盧奴縣，在今河北定州市。諸王至京都洛陽，須經溫縣。

[37]芻茭（jiāo）：馬飼料。　薪蒸：薪柴，柴火。

[38]高祖：指漢高祖劉邦。漢高祖十二年（前195），率將擊淮南王黥布，還歸過沛縣（今江蘇沛縣，劉邦之故鄉），與故人父老子弟歡飲十餘日，欲去，諸父兄固請留，高祖曰："吾人衆多，父兄不能給。"乃離去。並免除沛、豐二邑之賦役。（見《史記》卷八《高祖本紀》）

[39]孝思惟則：《詩·大雅·夏武》："永言孝思，孝思維則。"言、思，皆語助詞，無義。則，法則。

[40]隴西：王國名。治所襄武縣，在今甘肅隴西縣東南。司馬子舒：司馬泰字子舒，晉武帝之從叔。晉初封隴西王，惠帝時

改封高密王。（見《晉書》卷三七《高密文獻王泰傳》）

［41］大中正：官名。魏文帝黃初初郡置中正評定本郡士族之品第。魏齊王芳時又在郡中正之上，設州大中正，核實中正所報之品狀，主管州内士族品第之評定，並有推舉和罷免郡中正之權力（須通過司徒府）。爲大中正者，須屬州内"鄉品"二品之高門士族，並須現任中央官職者兼任。

［42］荀勖：晉武帝時爲中書監，加侍中，又領秘書監，爲武帝近臣，掌管機要。（見《晉書》卷三九《荀勖傳》）　張華：晉武帝時爲中書令，加散騎常侍。當時詔誥皆華草定。（見《晉書》卷三六《張華傳》）

［43］胡羆：各本皆作"胡熊"。盧弼《集解》云："胡熊，一作'胡羆'。詳見《魏志·胡質傳》注引《晉陽秋》。"又按，《晉書》無"胡熊"，有"胡羆"。胡羆爲胡威之弟，字季象，官至益州刺史、安東將軍。（見《晉書》卷九〇《胡威傳》）而《華陽國志·李宓傳》正作"胡羆"，故從《華陽國志》改。　皇甫士安：皇甫謐字士安，自號玄晏先生，耽於典籍，終生不仕，著述甚多。（見《晉書》卷五一《皇甫謐傳》）

　　戲以延熙四年著《季漢輔臣贊》，其所頌述，今多載于《蜀書》，是以記之於左。自此之後卒者，則不追謚，[1]故或有應見稱紀而不在乎篇者也。其戲之所贊而今不作傳者，余皆注疏本末於其辭下，可以觕知其髣髴云爾。

　　昔文王歌德，武王歌興，夫命世之主，樹身行道，非唯一時，亦由開基植緒，光于來世者也。自我中漢之末，[2]王綱棄柄，雄豪並起，役殷難結，生人塗地。於是世主感而慮之，[3]初自燕、代則仁聲洽著，[4]行自齊、魯則英風播流,[5]寄業荊、郢則臣主歸心,[6]顧援吳、越則賢愚賴風,[7]奮威巴、蜀則萬里肅震,[8]厲師庸、漢則元寇斂迹,[9]故能承高祖之始兆,[10]復皇漢之宗祀也。然而姦凶懟險,天征未加,猶孟津之翔師,[11]復須戰於鳴條也。[12]天祿有終,奄忽不豫。雖攝歸一統,萬國合從者,當時儁乂扶攜翼戴,明德之所懷致也,蓋濟濟有可觀焉。遂乃並述休風,勳于後聽。其辭曰:

皇帝遺植,[13]爰滋八方,別自中山,[14]靈精是鍾,順期挺生,傑起龍驤。始于燕、代,伯豫君荊,[15]吳、越憑賴,望風請盟,挾巴跨蜀,庸漢以并。乾坤復秩,宗祀惟寧,躡基履迹,播德芳聲。華夏思美,西伯其音,[16]開慶來世,歷載攸興。　　贊昭烈皇帝

忠武英高,[17]獻策江濱,攀吳連蜀,權我世真。受遺阿衡,[18]整武齊文,敷陳德教,理物移風,賢愚競心,僉忘其身。誕靜邦內,四裔以綏,屢臨敵庭,實耀其威,研精大國,恨於未夷。　　贊諸葛丞相

司徒清風,[19]是咨是臧,識愛人倫,孔音鏘鏘。　贊許司徒

關、張赳赳,出身匡世,扶翼攜上,雄壯虎烈。藩屏左右,翻飛電發,濟于艱難,贊主洪業,侔迹韓、耿,[20]齊聲雙德。交待無禮,並致姦慝,悼惟輕慮,隕身匡國。　　贊關雲長、張益德[21]

驃騎奮起,[22]連橫合從,首事三秦,[23]保據河、潼。[24]宗計於朝,或異或同,敵以乘釁,家破軍

亡。[25]乖道反德，託鳳攀龍。　　贊馬孟起

　翼侯良謀，[26]料世興衰，委質于主，是訓是諮，暫思經算，覩事知機。　　贊法孝直

　軍師美至，[27]雅氣曄曄，致命明主，忠情發臆，惟此義宗，亡身報德。　　贊龐士元

　將軍敦壯，[28]摧鋒登難，立功立事，于時之幹。　贊黃漢升

　掌軍清節，[29]亢然恆常，讜言惟司，民思其綱。　贊董幼宰

　安遠彊志，允休允烈，輕財果壯，當難不惑，以少禦多，殊方保業。　　贊鄧孔山

　　孔山名方，[30]南郡人也。[31]以荆州從事隨先主入蜀。蜀既定，爲犍爲屬國都尉，[32]因易郡名，爲朱提太守，遷爲安遠將軍、庲降都督，[33]住南昌縣。[34]章武二年卒。[35]失其行事，故不爲傳。

　揚威才幹，歆歆文武，當官理任，衎衎辯舉，[36]圖殖財施，有義有敍。　　贊費賓伯

　　賓伯名觀，江夏鄳人也。[37]劉璋母，觀之族姑，璋又以女妻觀。觀建安十八年參李嚴軍，拒先主於緜竹，[38]與嚴俱降。先主既定益州，拜爲裨將軍，[39]後爲巴郡太守、江州都督，建興元年封都亭侯，加振威將軍。[40]觀爲人善於交接。都護李嚴性自矜高，護軍輔匡等年位與嚴相次，而嚴不與親褻；觀年少嚴二十餘歲，而與嚴通狎如時輩云。年三十七卒。失其行事，故不爲傳。

屯騎主舊，[41]固節不移，既就初命，盡心世規，軍資所恃，是辨是禆。　　贊王文儀

尚書清尚，[42]勑行整身，抗志存義，味覽典文，倚其高風，好侔古人。　　贊劉子初

安漢雍容，[43]或婚或賓，見禮當時，是謂循臣。　贊糜子仲

少府修慎，鴻臚明真，諫議隱行，儒林天文，宣班大化，或首或林。　　贊王元泰、何彥英、杜輔國、周仲直[44]

王元泰名謀，[45]漢嘉人也。[46]有容止操行。劉璋時，爲巴郡太守，還爲州治中從事。先主定益州，領牧，以爲別駕。[47]先主爲漢中王，用荆楚宿士零陵賴恭爲太常，[48]南陽黃柱爲光祿勳，[49]謀爲少府；[50]建興初，賜爵關內侯，後代賴恭爲太常。恭、柱、謀皆失其行事，故不爲傳。恭子厷，爲丞相西曹令史，[51]隨諸葛亮於漢中，早夭，亮甚惜之，與留府長史參軍張裔、蔣琬書曰：[52]"令史失賴厷，掾屬喪楊顒，[53]爲朝中損益多矣。"顒亦荆州人也。後大將軍蔣琬問張休曰：[54]"漢嘉前輩有王元泰，今誰繼者？"休對曰："至於元泰，州里無繼，況鄙郡乎！"其見重如此。〔一〕

〔一〕《襄陽記》曰：楊顒字子昭，楊儀宗人也。入蜀，爲巴郡太守，丞相諸葛亮主簿。[55]亮嘗自校簿書，顒直入諫曰："爲治有體，上下不可相侵，請爲明公以作家譬之。今有人使奴執耕稼，婢典炊爨，雞主司晨，犬主吠盜，牛負重載，馬涉遠路，私業無

曠，所求皆足，雍容高枕，飲食而已，忽一旦盡欲以身親其役，不復付任，勞其體力，爲此碎務，形疲神困，終無一成。豈其智之不如奴婢雞狗哉？[56]失爲家主之法也。是故古人稱坐而論道謂之王公，[57]作而行之謂之士大夫。故邴吉不問橫道死人而憂牛喘，[58]陳平不肯知錢穀之數，[59]云自有主者，彼誠達於位分之體也。今明公爲治，乃躬自校簿書，流汗竟日，不亦勞乎！"亮謝之。後爲東曹屬典選舉。[60]顒死，亮垂泣三日。

[1] 追謚：沈家本《瑣言》云："《白虎通》'謚之爲言引也'。此云追謚，猶言追引耳。"

[2] 中漢：東漢。

[3] 世主：指劉備。盧弼《集解》引朱邦衡曰："世主"二字，疑本作"先帝"，而晉人追改也。

[4] 燕代：指東漢的幽州。其地大約相當於春秋、戰國的燕、代二國。

[5] 齊魯：指東漢之青州、豫州。其地包括春秋、戰國時的齊國和魯國。

[6] 荊郢：指東漢之荊州。其地有春秋、戰國時的楚國及其郢都。

[7] 吳越：指東漢之揚州。其地爲春秋時吳、越二國之地。

[8] 巴蜀：指東漢之益州。其地在秦滅巴、蜀以前爲巴、蜀二國之地。

[9] 庸漢：指東漢之漢中郡一帶。庸，春秋前之庸國，都於上庸，在今湖北竹山縣西南。戰國時之漢中郡，治所南鄭，在今陝西漢中市東。

[10] 高祖：指漢高祖劉邦。

[11] 孟津之翔師：指周武王伐紂，至孟津而還師。《史記》卷四《周本紀》謂周武王興師伐紂，"武王渡河中流，白魚躍入王

舟中，武王俯取以祭。既渡，有火自上復於下，至於王屋，流爲烏，其色赤，其聲魄云。是時，諸侯不期而會盟津（即孟津，在今河南孟津縣東北）者八百。諸侯皆曰：'紂可伐矣。'武王曰：'女未知天命，未可也。'乃還師歸"。

[12] 戰於鳴條：指湯伐桀，桀敗奔鳴條（今河南封丘縣東）。《史記》卷三《殷本紀》："桀奔於鳴條，夏師敗績。"

[13] 皇帝：指漢景帝劉啓。

[14] 中山：指西漢中山靖王劉勝。本書卷三二《先主傳》謂劉備爲"漢景帝子中山靖王勝之後也"。

[15] 伯豫君荊：指劉備曾爲豫州刺史及荊州之長。

[16] 西伯其音：西伯，指周西伯（周文王）。此謂劉備之德音可與周西伯相比。

[17] 忠武：指諸葛亮。諸葛亮死後謚爲忠武侯。

[18] 阿衡：即伊尹。《帝王世紀》云："伊尹名摯，爲湯相，號阿衡。"（《史記》卷三《殷本紀》之《集解》引）此謂諸葛亮受遺詔輔佐劉禪有如阿衡。

[19] 司徒：指許靖。劉備稱帝後，許靖任司徒。

[20] 韓：指韓信。漢高祖劉邦之大將。 耿：指耿弇。東漢光武帝劉秀之大將。

[21] 關雲長：關羽字雲長。 張益德：張飛字益德。以下諸贊皆稱字，如在贊辭中已注明其名者，即不再做注。

[22] 驃騎：指馬超。劉備即帝位後，馬超任驃騎將軍。

[23] 三秦：指關中地區。項羽入關滅秦後，三分關中，封秦降將章邯爲雍王，司馬欣爲塞王，董翳爲翟王，合稱三秦。其地相當於今陝西關中及甘肅東部。

[24] 河潼：黃河、潼關。

[25] 家破軍亡：指馬超與韓遂在關中被曹操擊敗後，曹操誅滅馬超父馬騰三族，死者二百餘口。（見本書卷六《董卓傳》、卷三六《馬超傳》）

［26］翼侯：指法正。法正死後謚爲翼侯。

［27］軍師：指龐統。劉備入蜀前龐統即任軍師中郎將。

［28］將軍：指黄忠。劉備入蜀後，黄忠歷任討虜將軍、征西將軍、後將軍等。

［29］掌軍：指董和。劉備定蜀後，董和任掌軍中郎將。

［30］孔山名方：自此以下一段爲陳壽所注。百衲本、殿本皆以小號字排於"贊鄧孔山"下。盧弼《集解》本則以小號字提行，並低正文一格。校點本亦提行，而字型不變，仍低正文一格。今從校點本。下皆同此。

［31］南郡：治所江陵縣，在今湖北荆州市江陵縣。

［32］犍爲屬國都尉：官名。西漢時郡置都尉，輔佐郡守並掌本郡軍事。東漢廢除，僅在邊郡或關塞之地置都尉及屬國都尉，並漸漸分縣治民，職如太守。犍爲屬國治所朱提縣，在今雲南昭通市。

［33］遷：殿本、盧弼《集解》本、校點本作"選"，百衲本作"遷"。盧弼《集解》亦云："宋本'選'作'遷'。"趙幼文《校箋》謂郝經《續後漢書》亦作"遷"。今從百衲本。　安遠將軍：官名。東漢末置，多用以任命降將或邊遠地區的地方長官。

［34］南昌縣：治所在今雲南鎮雄縣境。

［35］章武：蜀漢昭烈帝劉備年號（221—223）。

［36］衎（kàn）衎：強毅耿直之貌。《漢書》卷七六《傳贊》："張敞衎衎，履忠進言。"顏師古注："衎衎，強敏之貌也。"

［37］江夏：郡名。漢代治所西陵縣，在今湖北新洲縣西。東漢末及魏晋，治所多有遷移。　鄳（méng）：縣名。治所在今河南信陽市東北。

［38］緜竹：縣名。治所在今四川德陽市北黄許鎮。

［39］裨將軍：官名。東漢置，爲雜號將軍之低級者。

［40］振威將軍：官名。東漢置，爲雜號將軍，統兵出征。三國沿置。

［41］屯騎：指王連。蜀漢後主建興元年（223）王連任屯騎校尉。

　　［42］尚書：指劉巴。劉備爲漢中王後，劉巴任尚書，後又代法正爲尚書令。

　　［43］安漢：指麋竺。劉備定益州後，麋竺任安漢將軍。

　　［44］杜輔國：本書卷四二《杜微傳》謂杜微字國輔。　周仲直：殿本、盧弼《集解》本作"周仲宣"，百衲本、校點本作"周仲直"，本書卷四二《周群傳》亦作"字仲直"。今從百衲本等。錢大昕云："杜微字國輔，周群字仲直，皆見本傳，與此互異。"（《廿二史考異》卷一六）

　　［45］王元泰：百衲本、殿本、盧弼《集解》本將"王元泰"以下之注文皆排於上段贊辭"少府修慎"之下；又將下文"何彥英"一段注文，亦排於贊辭"鴻臚明真"之下。校點本則將"王元泰""何彥英"之注文全排於整段贊辭之後。今從校點本。

　　［46］漢嘉：郡名。治所陽嘉縣，在今四川蘆山縣蘆陽鎮。

　　［47］別駕：官名。別駕從事史的簡稱，爲州牧刺史的主要屬吏，州牧刺史巡行各地時，別乘傳車從行，故名別駕。

　　［48］零陵：郡名。治所泉陵縣，在今湖南永州市。

　　［49］黃柱：盧弼《集解》本作"王柱"，百衲本、殿本、校點本作"黃柱"。今從百衲本等。　光禄勳：官名。漢列卿之一，秩中二千石。掌宿衛宮殿門户。蜀漢沿置。

　　［50］少府：官名。漢列卿之一，秩中二千石。東漢時掌宮中御衣、寶貨、珍膳等。蜀漢沿置。

　　［51］丞相西曹令史：官名。丞相府之西曹屬吏。西曹掌署用府吏事。

　　［52］留府長史：官名。長史爲丞相府幕僚之長，協助丞相署理相府諸曹，監領府事。若丞相出征，則置留府長史掌留守事。位皆崇重。

　　［53］掾屬：屬官之統稱。漢魏時三公府及其他重要官府皆置

掾屬。正曰掾，副曰屬。

　　[54] 大將軍：官名。東漢時常兼錄尚書事，與太傅、太尉等共同主持政務。三國時權任稍減，蜀漢爲最高軍事長官。

　　[55] 主簿：官名。此指丞相府主簿。主錄省衆事，職權甚重。

　　[56] 狗：盧弼《集解》本作"犬"，百衲本、殿本、校點本作"狗"。今從百衲本等。

　　[57] 王公：百衲本、殿本、盧弼《集解》本作"王公"。盧弼云："何焯校改'王'作'三'。"校點本正作"三公"。但此語本《周禮·冬官考工記》。《考工記》云："坐而論道謂之王公，作而行之謂之大夫。"今從百衲本等。

　　[58] 邴吉：漢宣帝神爵（前61—前58）中邴吉爲丞相，曾乘車外出，遇群鬭者，死傷橫道，吉過之不問，掾史獨怪之。又前行，遇人疾逐牛，牛喘氣吐舌。邴吉卻停車，使騎吏問："逐牛行幾里矣？"掾史不解其意而問吉。吉曰："民鬭相殺傷，長安令、京兆尹職所當禁備逐捕，歲竟丞相課其殿最，奏行賞罰而已。宰相不親小事，非所當於道路問也。方春少陽用事，未可大熱，恐牛近行，用暑故喘，此時氣失節，恐有所傷害也。三公典調和陰陽，職當憂，是以問之。"吏乃服，以吉知大體。（見《漢書》卷七四《邴吉傳》）

　　[59] 陳平：漢文帝即位後，周勃爲右丞相，位第一；陳平爲左丞相，位第二。某次朝會，文帝問周勃："天下一歲決獄幾何？"勃謝不知。又問："天下錢穀一歲出入幾何？"勃又謝不知。汗出洽背，愧不能對。文帝又問陳平。平曰："各有所主。"文帝曰："主者爲誰乎？"平曰："陛下即問決獄，責廷尉；問錢穀，責治粟內史。"文帝曰："苟各有主者，而君所主何事也？"平謝曰："主臣！陛下不知其駑下，使待罪宰相。宰相者，上佐天子理陰陽，順四時，下遂萬物之宜，外填撫四夷諸侯，內親附百姓，使卿大夫各得任其職也。"文帝稱善。（見《漢書》卷四〇《陳平傳》）

　　[60] 東曹屬：官名。此指丞相東曹屬，秩二百石，佐東曹掾

典選舉。

何彥英名宗，蜀郡郫人也。事廣漢任安學，[1]精究安術，與杜瓊同師而名問過之。劉璋時，爲犍爲太守。先主定益州，領牧，辟爲從事祭酒。[2]後援引圖、讖，[3]勸先主即尊號。踐阼之後，遷爲大鴻臚。[4]建興中卒。失其行事，故不爲傳。子雙，字漢偶。滑稽談笑，[5]有淳于髡、東方朔之風。[6]爲雙柏長。[7]早卒。

車騎高勁，惟其泛愛，以弱制彊，不陷危墜。　贊吳子遠

子遠名壹，陳留人也。[8]隨劉焉入蜀。劉璋時，爲中郎將，[9]將兵拒先主於涪，詣降。先主定益州，以壹爲護軍、討逆將軍，[10]納壹妹爲夫人。章武元年，爲關中都督。[11]建興八年，與魏延入南安界，[12]破魏將費瑤，徙亭侯，進封高陽鄉侯，遷左將軍。[13]十二年，丞相亮卒，以壹督漢中，車騎將軍，假節，領雍州刺史，[14]進封濟陽侯。[15]十五年卒。失其行事，故不爲傳。壹族弟班，字元雄，大將軍何進官屬吳匡之子也。以豪俠稱，官位常與壹相亞。先主時，爲領軍。[16]後主世，稍遷至驃騎將軍，[17]假節，封綿竹侯。

安漢宰南，[18]奮擊舊鄉，翦除蕪穢，惟刑以張，廣遷蠻濮，[19]國用用彊。　贊李德昂

輔漢惟聰，[20]既機且惠，因言遠思，切問近對，贊時休美，和我業世。　贊張君嗣

鎮北敏思,[21]籌畫有方,導師禳穢,[22]遂事成章。偏任東隅,末命不祥,[23]哀悲本志,放流殊疆。[24]

贊黃公衡

越騎惟忠,[25]厲志自祗,職于內外,念公忘私。

贊楊季休

征南厚重,[26]征西忠克,統時選士,猛將之烈。

贊趙子龍、陳叔至

叔至名到,汝南人也。[27]自豫州隨先主,[28]名位常亞趙雲,俱以忠勇稱。建興初,官至永安都督、征西將軍,[29]封亭侯。

鎮南粗彊,監軍尚篤,並豫戎任,任自封裔。

贊輔元弼、劉南和

輔元弼名匡,襄陽人也。[30]隨先主入蜀。益州既定,爲巴(郡)〔東〕太守。[31]建興中,徙鎮南,[32]爲右將軍,[33]封中鄉侯。

劉南和名邕,義陽人也。隨先主入蜀。益州既定,爲江陽太守。建興中,稍遷至監軍、後將軍,賜爵關內侯,卒。子式嗣。少子武,有文,與樊建齊名,官亦至尚書。

司農性才,[34]敷述允章,藻麗辭理,斐斐有光。

贊秦子勑

正方受遺,[35]豫聞後綱,不陳不儉,造此異端,斥逐當時,任業以喪。　贊李正方

文長剛粗,[36]臨難受命,折衝外禦,鎮保國境。不協不和,忘節言亂,疾終惜始,實惟厥性。　贊

魏文長

威公狷狹，[37]取異衆人；閑則及理，逼則傷侵，舍順入凶，《大易》之云。　　贊楊威公

季常良實，[38]文經勤類，士元言規，處仁聞計，孔休、文祥，或才或臧，播播述志，楚之蘭芳。贊馬季常、衞文經、韓士元、張處仁、殷孔休、習文祥

文經、士元，皆失其名實、行事、郡縣。處仁本名存，南陽人也。以荊州從事隨先主入蜀，南次至雒，[39]以爲廣漢太守。存素不服龐統，統中矢卒，先主發言嘉歎，存曰："統雖盡忠可惜，然違大雅之義。"先主怒曰："統殺身成仁，更爲非也？"免存官。頃之，病卒。失其行事，故不爲傳。

孔休名觀，爲荊州主簿、別駕從事，見《先主傳》。失其郡縣。文祥名禎，襄陽人也。隨先主入蜀，歷雒、郫令，(南)廣漢太守。[40]失其行事。子忠，官至尚書郎。〔一〕

〔一〕《襄陽記》曰：習禎有風流，善談論，名亞龐統，而在馬良之右。子忠，亦有名。忠子隆，爲步兵校尉，[41]掌校秘書。

［1］任安：事迹主要見本書卷三八《秦宓傳》及裴松之注引《益部耆舊傳》。

［2］從事祭酒：官名。東漢末州府屬官，常爲榮譽散職。位在治中從事下。

［3］圖讖：漢代方士製作的符命徵驗的隱語或預言。

[4]大鴻臚：官名。漢列卿之一，秩中二千石。掌少數民族君長、諸侯王、列侯之迎送、接待，安排朝會、封授、襲爵及奪爵削土之典禮；諸侯王死，則奉詔護理喪事，宣讀誄策謚號；百官朝會，掌贊襄引導；兼管京都之郡國邸舍及郡國上計吏之接待；又兼管少數民族之朝貢使節及侍子。三國沿置，魏爲三品。

　　[5]滑（gǔ）稽：謂能言善辯，言辭流利。《史記》卷一二六《滑稽列傳》司馬貞《索隱》："滑，亂也；稽，同也。言辯捷之人言非若是，説是若非，言能亂異同也。"

　　[6]淳于髡：戰國時齊國學者。以博學著稱，又能言善辯，齊威王時曾任大夫，多次諷諫齊威王。（見《史記·滑稽列傳》）東方朔：漢武帝時曾爲太中大夫。善辭賦，性詼諧，能言善辯，又多直言切諫，常爲武帝所采納。（見《漢書》卷六五《東方朔傳》）

　　[7]雙柏：縣名。治所在今雲南雙柏縣境。

　　[8]陳留：郡名。治所陳留縣，在今河南開封市東南。

　　[9]中郎將：官名。東漢統兵將領之一，位次將軍，秩比二千石。

　　[10]討逆將軍：官名。漢末建安初置，後蜀漢亦置。

　　[11]關中：盧弼《集解》云："'關'疑作'間'。"按，盧弼所疑有理。若"關中"，則爲魏地。

　　[12]南安：郡名。治所獂道，在今甘肅隴西縣東南渭水東岸。

　　[13]左將軍：官名。東漢時位如上卿，與前、後、右將軍掌京師兵衛和邊防屯警。魏晉亦置，第三品。權位漸低，略高於一般雜號將軍，不典禁兵，不與朝政，僅領兵征戰。蜀漢亦置。

　　[14]雍州：刺史治所長安縣，在今陝西西安市西北。按，雍州乃魏地，此爲虛名遥領。

　　[15]濟陽：縣名。治所在今河南蘭考縣東北堌陽鎮。濟陽縣亦魏地，此亦虛封。

　　[16]領軍：官名。漢獻帝建安中曹操置，統領禁軍，屬丞相府。蜀漢亦置。

［17］驃騎將軍：官名。東漢時位比三公，地位尊崇。蜀漢沿置。

［18］安漢：指李恢。諸葛亮平定南中後，李恢以功加安漢將軍。

［19］蠻濮：泛指南中地區少數民族。濮人是中國南方的古老民族，由於部落分散，有"百濮"之稱。周武王伐紂，濮人參加。春秋時期，濮人主要活動於江漢流域。秦漢以後，又分布於今西南各省。

［20］輔漢：指張裔。張裔在蜀漢後主建興中加輔漢將軍。

［21］鎮北：指黃權。劉備興師伐吳，任黃權爲鎮北將軍，率軍屯江北以防魏師。

［22］禳：百衲本作"穰"，殿本、盧弼《集解》本、校點本作"禳"，郝經《續後漢書》亦作"禳"。今從殿本等。禳，攘除。《周禮·天官》女祝"掌以時招梗禬禳之事"，鄭玄注："禳，攘也。"

［23］末命：殿本"末"字作"永"，百衲本、盧弼《集解》本、校點本作"末"。今從百衲本等。

［24］放流殊疆：指劉備彝陵之敗後，黃權在江北無路可歸，被迫降魏。

［25］越騎：指楊洪。蜀漢後主建興初，楊洪曾任越騎校尉。

［26］征南：指趙雲。蜀漢後主建興元年（223），趙雲爲中護軍，征南將軍。

［27］汝南：郡名。治所平輿縣，在今河南平輿縣北。

［28］豫州：東漢時刺史治所譙縣，在今安徽亳州市。而陶謙表劉備爲豫州刺史，劉備則屯小沛，在今江蘇沛縣東。

［29］永安：縣名。治所在今重慶奉節縣東白帝城。

［30］襄陽：郡名。治所襄陽縣，在今湖北襄陽市。

［31］巴東：百衲本、盧弼《集解》本、校點本作"巴郡"。殿本作"巴都"。錢大昕云："'巴郡'當作'巴東'。《華陽國志》

章武元年南郡輔匡爲巴東太守。"（《廿二史考異》卷一六）又按，本書卷四一《張裔傳》、卷四〇《廖立傳》，建安十九年（214）劉備定益州後即以張裔爲巴郡太守，建安二十年又以廖立爲巴郡太守。輔匡之爲太守，當依《華陽國志·巴志》在章武元年（221）爲巴東太守。故從錢説改"巴郡"爲"巴東"。巴東郡治所魚復縣，章武二年改稱永安縣。

[32] 鎮南：即鎮南將軍。

[33] 右將軍：官名。見前"左將軍"注。

[34] 司農：指秦宓。蜀漢後主建興初，秦宓官至大司農。

[35] 正方：李嚴字正方。

[36] 文長：魏延字文長。

[37] 威公：楊儀字威公。

[38] 季常：馬良字季常。

[39] 次：殿本、盧弼《集解》本作"攻"，百衲本、校點本作"次"。今從百衲本等。

[40] 廣漢：各本皆作"南廣漢"。盧弼《集解》引謝鍾英説，"南"字衍文。校點本即從謝説删"南"。今從之。

[41] 步兵校尉：官名。東漢時秩比二千石，掌京師宿衛。三國沿置。

國山休風，永南耽思；盛衡、承伯，言藏言時；孫德果鋭，偉南篤常；德緒、義彊，志壯氣剛。[1]濟濟脩志，蜀之芬香。　　贊王國山、李永南、馬盛衡、馬承伯、李孫德、李偉南、龔德緒、王義彊

國山名甫，廣漢郪人也。[2]好人流言議。劉璋時，爲州書佐。先主定蜀後，爲縣竹令，還爲荆州議曹從事。[3]隨先主征吴，軍敗於秭歸，遇害。子祐，有父風，官至尚書右選郎。[4]

永南名邵，廣漢郪人也。先主定蜀後，爲州書佐、部從事。[5]建興元年，丞相亮辟爲西曹掾。[6]亮南征，留邵爲治中從事。是歲卒。〔一〕

〔一〕《華陽國志》曰：邵兄邈，字漢南，劉璋時爲牛鞞長。[7]先主領牧，爲從事，正旦命行酒，[8]得進見，讓先主曰："振威以將軍宗室肺腑，[9]委以討賊，元功未效，先寇而滅；邈以將軍之取鄙州，甚爲不宜也。"先主曰："知其不宜，何以不助之？"邈曰："匪不敢也，力不足耳。"有司將殺之，諸葛亮爲請，得免。久之，爲犍爲太守、丞相參軍、安漢將軍。[10]建興六年，亮西征，[11]馬謖在前敗績，亮將殺之，邈諫以"秦赦孟明，用伯西戎，[12]楚誅子玉，[13]二世不競"，失亮意，還蜀。十二年，亮卒，後主素服發哀三日，邈上疏曰："呂禄、霍禹未必懷反叛之心，[14]孝宣不好爲殺臣之君，直以臣懼其偪，主畏其威，[15]故姦萌生。亮身杖彊兵，狼顧虎視，五大不在邊，[16]臣常危之。今亮殞沒，蓋宗族得全，西戎靜息，大小爲慶。"後主怒，下獄誅之。

[1]氣剛：百衲本"剛"字作"彊"，殿本、盧弼《集解》本、校點本作"剛"。今從殿本等。

[2]郪：縣名。治所在今四川三臺縣南郪江鎮。

[3]議曹從事：官名。東漢州牧刺史之屬吏，劉備爲益州牧後，亦置，職參謀議。而當時關羽在荆州，僅董督荆州事，蓋亦置議曹從事。

[4]尚書右選郎：官名。蜀漢尚書臺有選曹郎，又有左、右選郎，掌銓選官吏事務。

[5]部從事：官名。即部郡國從事史，州牧刺史的屬吏，每郡國一人，主督促文書，察舉非法。

[6]西曹掾：官名。此爲丞相府西曹掾，掌府吏署用事。

[7] 牛鞞：縣名。治所在今四川簡陽市簡城鎮絳河北岸。
　　[8] 正旦：正月初一群僚拜會。
　　[9] 振威：指劉璋。建安中曹操加劉璋振威將軍。
　　[10] 安漢將軍：官名。建安末劉備置，班在軍師將軍上。蜀漢沿置。
　　[11] 西征：趙幼文《校箋》謂蕭常及郝經之《續後漢書》"西"字作"北"。
　　[12] 孟明：春秋時秦繆（穆）公將。秦繆公三十三年（前627），奉命與西乞術、白乙丙率師襲鄭，回師經崤（今河南三門峽東南），爲晉所襲，兵敗被俘。不久被釋回國，仍爲秦繆公所重用。後再度率軍攻晉，又敗。乃整頓内政，終敗晉軍。秦繆公又重用由余，數敗戎人，開地千里，遂霸西戎。（見《史記》卷五《秦本紀》）　用伯（bà）：百衲本"伯"字作"霸"，殿本、盧弼《集解》本、校點本作"伯"。按，二字通。《史記》卷三二《齊太公世家》："天子使晉稱伯。"張守節《正義》："音霸。"今從殿本等。
　　[13] 子玉：春秋時曾爲楚令尹（執政）。楚成王三十九年（前633），興兵伐宋。宋告急於晉，晉救宋。楚成王罷歸。子玉請與晉戰，成王以爲不可，子玉固請之，乃少與之師。子玉與晉軍戰於城濮（今河南范縣境），大敗。楚成王怒，誅殺子玉。後楚成王被太子商臣逼殺。商臣立，爲穆王。（見《史記》卷四〇《楚世家》）
　　[14] 吕禄：西漢初吕后之兄子。漢惠帝死後，吕太后執政，大封諸吕。吕禄封爲趙王，又爲上將軍，統領北軍。後吕禄、吕産等欲爲亂，被周勃、陳平、朱虚侯劉章等誅殺。（見《史記》卷九《吕太后本紀》）　霍禹：西漢大將軍霍光之子。霍光病危時，漢宣帝以禹爲右將軍。霍光死後，禹又爲大司馬。霍氏尊貴日久，擅權驕縱。宣帝親政後，霍氏不滿，後謀誅丞相以下大臣，廢宣帝而立霍禹。會謀泄，霍氏被夷滅。（見《漢書》卷六八《霍光傳》）
　　[15] 臣懼其偪主畏其威：趙幼文《校箋》謂蕭常《續後漢

書》"臣""主"二字互易。

[16] 五大不在邊：《左傳·昭公十一年》：申無宇對楚王（靈王）曰："臣聞五大不在邊，五細不在庭。"孔穎達疏引賈逵云："五大，謂太子、母弟、貴寵公子、公孫、累世正卿也。"意謂這些與國君親近、有權勢之人在邊地，容易反叛。

盛衡名勳，承伯名齊，皆巴西閬中人也。[1]勳，劉璋時爲州書佐，先主定蜀，辟爲左將軍屬，[2]後轉州別駕從事，卒。齊爲太守張飛功曹。[3]飛貢之先主，爲尚書郎。建興中，從事丞相掾，[4]遷廣漢太守，復爲（飛）參軍。[5]亮卒，爲尚書。勳、齊皆以才幹自顯見；歸信於州黨，不如姚伷。伷字子緒，亦閬中人。先主定益州後，爲功曹、書佐。建興元年，爲廣漢太守。丞相亮北駐漢中，辟爲掾。並進文武之士，亮稱曰："忠益者莫大于進人，進人者各務其所尚；今姚掾並存剛柔，[6]以廣文武之用，可謂博雅矣，願諸掾各希此事，以屬其望。"遷爲參軍。亮卒，稍遷爲尚書僕射。時人服其真誠篤粹。延熙五年卒，在作贊之後。

孫德名福，梓潼涪人也。先主定益州後，爲書佐、西充國長、成都令。[7]建興元年，徙巴西太守，爲江州督、揚威將軍，[8]入爲尚書僕射，封平陽亭侯。延熙初，大將軍蔣琬出征漢中，福以前監軍領司馬，[9]卒。〔一〕

〔一〕《益部耆舊雜記》曰：諸葛亮於武功病篤，後主遣福省侍,遂因諮以國家大計。福往具宣聖旨,聽亮所言,至別去數日,忽馳思未盡其意,遂卻騎馳還見亮。亮語福曰:"孤知君還意。近日言語,雖彌日有所不盡,更來一決耳。[10]君所問者,公琰其宜也。"[11]福謝:"前實失不諮請公,如公百年後,誰可任大事者?故輒還耳。乞復請,蔣琬之後,誰可任者?"亮曰:"文偉可以繼之。"[12]又復問其次,亮不答。福還,奉使稱旨。福爲人精識果銳,敏於從政。子驥,字叔龍,亦有名,官至尚書郎、廣漢太守。

[1]閬中:縣名。治所在今四川閬中市。

[2]左將軍屬:官名。左將軍府之屬吏。左將軍府置有掾、屬,正曰掾,副曰屬。

[3]功曹:官名。漢代郡太守下設功曹史,簡稱功曹,爲郡太守之佐吏,除分掌人事外,得參與一郡之政務。魏、晋沿置。

[4]從事:趙幼文《校箋》謂郝經《續後漢書》"從事"二字作"爲"。 丞相掾:官名。丞相府之屬吏。丞相府設有諸曹,掾即分曹治事。如有東曹掾、户曹掾、金曹掾、兵曹掾等。未書曹之掾,不知屬於何曹。

[5]參軍:各本皆作"飛參軍"。陳景雲《辨誤》云:"'飛'字衍。飛卒於建興前,時承伯蓋自夢守入參丞相軍事耳。曰'復爲'者,蒙上'從事丞相掾'言之。"校點本即從《辨誤》説删"飛"字。今從之。

[6]並存:盧弼《集解》本作"各存",百衲本、殿本、校點本作"並存"。今從百衲本等。

[7]西充國:縣名。治所在今四川南部縣西北。

[8]揚威將軍:官名。漢末建安中曹操置,爲領兵之官。蜀漢、孫吳亦置。

[9]前監軍:官名。蜀漢置,統兵。 司馬:官名。此爲大將軍府司馬。秩千石。參贊軍務,管理府内武職,位僅次於長史。

［10］更來一決耳：百衲本"一"字作"亦"，殿本、盧弼《集解》本、校點本作"一"。今從殿本等。盧弼《集解》云："《册府》'來'作'求'。《通鑑》作'更來求決耳'。"趙幼文《校箋》云："見《册府》卷六百五十三。《忠武侯集》引作'更來求決耳'，與《通鑑》同，疑是。"按，宋本《册府元龜》卷六五三引"來"字不作"求"，"一"字卻作"亦"。

［11］公琰：蔣琬字公琰。

［12］文偉：費禕字文偉。

　　偉南名朝，永南兄。郡功曹，舉孝廉，臨邛令，[1]入爲別駕從事。隨先主東征吳，章武二年卒於永安。〔一〕

　　〔一〕《益部耆舊雜記》曰：朝又有一弟，早亡，各有才望，時人號之李氏三龍。

　　《華陽國志》曰：羣下上先主爲漢中王；其文，朝所造也。

　　臣松之案《耆舊》所記，以朝、邵及早亡者爲三龍。邈之狂直，不得在此數。[2]

［1］臨邛：縣名。治所在今四川邛崍市。

［2］此數：盧弼《集解》本作"其數"，百衲本、殿本、校點本作"此數"。今從百衲本等。

　　德緒名祿，巴西安漢人也。[1]先主定益州，爲郡從事、牙門將。[2]建興三年，爲越巂太守，[3]隨丞相亮南征，爲蠻夷所害，時年三十一。弟衡，景耀中爲領軍。義彊名士，廣漢郪人，國山從兄也。從先主入蜀後，[4]舉孝廉，爲符節長，[5]遷牙門將，出爲宕渠太守，[6]徙在犍爲。會丞相亮南征，轉爲益州太守，[7]將南行，爲蠻夷所害。

休元輕寇，損時致害，文進奮身，同此顛沛，患生一人，至於弘大。　贊馮休元、張文進

休元名習，南郡人。隨先主入蜀。先主東征吳，習爲領軍，統諸軍，大敗於猇亭。[8]

文進名南，亦自荊州隨先主入蜀，領兵從先主征吳，與習俱死。時又有義陽傅肜，先主退軍，斷後拒戰，兵人死盡，吳將語肜令降，肜罵曰："吳狗！何有漢將軍降者！"遂戰死。拜子僉爲左中郎，[9]後爲關中都督，[10]景耀六年，又臨危授命。論者嘉其父子奕世忠義。〔一〕

〔一〕《蜀記》載晉武帝詔曰："蜀將軍傅僉，前在關城，[11]身拒官軍，致死不顧。僉父肜，復爲劉備戰亡。天下之善一也，豈由彼此以爲異？"僉息著、募，後沒入奚官，[12]免爲庶人。

[1] 安漢：縣名。治所在今四川南充市北。
[2] 郡從事：按，郡無從事之職，"郡"字當爲"州"字之誤。　牙門將：官名。魏文帝黃初中置，爲統兵武職，位在裨將軍下。蜀漢、孫吳、兩晉亦置。魏、晉皆五品。
[3] 越巂：郡名。治所邛都縣，在今四川西昌市東南高梘鄉。
[4] 從先主入蜀：盧弼《集解》云："或曰，士爲鄀人，前此未聞相從也。'從'字衍。"
[5] 符節：縣名。治所在今四川合江縣。
[6] 宕渠：郡名。治所宕渠縣，在今四川渠縣東北土溪鄉。

［7］益州：郡名。治所滇池縣，在今雲南晉寧縣東北晉城鎮。

［8］猇亭：地名。在今湖北枝城市北長江東岸。

［9］左中郎：官名。左中郎將所屬郎官，名義上仍職宿衛，實爲後備官員，無固定職掌，或給事於諸中央機構。

［10］關中都督：官名。關中地區的軍政長官。關中地區，指函谷關以內之地，包括今陝西和甘肅、寧夏、內蒙古的部分地區。當時這一地區絕大部分爲魏國之地，建興七年（229）後蜀漢僅有武都、陰平二郡。

［11］蜀將軍：趙幼文《校箋》謂《群書治要》卷二七引無"軍"字。　關城：指陽安關城，即今陽安關，在今陝西寧強縣西北。傅僉戰死關城事，見本書卷四四《姜維傳》及裴松之注引《漢晉春秋》。

［12］奚官：官名。西晉置奚官令，隸少府。掌管宮人疾病、罪罰、喪葬等事；又管理使役從坐爲奴之罪犯家屬。

江陽剛烈，立節明君，兵合遇寇，不屈其身，單夫隻役，隕命於軍。　　贊程季然

季然名畿，巴西閬中人也。劉璋時爲漢昌長。[1]縣有賨人，[2]種類剛猛，昔高祖以定關中。[3]巴西太守龐羲以天下擾亂，郡宜有武衛，頗招合部曲。[4]有讒於璋，說羲欲叛者，璋陰疑之。羲聞，甚懼，將謀自守，遣畿子郁宣旨，索兵自助。畿報曰："郡合部曲，本不爲叛，雖有交搆，要在盡誠；若必以懼，遂懷異志，非畿之所聞。"并敕郁曰："我受州恩，當爲州牧盡節。汝爲郡吏，當爲太守效力，不得以吾故有異志也。"羲使人告畿曰："爾子在郡，不從太守，家將及禍！"畿曰："昔樂羊爲將，[5]飲子之

羹，非父子無恩，大義然也。今雖復羹子，吾必飲之。」義知畿必不爲己，厚陳謝於璋以致無咎。璋聞之，遷畿江陽太守。[6]先主領益州牧，辟爲從事祭酒。後隨先主征吳，遇大軍敗績，泝江而還，或告之曰：「後追已至，解船輕去，[7]乃可以免。」畿曰：「吾在軍，未曾爲敵走，[8]況從天子而見危哉！」追人遂及畿船，[9]畿身執戟戰，敵船有覆者。衆大至，共擊之，乃死。

公弘後生，卓爾奇精，夭命二十，悼恨未呈。贊程公弘

公弘，[10]名祁，季然之子也。

古之奔臣，禮有來偪，怨興司官，[11]不顧大德。靡有匡救，倍成奔北，自絕于人，作笑二國。 贊麋芳、士仁、郝普、潘濬[12]

麋芳字子方，東海人也，[13]爲南郡太守，士仁字君義，廣陽人也，[14]爲將軍，住公安，[15]統屬關羽；與羽有隙，叛迎孫權。[16]郝普字子太，義陽人。先主自荆州入蜀，以普爲零陵太守。爲吳將呂蒙所譎，開城詣蒙。[17]潘濬字承明，武陵人也。[18]先主入蜀，以爲荆州治中，典留州事，亦與關羽不穆。孫權襲羽，遂入吳。普至廷尉，濬至太常，封侯。〔一〕

〔一〕《益部耆舊雜記》載王嗣、常播、衞繼三人，[19]皆劉氏王蜀時人，故錄于篇。

王嗣字承宗，犍爲資中人也。[20]其先延熙世以功德顯著。舉孝廉，[21]稍遷西安圍督、汶山太守，[22]加安遠將軍。綏集羌、胡，

咸悉歸服，諸種素桀惡者皆來首降，嗣待以恩信，時北境得以寧靜。大將軍姜維每出北征，羌、胡出馬牛羊氈毦及義穀裨軍糧，[23]國賴其資。遷鎮軍，[24]故領郡。後從維北征，爲流矢所傷，數月卒。戎夷會葬，贈送數千人，號呼涕泣。嗣爲人美厚篤至，衆所愛信。嗣子及孫，羌、胡見之如骨肉，或結兄弟，恩至於此。

常播字文平，蜀郡江原人也。[25]播仕縣主簿、功曹。[26]縣長廣都朱游，[27]建興十五年中被上官誣劾以逋沒官穀，當論重罪。播詣獄訟爭，身受數千杖，肌膚刻爛，毒痛慘至，更歷三獄，幽閉二年有餘。每將考掠，吏先驗問，播不答，言"但急行罰，無所多問"！辭終不撓，事遂分明。長免刑戮。時唯主簿楊玩亦證明其事，與播辭同。[28]衆咸嘉播忘身爲君，節義抗烈。舉孝廉，除郪長，年五十餘卒。書於《舊德傳》，後縣令潁川趙敦圖其像，[29]贊頌之。

衛繼字子業，漢嘉嚴道人也。[30]兄弟五人。繼父爲縣功曹。繼爲兒時，與兄弟隨父游戲庭寺中，縣長蜀郡成都張君無子，數命功曹呼其子省弄，[31]甚憐愛之。張因言宴之間，語功曹欲乞繼，功曹即許之，遂養爲子。繼敏達夙成，學識通博，進仕州郡，歷職清顯。而其餘兄弟四人，各無堪當世者，父恆言己之將衰，張明府將盛也。時法禁以異姓爲後，故復爲衛氏。屢遷拜奉車都尉、大尚書，[32]忠篤信厚，爲衆所敬。鍾會之亂，遇害成都。

[1] 漢昌：縣名。治所在今四川巴中市。

[2] 賨人：秦漢時期分布於今四川東北部嘉陵江流域的少數民族，亦稱板楯蠻。

[3] 高祖以定關中：《華陽國志·巴志》云："漢高帝滅秦，爲漢王，王巴、蜀。閬中人范目有恩信方略，知帝必定天下，説帝，爲募發賨民，要與共定秦。秦地既定，封目爲長安建章鄉侯。"

[4] 部曲：本爲漢代軍隊的編制。《續漢書·百官志》云：

"大將軍營五部，部校尉一人，部下有曲。"因稱軍隊爲部曲。魏、晉以後，又稱私人武裝爲部曲。

[5] 樂羊：戰國魏文侯時爲將。《戰國策·魏一》云："樂羊爲魏將攻中山（戰國初都於今河北定州市，後遷於今河北靈壽縣西北），其子在中山，中山之君烹其子而遺之羹。樂羊坐於幕下而啜之，盡一杯。"

[6] 江陽：郡名。治所江陽縣，在今四川瀘州市。

[7] 解船輕去：《華陽國志·劉先主志》作"宜解舫輕行"，較易理解。並連之船稱舫，解舫，謂解爲獨船，自可輕行。

[8] 未曾：《華陽國志·劉先主志》作"未習"，文義較順。

[9] 遂及：盧弼《集解》本作"逐及"，百衲本、殿本、校點本作"遂及"。今從百衲本等。

[10] 公弘：百衲本、殿本無"公"字，盧弼《集解》本、校點本有。今從《集解》本等。

[11] 司官：殿本"司"字作"同"，百衲本、盧弼《集解》本、校點本作"司"。今從百衲本等。

[12] 贊糜芳、士仁、郝普、潘濬：百衲本、殿本無"贊"字，盧弼《集解》本、校點本有。今從《集解》本等。又盧弼引何焯曰："四子叛臣，故獨書名。"

[13] 東海：郡名。治所郯縣，在今山東郯城縣北。

[14] 廣陽：郡名。治所薊縣，在今北京城西南。

[15] 公安：縣名。治所在今湖北公安縣西。

[16] 叛迎孫權：事詳見本書卷五四《吕蒙傳》裴松之注引《吴書》等。

[17] 開城詣蒙：事詳見本書《吕蒙傳》。

[18] 武陵：郡名。治所臨沅縣，在今湖南常德市。

[19] 益部耆舊雜記：自《益部耆舊雜記》以下之文，百衲本、殿本、盧弼《集解》本皆以大字頂格排列，作爲陳壽之文。何焯《義門讀書記》、錢大昕《諸史拾遺》、潘眉《考證》皆指出非

陳壽之文，乃裴松之注文。校點本即作裴松之注文，以小號字排列。今從之。

[20] 資中：縣名。治所在今四川資中縣。

[21] 舉孝廉：盧弼《集解》云："舉"上疑奪"嗣"字。

[22] 西安：地名。未詳確址。參見本書卷四四《姜維傳》注。汶山：郡名。治所綿虒道，在今四川汶川縣西南綿虒鎮。按，自"舉孝廉"以下是叙王嗣事，故盧弼《集解》云："'舉'上疑奪'嗣'字。"

[23] 氀毦（ěr）：用獸毛製成的塊狀物或片狀物。

[24] 鎮軍：鎮軍將軍。劉備置，位在四鎮將軍下。曹魏定爲三品。

[25] 江原：縣名。治所在今四川崇州市東南江原鎮東。

[26] 縣主簿：官名。縣府之屬吏，地位僅次於功曹，但比功曹更親近縣令長。　功曹：官名。縣府之主要屬吏，職總内外。

[27] 廣都：縣名。治所在今四川雙流縣東南中興鎮。

[28] 辭同：百衲本"辭"字作"言"，殿本、盧弼《集解》本、校點本作"辭"。今從殿本等。

[29] 潁川：郡名。治所陽翟縣，在今河南禹州市。

[30] 嚴道：治所在今四川滎經縣西古城坪。漢代少數民族聚居之縣稱"道"。

[31] 呼其子：趙幼文《校箋》謂《册府元龜》卷八六三引"呼其"作"撫"。按，宋本《册府元龜》亦作"呼其"。

[32] 奉車都尉：官名。東漢時秩比二千石，掌皇帝車輿，入侍左右。三國因之，地位漸低。蜀漢參用宦者。　大尚書：官名。潘眉《考證》云："《晋書·魯芝傳》'遷大尚書，掌刑理'。祝睦、劉寬二碑皆有大尚書。大尚書者，即尚書也。"又梁章鉅《旁證》引沈欽韓曰："大尚書，疑首曹，若今吏部。"

評曰：鄧芝堅貞簡亮，臨官忘家，張翼亢姜維之銳，宗預禦孫權之嚴，咸有可稱。楊戲商略，意在不羣，然智度有短，殆罹世難云。